DIE GOLDENE REIHE

Geschichten und Gedichte

THEODOR STORM

Von Kindern und Katzen

UNION VERLAG
STUTTGART

Herausgegeben von Christa und
Peter Goldammer
Mit einem Nachwort von
Christa Goldammer

Illustrationen
von Uwe Häntsch

Lizenzausgabe für Union Verlag, Stuttgart 1986

Printed in the GDR
ISBN 3-8139-5632-6

Von Katzen

Vergangnen Maitag brachte meine Katze
Zur Welt sechs allerliebste kleine Kätzchen,
Maikätzchen, alle weiß mit schwarzen Schwänzchen.
Fürwahr, es war ein zierlich Wochenbettchen!
Die Köchin aber – Köchinnen sind grausam,
Und Menschlichkeit wächst nicht in einer Küche –,
Die wollte von den sechsen fünf ertränken,
Fünf weiße, schwarzgeschwänzte Maienkätzchen
Ermorden wollte dies verruchte Weib.
Ich half ihr heim! – Der Himmel segne
Mir meine Menschlichkeit! Die lieben Kätzchen,
Sie wuchsen auf und schritten binnen kurzem
Erhobnen Schwanzes über Hof und Herd;
Ja, wie die Köchin auch ingrimmig dreinsah,
Sie wuchsen auf, und nachts vor ihrem Fenster
Probierten sie die allerliebsten Stimmchen.
Ich aber, wie ich sie so wachsen sahe,
Ich pries mich selbst und meine Menschlichkeit. –
Ein Jahr ist um, und Katzen sind die Kätzchen,
Und Maitag ist's! – Wie soll ich es beschreiben,
Das Schauspiel, das sich jetzt vor mir entfaltet!
Mein ganzes Haus, vom Keller bis zum Giebel,
Ein jeder Winkel ist ein Wochenbettchen!
Hier liegt das eine, dort das andre Kätzchen,
In Schränken, Körben, unter Tisch und Treppen,
Die Alte gar – nein, es ist unaussprechlich –
Liegt in der Köchin jungfräulichem Bette!
Und jede, jede von den sieben Katzen
Hat sieben, denkt euch! sieben junge Kätzchen,
Maikätzchen, alle weiß mit schwarzen Schwänzchen!
Die Köchin rast, ich kann der blinden Wut
Nicht Schranken setzen dieses Frauenzimmers;
Ersäufen will sie alle neunundvierzig!

Mir selber! ach, mir läuft der Kopf davon –
O Menschlichkeit, wie soll ich dich bewahren!
Was fang ich an mit sechsundfunfzig Katzen!–

Von Kindern und Katzen und wie sie die Nine begruben

Mit Katzen ist es in früherer Zeit in unserem Hause sehr „begänge“ gewesen. Noch vor meiner Hochzeit wurde mir von einem alten Hofbesitzer ein kleines kaninchenblaues Kätzchen ins Haus gebracht; er nahm es sorgsam aus seinem zusammengeknüpften Schnupftuch, setzte es vor mir auf den Tisch und sagte: „Da bring ich was zur Aussteuer!“

Diese Katze, welche einen weißen Kragen und vier weiße Pfötchen hatte, hieß die „Manschettenmieße“. Während ihrer Kindheit hatte ich sie oft, wenn ich arbeitete, vorn in meinem Schlafrock sitzen, so daß nur der kleine hübsche Kopf hervorguckte. Höchst aufmerksam folgten ihre Augen meiner schreibenden Feder, die bei dem melodischen Spinnerlied des Kätzchens gar munter hin und wider glitt. Oftmals, als wolle sie meinen gar zu großen Eifer zügeln, streckte sie auch wohl das Pfötchen aus und hielt die Feder an, was mich dann stets bedenklich machte und wodurch mancher Gedankenstrich in meine nachher gedruckten Schriften gekommen ist.

Die Manschettenmieße selber ist, wie ich fürchte, durch diesen Verkehr etwas gar zu gebildet geworden; denn da sie endlich groß und dann auch Mutter manches allerliebsten kaninchengrauen Kätzchens geworden war, verlangte sie, gleich den feinen Damen, allzeit eine Amme für ihre Kinder; und da die Nachbarskatzen sich nur selten zu diesem Dienst verstehen wollten, so sind fast alle ihre kleinen Ebenbilder elendiglich zugrunde gegangen. Nur einen kleinen weißen Kater zog sie wirklich groß, welcher wegen seines grimmigen Aussehens „der weiße Bär“ genannt wurde, nachher aber eine Katze war.

Später, da schon zwei kleine Buben lustig durch Haus und Garten tobten, waren drei Katzen in der Wirtschaft; nämlich außer den vorbenannten noch ein Sohn des weißen Bären, genannt „der schwarze Kater“, ein großer ungebärdiger Geselle; vielleicht ein Held, aber jedenfalls ein Scheusal, von dem nicht viel zu sagen, als daß er, besonders in der schönen Frühlingszeit, unter schauderhaftem Geheul gegen alle Nachbarskater zu Felde lag, daß er stets mit einem blutigen Auge und zerfetztem Fell umherlief und außerdem noch seine kleinen Herren biß und kratzte.

Von der Großmutter, der Manschettenmieße, die nachmals ganz berühmt geworden ist, wäre noch vielerlei zu berichten; da sie aber in der Geschichte, die ich hier am Schluß erzählen will, nur ein einzigmal „Miau" zu sagen hat, so soll's für eine schicklichere Gelegenheit verspart sein.

Es geschah aber, daß unser mit drei Katzen also stattlich begründetes Heimwesen durch den hereingebrochenen Dänenkrieg gar jämmerlich zugrunde ging; meine beiden Knaben und noch ein kleiner dritter, der hinzugekommen war, mußten mit mir und ihrer Mutter in die Fremde wandern, und so gastlich man uns draußen aufnahm, es war doch in den ersten Jahren eine trübe, katzenlose Zeit.

Zwar hatten wir ein Kindermädchen, welches Anna hieß; ihr gutes rundes Gesicht sah allzeit aus, als wäre sie eben vom Torfabladen hergekommen, weshalb die Kinder sie die „schwarze Anna" nannten; aber eine Katze in unser gemietetes Haus zu nehmen, konnten wir noch immer nicht den Mut gewinnen. Da – drei Jahre waren so vergangen – kam von selber eine zugelaufen, ein weiß und schwarz geflecktes Tierchen, schon wohlerzogen und von anschmiegsamer Gemütsart.

Was ist von diesem Käterchen zu sagen? – Zum mindesten der Pyramidenritt.

Da nämlich den beiden größeren Buben das gewöhnliche Zubettegehen doch gar zu simpel war, so hatten sie's erfunden, auf der schwarzen Anna zu Bett zu reiten; derart, daß sie dabei auf ihrer Schulter saßen und die kleinen Kinderbeinchen vorn herunterbaumelten. Jetzt aber wurde das um vieles stattlicher; denn eines Abends, da sich die Tür der Schlafkammer öffnete, kam in das Wohnzimmer zum Gutenachtsagen eine vollständige Pyramide hereingeritten: über dem großen Kopf der schwarzen Anna der kleinere des lachenden Jungen, über diesem dann der noch viel kleinere

Kopf des Käterchens, das sich ruhig bei den Vorderpfötchen halten und dabei ein gar behaglich und vernehmbares Spinnen ausgehen ließ. – Dreimal ritt diese Pyramide die Runde in der Stube und dann zu Bett.

Es war sehr hübsch; aber es wurde der Tod des kleinen Katers. Die guten Stunden, die er nach solchem Ritt zur Belohnung im Federbett bei seinem jungen Freunde zubringen durfte, hatten ihn so verwöhnt, daß er eines scharfen Wintermorgens, da er am Abend ausgeschlossen worden, tot und steifgefroren im Waschhause aufgefunden wurde.

Und wieder kam eine stille, katzenlose Zeit.

Aber wo fände sich nicht eine Aushülfe! Ich konnte ja vortrefflich Katzen zeichnen; – und ich zeichnete! Freilich nur mit Feder und Dinte; aber sie wurden ausgeschnitten und aus dem Tuschkasten sauber angemalt: Katzen von allen Farben und Arten, sitzende und springende, auf vieren und auf zweien gehend, Katzen mit einer Maus im Maule und einem Milchtopf in der Pfote, Katzen mit Kätzchen auf dem Arme und einem bunten Vöglein in der Tatze; den Preis über alle aber gewann ein würdig blickender grauer Kater mit rauhem, bärtigem Antlitz. Ihm wurde in einer Kammer, wo die Kinder spielten, aus Bauholz ein eignes Haus mit Wohn- und Staatsgemächern aufgebaut. Viel Zeit und Mühe war darauf verwandt worden; deshalb erhielt es aber auch das Vorrecht, vor dem zerstörenden Eulbesen der Köchin durch strenges Verbot geschützt zu werden. Es hieß „das Hotel zur schwarzen Anna"; und „der alte Herr", welchen Namen der Graue sich gar bald erworben hatte, hat lange darin gewohnt. Selten nur verließ er seine angenehmen Räume; desto lieber, da es ihm an Dienerschaft nicht fehlte, versammelte er bei sich die Gesellschaft seiner Freunde und Freundinnen. Dann ging es hoch her; wir haben oft durchs Fenster eingeguckt. Fetter Rahm in Tassenschälchen, Bratwürstchen und gebratene Lerchen wurden immer aufgetragen; den Ehrenplatz zur Rechten des Gastgebers aber hatte allzeit ein allerliebstes weißes Kätzchen mit einem roten Bändchen um den Hals; ob es eine Verwandte oder gar die Tochter desselben gewesen, haben wir nicht erfahren können.

Außer solchen Festen lebte übrigens der alte Herr still für

sich weg; nur manchmal liebte er es, aus seinem Hause auf die Spiele der Kinder in der Kammer hinabzublicken, wozu er die bequemste Gelegenheit hatte, da das Hotel „Zur schwarzen Anna“ auf einer Fensterbank erbaut war. Dann stieß wohl eins der Kinder das andere an und flüsterte: „Seht, seht! Der alte Herr steht wieder einmal am Fenster!“

Auch seinen Geburtstag sollte er noch erleben. Zu diesem Feste, an welchem alle Kater und Katzen sich zur Gratulation versammeln sollten, bekam ich den Auftrag, sein Brustbild in Lebensgröße zu malen, was dann auch wirklich am Morgen des Festtages, in einen breiten Goldrahmen gefaßt, im Saale des Hotels aufgehangen wurde.

Aber es nimmt alles einmal ein Ende. – Da wir eines Morgens aufgestanden waren, fanden wir ihn tot in seinem Bette. Ob er bei dem letzten leckeren Mahle sich zuviel getan, ob die ihm zugemessene Lebensdauer abgelaufen war; – soviel steht fest, was wir hier vor uns sahen, war nur noch seine entseelte Hülle.

Also wurde ein Schächtelchen mit schwarzem Papier beklebt und ausgeschlagen und so ein Sarg daraus gemacht. Der alte Herr wurde hineingelegt und stand zur Parade in dem großen Saale des Hotels, wo von der Wand sein noch in aller Lebensfülle gemaltes Bildnis auf den Sarg herabsah.

Endlich wurde er auf dem Steinhofe – ach, einen Garten hatten wir da draußen nicht! – in das für ihn gegrabene Grab gesenkt und mit einem schweren Steine fest und dauerhaft bedeckt.

– – Aber wer möchte nicht gern wissen, wie die Toten aussehen. – Natürlich wurde der alte Herr nach einem halben Jahr wieder ausgegraben, sehr mit Schimmel überzogen vorgefunden, schaudernd und ganz genau betrachtet und dann endlich noch einmal und auch zum allerletzten Mal begraben.

Für Kinder und alte Leute, welch ein erlösender Zauber liegt in dem Begraben!

In der Heimat zur Zeit der Manschettenmieße, als die zwei ältesten Knaben ihre ersten Kittel noch nicht ausgetragen hatten, als sie für den großen Garten, der am Hause war, mit eignem „Schmierzeug“ noch versehen waren – in jener glücklichen Zeit gab es außer Katzen auch noch anderes Getier im Hause. Da war ein kleiner weißer Pudel, welcher „Bube" hieß, aber leider trotz des Tierarztes schon früh an einer Hunde-Kinderkrankheit sterben mußte; dann war ein weißes Kaninchen, welches „Nine" hieß, und außerdem noch eine weiße Taube, welche keinen Namen hatte, sonst aber sehr wohl „Federlos" hätte heißen können.

In dem geräumigen Taubenschlage auf dem Hausboden hatte sie einst mit vielen schönen Gefährten, Hahnenschwänzen und Mohrenköpfen, gewohnt und sich von dort aus lustig mit ihnen über den grünen Gärten in der Luft getummelt; aber eines Nachts war der Marder eingebrochen, und sie allein blieb die Überlebende. Damit sie in dem großen leeren Schlage nicht allzusehr die Einsamkeit empfinde, wurde das Kaninchen ihr zum Gesellen beigegeben, und da weder dieses von ihren Erbsen noch sie die Hundeblumenblätter des Kaninchens begehrte, so lebten sie wie Geschwister einträchtiglich beisammen. Wenn die Taube von ihren Ausflügen heimkam, klappte Nine allzeit freudig mit den Hinterläufen; denn sie spielten dann Greif oder Haschemännchen miteinander, und da das Kaninchen sehr gut greifen konnte, so geschah es dabei ganz von selber, daß es seiner Freundin einen Mund voll Federn nach dem andern abbiß. – So wurde sie das Täubchen „Federlos" und konnte nur noch mit den Posen fliegen.

Aber weiter kam es nicht; die Posen sollte sie behalten. Denn da die Knaben eines Morgens in den Schlag hinanstiegen, flatterte das Täubchen Federlos zwar noch um sie herum, Nine aber lag mit ausgestreckten Vieren tot und platt am Boden.

Eilig stürmten sie die Treppe hinab und verkündeten im Wohnzimmer ihre Trauerkunde, wo ich ahnungslos bei meiner Tasse Tee saß.

Wahrscheinlich hatte Nine sich an Taubenfedern tot gegessen; indessen ich bedachte solches nicht und sagte ohne viele Umstände: „Da habt ihr's wohl verhungern lassen!"

Ob das Gewissen der beiden dennoch nicht ganz rein gewesen? – Aber – hilf Himmel! wie huben auf dieses Wort die kleinen Kerle an zu schreien! Kein Trost, kein Zuspruch half, die Tränen liefen ihnen stromweis über die Backen.

Da trat mein Freund, der Doktor – der als Primaner einst so schön die Klarinette spielte –, in die Tür: „Hallo! Jungens, was ist da los?"

Die Augen wandten sich zu dem Sprecher, und einen Augenblick lang stockte das Geheul.

„Doktor", rief der eine im wehmütigsten Klagelaut, „unser Nine ist tot!"

„Und wir haben es verhungern lassen!" schrie der andere. – Dann heulten sie beide wieder mit vereinten Kräften.

„Jungens!" rief der Doktor. „Euer Nine wird nicht mehr lebendig! Aber wißt ihr denn das nicht? Wenn es tot ist, so müßt ihr es begraben!"

Begraben! – Das Zauberwort war gesprochen. Das Geschrei verstummte, die Tränen wurden abgewischt, ein wahres Sonnenleuchten verklärte die Gesichter der beiden Kinder. – Schon waren sie aus dem Zimmer und die Bodentreppe hinauf; und nicht lange, so kamen sie fröhlichen Angesichts mit dem Leichnam ihres Nine angezogen; der eine hatte es an den Ohren, der andere an den Hinterläufen. So zogen wir mitsammen in den Garten hinaus.

Als wir auf dem großen Steige waren, begegnete uns die Manschettenmieße. „Miau!" sagte sie, indem sie stehenblieb und uns ansah.

Der Zug hielt; und die Kinder sahen sie wieder an.

„Mite", sagte der Kleine, noch einmal in seinen Klageton verfallend, „unser Nine ist tot!"

Dann setzte der Zug sich wieder in Bewegung, und Mite machte einen Buckel und sprang mit, um dem Begräbnis beizuwohnen.

Der Doktor hatte schon den Spaten in der Hand, und an der Geißblattlaube unter überhängenden Ulmenzweigen wurde nach reiflicher Erwägung die Stätte auserwählt. Da wurde ich von der Magd ins Haus zurückgerufen und überließ dem Doktor allein die Leitung unserer Trauerfeierlichkeit.

Drinnen im Hause erwarteten mich ganz andere Dinge. Da war ein Mann, der hatte einen bösen Schuldner, von dem er weder Kapital noch Zinsen erhalten konnte, und wir spra-

chen wohl eine halbe Stunde miteinander, auf welche Weise ihm zu beidem zu verhelfen sei.

Als ich dann wieder in den Garten hinauskam, war der Doktor nicht mehr da; auch der Körper des verstorbenen Nine war verschwunden, und der Spaten lehnte an der Planke. Die beiden kleinen Totengräber aber – die natürlich ihr Schmierzeug anhatten – lagen neben der Geißblattlaube auf den Knien und hatten einen kleinen, seltsam glänzenden Erdhügel zwischen sich, auf dem sie beide eifrig mit ihren rotkarierten Taschentüchern rieben.

„Was macht ihr da?“ fragte ich, indem ich zu ihnen trat; denn diese Sache war mir völlig unverständlich.

Da guckte der Kleine auf.

„Papa!“ sagte er, und sein Gesicht leuchtete so fröhlich wie droben kaum die liebe Himmelssonne – „wir polieren Nine sein Grab mit Spucke!“

– – Und also endete dies vergnügliche Begräbnis.

Februar

Im Winde wehn die Lindenzweige,
Von roten Knospen übersäumt;
Die Wiegen sind's, worin der Frühling
Die schlimme Winterzeit verträumt.

März

Und aus der Erde schauet nur
Alleine noch Schneeglöckchen;
So kalt, so kalt ist noch die Flur,
Es friert im weißen Röckchen.

Mai

1

Die Kinder schreien „Vivat hoch!"
In die blaue Luft hinein;
Den Frühling setzen sie auf den Thron,
Der soll ihr König sein.

2

Die Kinder haben die Veilchen gepflückt,
All, all, die da blühten am Mühlengraben.
Der Lenz ist da; sie wollen ihn fest
In ihren kleinen Fäusten haben.

Der kleine Häwelmann

Ein Kindermärchen

Es war einmal ein kleiner Junge, der hieß Häwelmann. Des Nachts schlief er in einem Rollenbett und auch des Nachmittags, wenn er müde war; wenn er aber nicht müde war, so mußte seine Mutter ihn darin in der Stube umherfahren, und davon konnte er nie genug bekommen.

Nun lag der kleine Häwelmann eines Nachts in seinem Rollenbett und konnte nicht einschlafen; die Mutter aber schlief schon lange neben ihm in ihrem großen Himmelbett.

„Mutter", rief der kleine Häwelmann, „ich will fahren!" Und die Mutter langte im Schlaf mit dem Arm aus dem Bett und rollte die kleine Bettstelle hin und her, und wenn ihr der Arm müde werden wollte, so rief der kleine Häwelmann: „Mehr, mehr!", und dann ging das Rollen wieder von vorne an. Endlich aber schlief sie gänzlich ein; und soviel Häwelmann auch schreien mochte, sie hörte es nicht; es war rein vorbei. – – Da dauerte es nicht lange, so sah der Mond in die Fensterscheiben, der gute alte Mond, und was er da sah, war so possierlich, daß er sich erst mit seinem Pelzärmel über das Gesicht fuhr, um sich die Augen auszuwischen; so etwas hatte der alte Mond all sein Lebtage nicht gesehen. Da lag der kleine Häwelmann mit offenen Augen in seinem Rollenbett und hielt das eine Beinchen wie einen Mastbaum in die Höhe. Sein kleines Hemd hatte er ausgezogen und hing es wie ein Segel an seiner kleinen Zehe auf; dann nahm er ein Hemdzipfelchen in jede Hand und fing mit beiden Backen an zu blasen. Und allmählich, leise, leise, fing es an zu rollen, über den Fußboden, dann die Wand hinauf, dann kopfüber die Decke entlang und dann die andere Wand wieder hinunter.

„Mehr, mehr!" schrie Häwelmann, als er wieder auf dem Boden war; und dann blies er wieder seine Backen auf, und dann ging es wieder kopfüber und kopfunter. Es war ein großes Glück für den kleinen Häwelmann, daß es gerade Nacht war und die Erde auf dem Kopf stand; sonst hätte er doch gar zu leicht den Hals brechen können.

Als er dreimal die Reise gemacht hatte, guckte der Mond ihm plötzlich ins Gesicht.

„Junge“, sagte er, „hast du noch nicht genug?“

„Nein“, schrie Häwelmann, „mehr, mehr! Mach mir die Tür auf! Ich will durch die Stadt fahren; alle Menschen sollen mich fahren sehen.“

„Das kann ich nicht“, sagte der gute Mond; aber er ließ einen langen Strahl durch das Schlüsselloch fallen; und darauf fuhr der kleine Häwelmann zum Hause hinaus.

Auf der Straße war es ganz still und einsam. Die hohen Häuser standen im hellen Mondschein und glotzten mit ihren schwarzen Fenstern recht dumm in die Stadt hinaus; aber die Menschen waren nirgends zu sehen. Es rasselte recht, als der kleine Häwelmann in seinem Rollenbette über das Straßenpflaster fuhr; und der gute Mond ging immer neben ihm und leuchtete. So fuhren sie Straßen aus, Straßen ein; aber die Menschen waren nirgends zu sehen. Als sie bei der Kirche vorbeikamen, da krähte auf einmal der große goldene Hahn auf dem Glockenturme. Sie hielten still.

„Was machst du da?“ rief der kleine Häwelmann hinauf.

„Ich krähe zum erstenmal!“ rief der goldene Hahn herunter.

„Wo sind denn die Menschen?“ rief der kleine Häwelmann hinauf.

„Die schlafen“, rief der goldene Hahn herunter, „wenn ich zum drittenmal krähe, dann wacht der erste Mensch auf.“

„Das dauert mir zu lange“, sagte Häwelmann, „ich will in den Wald fahren, alle Tiere sollen mich fahren sehen!“

„Junge“, sagte der gute alte Mond, „hast du noch nicht genug?“

„Nein“, schrie Häwelmann, „mehr, mehr! Leuchte, alter Mond, leuchte!“ Und damit blies er die Backen auf, und der gute alte Mond leuchtete, und so fuhren sie zum Stadttor hinaus und übers Feld und in den dunkeln Wald hinein. Der gute Mond hatte große Mühe, zwischen den vielen Bäumen durchzukommen; mitunter war er ein ganzes Stück zurück, aber er holte den kleinen Häwelmann doch immer wieder ein.

Im Walde war es still und einsam; die Tiere waren nicht zu sehen; weder die Hirsche noch die Hasen, auch nicht die kleinen Mäuse. So fuhren sie immer weiter, durch Tannen- und Buchenwälder, bergauf und bergab. Der gute Mond ging nebenher und leuchtete in alle Büsche; aber die Tiere waren nicht zu sehen; nur eine kleine Katze saß oben in einem Eichbaum und funkelte mit den Augen. Da hielten sie still.

„Das ist der kleine Hinze!“ sagte Häwelmann, „ich kenne ihn wohl; er will die Sterne nachmachen.“ Und als sie weiterfuhren, sprang die kleine Katze mit von Baum zu Baum.

„Was machst du da?“ rief der kleine Häwelmann hinauf.

„Ich illuminiere!“ rief die kleine Katze herunter.

„Wo sind denn die andern Tiere?“ rief der kleine Häwelmann hinauf.

„Die schlafen“, rief die kleine Katze herunter und sprang wieder einen Baum weiter; „horch nur, wie sie schnarchen!“

„Junge“, sagte der gute alte Mond, „hast du noch nicht genug?“

„Nein“, schrie Häwelmann, „mehr, mehr! Leuchte, alter Mond, leuchte!“ Und dann blies er die Backen auf, und der gute alte Mond leuchtete; und so fuhren sie zum Walde hinaus und dann über die Heide bis ans Ende der Welt, und dann gerade in den Himmel hinein.

Hier war es lustig; alle Sterne waren wach und hatten die Augen auf und funkelten, daß der ganze Himmel blitzte.

„Platz da!“ schrie Häwelmann und fuhr in den hellen Haufen hinein, daß die Sterne links und rechts vor Angst vom Himmel fielen.

„Junge“, sagte der gute alte Mond, „hast du noch nicht genug?“

„Nein!“ schrie der kleine Häwelmann, „mehr, mehr!“ Und – hast du nicht gesehen! fuhr er dem alten guten Mond quer über die Nase, daß er ganz dunkelbraun im Gesicht wurde.

„Pfui!“ sagte der Mond und nieste dreimal. „Alles mit Maßen!“ Und damit putzte er seine Laterne aus, und alle Sterne machten die Augen zu. Da wurde es im ganzen Himmel auf einmal so dunkel, daß man es ordentlich mit Händen greifen konnte.

„Leuchte, alter Mond, leuchte!“ schrie Häwelmann, aber der Mond war nirgends zu sehen und auch die Sterne nicht; sie waren schon alle zu Bett gegangen. Da fürchtete der kleine Häwelmann sich sehr, weil er so allein im Himmel war. Er nahm seine Hemdzipfelchen in die Hände und blies die Backen auf; aber er wußte weder aus noch ein, er fuhr kreuz und quer, hin und her, und niemand sah ihn fahren, weder die Menschen noch die Tiere, noch auch die lieben Sterne.

Da guckte endlich unten, ganz unten am Himmelsrande ein rotes rundes Gesicht zu ihm herauf, und der kleine Häwelmann meinte, der Mond sei wieder aufgegangen.

„Leuchte, alter Mond, leuchte!“ rief er. Und dann blies er wieder die Backen auf und fuhr quer durch den ganzen Himmel und gerade drauflos. Es war aber die Sonne, die gerade aus dem Meere heraufkam.

„Junge“, rief sie und sah ihm mit ihren glühenden Augen ins Gesicht, „was machst du hier in meinem Himmel?“ Und – eins, zwei, drei! nahm sie den kleinen Häwelmann und warf ihn mitten in das große Wasser. Da konnte er schwimmen lernen.

Und dann?

Ja und dann? Weißt du nicht mehr? Wenn ich und du nicht gekommen wären und den kleinen Häwelmann in unser Boot genommen hätten, so hätte er doch leicht ertrinken können!

Im Walde

Hier an der Bergeshalde
Verstummet ganz der Wind;
Die Zweige hängen nieder,
Darunter sitzt das Kind.

Sie sitzt in Thymiane,
Sie sitzt in lauter Duft;
Die blauen Fliegen summen
Und blitzen durch die Luft.

Es steht der Wald so schweigend,
Sie schaut so klug darein;
Um ihre braunen Locken
Hinfließt der Sonnenschein.

Der Kuckuck lacht von ferne,
Es geht mir durch den Sinn:
Sie hat die goldnen Augen
Der Waldeskönigin.

Verirrt

Ein Vöglein singt so süße
Vor mir von Ort zu Ort;
Weh, meine wunden Füße!
Das Vöglein singt so süße,
Ich wandre immerfort.

Wo ist nun hin das Singen?
Schon sank das Abendrot;
Die Nacht hat es verstecket,
Hat alles zugedecket –
Wem klag ich meine Not?

Kein Sternlein blinkt im Walde,
Weiß weder Weg noch Ort;
Die Blumen an der Halde,
Die Blumen in dem Walde,
Die blühn im Dunkeln fort.

Hans Bär

In einem alten Fichtenwalde wohnte einmal vor vielen, vielen Jahren ein armer Köhler mit seiner Frau, die ihm erst vor kurzem ein gesundes Knäblein geschenkt hatte, das in der Taufe den Namen Hans empfing. Dieser entwickelte bald nach seiner Geburt eine solche Körperstärke, daß er drei kleine Hündchen, die die Eltern ihm als Spielkameraden beigegeben hatten, der Reihe nach mit seinen Händchen zu Tode drückte. Darüber schalten sie nun wohl den Knaben; in ihrem Herzen aber freuten sie sich über die so wunderbaren Anlagen ihres Söhnleins und gedachten noch einmal etwas Großes aus ihm zu ziehen. Doch nicht lange sollten sie solcher Freude genießen, wie ich dir sogleich erzählen werde. – Es hauste nämlich in diesem selbigen Walde ein ungeheurer Bär; dem hatten die Jäger seine beiden Jungen genommen, worüber er sehr betrübt war und Tag und Nacht vor Schmerz im Walde umherheulte. So kam er auch einst vor das Haus des Köhlers, wo der kleine Hans an der Erde saß und spielte.

Als der Bär ihn gewahrte, ward er noch lebhafter gemahnt, an seine eignen Kindlein zu denken, und um Rache zu nehmen an den bösen Menschen, die sie ihm geraubt hatten, fuhr er auf den kleinen Hans zu, um ihn zu fressen. Hans aber riß ein Bäumchen aus der Erde und schlug so tapfer auf den großen Bären los, daß dieser, erstaunt über die Kraft und den Mut des Kindes, bald ganz andern Sinnes ward und bei sich selber dachte: Den Jungen sollst du mit in deine Höhle nehmen und ihn säugen mit deiner Milch und ihn so stark machen, wie es wohl sonst deine eignen Bärlein geworden wären, damit er dich wieder pflegen und schützen kann, wenn du einmal alt und schwach geworden bist. Solches dachte die alte Bärenmutter in ihrem Sinn, nahm dann trotz seines Schreiens und Sträubens den kleinen Hans gar sanft zwischen ihre Vordertatzen und trabte mit ihm waldeinwärts ihrer Höhle zu.

Kaum war sie daselbst angekommen, so legte sie auch sogleich ihr neues Pflegesöhnlein auf das weiche Lager, das sie vorher ihren eignen Kindern bereitet hatte, schüttelte ihm die Streu zurechte und brummte ihn gar freundlich an, daß Hänschen sich allmählich beruhigte und endlich vor Ermattung und Müdigkeit einschlief.

Als er am andern Morgen die Augen aufschlug, sah er den alten Bären vor seinem Lager sitzen, der ihm mit seinen Tatzen eine Menge schöner, roter Erdbeeren darreichte, die er in der Frühstunde für ihn im Walde gepflückt hatte; dann bot er ihm seine Brust und säugte ihn mit seiner Milch, so daß Hänschen gar vergnügt ward und den alten Bär bald auf dem breiten Rücken klopfte, ihn bald in seinem zottigen Pelz zauste, daß es eine Lust war. – Als sie es so eine Weile getrieben hatten, ging der Bär wieder aus der Höhle, wälzte aber, bevor er wegging, einen ungeheuren Stein vor die Öffnung, daß unserm Hänschen rein Tor und Tür versperrt war, so gerne er auch hinterdrein gewesen wäre.

So ging's eine Zeitlang fort; morgens ging der Bär aus, und mittags kam er wieder nach Hause, wo er denn immer eine schöne Beere oder Blume für sein Pflegesöhnlein mitbrachte, und nachdem er eine Weile mit ihm gespielt hatte, trabte er wieder bis gegen Abend im Walde umher, wälzte aber zu Hänschens großem Verdrusse stets den bösen Stein vor die Öffnung der Höhle. – Nach und nach war Hänschen nun immer stärker und größer geworden, wozu der Genuß der kräftigen Bärenmilch wahrlich nicht wenig beigetragen hatte; und je stärker und größer er ward, desto verdrießlicher ward ihm der große Stein, der ihm den Weg zu dem schönen, grünen Wald versperrte; und als eines Morgens der alte Bär wie gewöhnlich waldeinwärts getrabt war, um sich eine süße Portion Honig oder ein fettes Häschen zur Frühkost zu suchen, da setzte Hänschen mit aller seiner Macht den Rücken gegen den Stein, brachte ihn aber trotz seines Stampfens und Keichens nur ein kleines von der Stelle; und als nun der alte Bär nach Hause kam und es gewahrte, daß der Stein verschoben war, da sah er Hänschen gar grimmig an und legte nur noch mehr Steine vor die Tür, als er das nächste Mal die

Höhle verließ. So mußte Hänschen sich denn fürs erste in Geduld fassen; denn teils reichten seine Kräfte noch nicht hin, die Steine gänzlich von der Öffnung hinwegzuschieben, teils fürchtete er sich gar sehr vor dem Zorne des Bären, wenn dieser sähe, daß Hänschen trotz aller seiner Pflege einen zweiten Versuch zum Entfliehen machte. Als er aber endlich merkte, daß er groß und stark genug sei, um die Steine alle hinwegstoßen zu können, da hielt er's nicht länger aus: Mit aller Macht stemmte er sich, als der Bär seine gewöhnliche Nachmittagsreise angetreten hatte, wieder einmal gegen die Steine – – und wer beschreibt die Freude! Knicks, knacks! ging es, und rechts und links fielen und brachen die großen Steine auseinander. Da stand er nun in Gottes freier Natur, in die er sich so lange hinausgesehnt hatte, und um ihn rauschten die hohen, grünen Bäume, und über ihm sangen die muntern Waldvögelein ihre hellen Lieder, daß ihm wohl gar froh und leicht ums Herz gewesen wäre, wenn er sich nicht gefürchtet hätte, der Bär möchte ihn wieder in die Höhle zurückbringen. Deshalb lief er, so schnell ihn die Füße nur tragen wollten, immer der Nase nach vorwärts, bis er endlich an eine Köhlerhütte kam. –

Indessen war es Abend geworden, und der Köhler ruhte mit seiner Frau schon aus nach der Arbeit des Tages; deshalb klopfte Hans, da er noch immer eine große Furcht vor dem Bären hatte, gar gewaltig an die Haustür, und als die guten Leute ihm endlich aufgemacht hatten und nach seinem Begehr fragten, bat er sie inständigst, ihn doch als Knecht in ihre Dienste zu nehmen, und erzählte ihnen seine ganze Geschichte, soweit er selber darum wußte. Der Köhler und seine Frau aber betrachteten ihn mit scharfen Augen und erkannten gar bald an einem schwarzen Wärzchen, das Hänschen an der linken Schulter hatte, daß der Schutzflehende niemand anders sei als ihr eignes Söhnlein, das sie vor vielen Jahren auf so wunderbare Weise verloren hatten. – Wer war vergnügter als Hans, daß er so unvermutet seine lieben Eltern wiedergefunden hatte! Wer war vergnügter als der Köhler und seine Frau, als sie so unvermutet ihren lieben Sohn wiederfanden, der noch dazu aus einem kleinen Hänschen jetzt ein großer Hans geworden war. –

Als er nun eine geraume Zeit bei ihnen verweilt und ihnen oft genug seine wunderbare Geschichte vorerzählt hatte, so sehnte er sich endlich in die Fremde und kündigte eines Tages seinen Eltern an, daß er große Lust hege, sich einmal auf die Wanderschaft zu begeben; und da diese nichts dawider hatten, so schnürte er eines Morgens sein Bündel und ging davon.

Da er sich nun genugsam im Lande umgetan hatte, so ward er des längern Wanderns müde; und als er einst einen großen, stattlichen Bauernhof sahe, so bedachte er sich nicht lange, sondern kehrte alsobald ein und bot dem Hofherrn seine Dienste an. Dieser aber, als er sahe, daß es ein großer und starker Bursche war, fragte ihn nach seinem Namen und nahm ihn als Knecht in sein Haus. Zu derselbigen Zeit waren die Früchte gereift in den Obstgärten; daher ward Hans am andern Morgen in den Garten geschickt, um seines Herrn Obstbäume zu schütteln. Als er aber sein Schütteln anfing, da brach er von den Bäumen die Zweige samt den Früchten herunter, und als sein Herr bald nachher in den Garten trat, um die Arbeit seines neuen Knechtes nachzusehen, da sprach Hans gar treuherzig zu ihm: „Herr, eure Obstbäume müssen wohl gar alt und spröde sein, denn da ich die Früchte schütteln wollte, brachen die Zweige mit herunter!“ Der Herr aber gab ihm böse Worte, daß er ihm seine schönen Bäume verdorben habe; dann schickte er ihn in den Wald, um Holz zu fällen, und gab ihm eine blanke Axt mit auf den Weg. Hans aber warf die Axt beiseite und suchte sich eine starke eiserne Kette. Als er diese gefunden hatte, ging er, wie ihm befohlen war, in den Wald, befestigte bald an diesen, bald an jenen Baum seine Kette und riß so einen nach dem andern mit der Wurzel aus, bis gegen Abend sein Herr mit den andern Knechten zu Wagen angefahren kamen, um das gefällte Holz nach Hause zu holen. –

Als sie aber sahen, daß der halbe Wald mit der Wurzel aus der Erde gerissen sei, wollten sie schier nicht ihren Augen trauen und fragten einer um den andern: „So sprich uns doch, Hans, wer hat dir solche Leibeskraft gegeben, daß du an einem Tage schaffest, was unsrer zehen nicht in hundert Tagen zu tun vermöchten!“ –

Hans, der bei aller seiner Stärke doch sehr gutherzig und gefällig von Natur war, befriedigte allen ihre Neugier und erzählte seine Geschichte der Wahrheit gemäß; dann lud er zwei der dicksten Eichbäume auf seine Schultern und ging gemächlich damit nach Hause. Die andern aber standen noch lange im Walde und suchten vergeblich die ausgerißnen Bäume auf ihre Karren und Wagen zu laden.

Bald ward die Geschichte weit und breit bekannt, und weil Hans von einem Bären gesäugt und gezogen und dadurch auch die Stärke eines Bären erhalten hatte, so ward er allenthalben nur Hans Bär genannt.

Den Hofherrn und seine Knechte war über eine so unmäßige Leibesstärke ein gewaltiges Fürchten angekommen, weshalb sie den starken Hans auf alle mögliche Weise loszuwerden suchten, was ihnen aber durchaus nicht gelingen wollte. – Da hielten sie heimlich einen bösen Rat und besprachen sich, wie sie den guten Hans Bär ums Leben bringen wollten, damit er ihnen durch seine Stärke nicht noch einmal groß Leids zufüge. –

Nachdem sie sich also beraten, trat eines Tags der Herr auf Hansen zu und sprach: „Siehe, meine Muhme hat mir vertrauet, daß ihr Vater in dem Brunnen auf meinem Hofe einen Schatz vergraben habe, und da durch die Hitze das Wasser ausgetrocknet ist, so steige du hinab und grabe danach, ob du ihn finden mögest!“ Hans tat, wie ihm befohlen.

Kaum aber war er hinabgestiegen, so kam der Herr mit seinen andern Knechten und warfen Steine in den Brunnen hinab, indem sie glaubten, ihn so leichtiglich aus dem Wege zu räumen. Hans merkte nun freilich ihre böse Absicht gar wohl; da ihm ihre Steinwürfe aber keine Schmerzen verursachten, so ließ er sie ruhig gewähren. Doch als sie nach und nach wohl einige Hundert Steine hinabgeworfen hatten, da riß ihm endlich die Geduld.

„So jagt mir doch die Hühner vom Brunnen“, rief er ihnen von unten zu, „daß sie mir nicht also den Sand in die Augen streuen, oder ich werde euch nie und nimmer den Schatz aus dem Brunnen herausgraben!“

Als der Herr und seine Knechte solche Reden hörten, erschraken sie sehr; nachdem sie sich aber etwas von ihrem

Schrecken erholt hatten, wälzten sie einen großen Mühlenstein zum Brunnen und stürzten ihn hinab. – Nun glaubten sie doch sicher, sich den gefährlichen Hans Bär vom Leibe geschafft zu haben. Aber Hans Bär fing den Mühlstein auf und steckte seinen Kopf durch das Loch, daß ihm der Stein wie ein Kragen um den Hals hing, und als sie in den Brunnen hinabsahen, um sich seines Todes zu versichern, da rief er ihnen lachend zu: „Was, wollt ihr mich noch gar zum Pfaffen machen, daß ihr mir einen so gewaltigen Priesterkragen um den Hals hänget! Doch jetzt laßt's zu Ende sein mit der Narretei, und zieht mich heraus!" Und somit schleuderte er den Mühlstein aus dem Brunnen hervor, daß einer der bösen Knechte darunter begraben wurde. Die andern aber fürchteten sich heftig und zogen ihn alsobald heraus. Der Herr aber sahe, daß sie viel zu schwach seien, um einem so starken Manne das Leben zu nehmen, und bot ihm schweres Gold, wenn er sich wegen ihres bösen Willens nicht an ihnen rächen, sondern sein Bündel schnüren und das Haus verlassen wolle. – Und Hans, der sich noch weiter in der Welt umsehen wollte, nahm das Gold, schnürte sein Bündel und ging davon.

Als er nun einige Tage marschiert hatte, so hörte er weit und breit gar viel Geredes von der großen Schönheit der Königstochter; zugleich aber vernahm er, wie ein ungeschlachter Riese sie zu seinem Ehgemahl begehre und wie darüber der König, ihr Vater, gar sehr in Angst und Nöten sei, so daß er jedem, der den Riesen erlege, die Hälfte seines Reichs und seine Tochter zur Gemahlin versprochen habe.

Hans wurde immer neugieriger, die schöne Prinzessin zu sehen. Denn je näher er der Königsstadt kam, desto mehr hörte er von ihrer unvergleichlichen Schönheit und Herzensgüte reden. Endlich war die Stadt erreicht. –

Da saß die schöne Königstochter und schaute aus dem Erkerfenster ihres Schlosses und weinte gar bittere Tränen, daß ein so abscheulicher Riese sie als sein Ehgemahl hinwegführen sollte.

Hans war so von ihrem Anblick bezaubert, daß er sogleich bei sich beschloß, den Kampf mit dem Riesen zu bestehn, der schon drei schöne und tapfre Ritter erschlagen hatte, die um die Königsbraut mit ihm zu fechten wagten. Daher ging er alsobald zu einem Waffenschmidt und kaufte sich für das Gold, das er von seinem frühern Herrn empfangen hatte, einen schönen Helm, einen blanken Eisenrock, vor allen Dingen aber ein scharfes, starkes Schwert. So ausgerüstet, trat er vor den König und bat ihn um die Erlaubnis, mit dem Riesen zu kämpfen. Dieser aber gab ihm seinen Segen und versprach ihm seine Tochter und sein halbes Reich, falls er den Riesen erlegen sollte. Als Hans aber hinweggegangen war, da warf sich der gute König auf seine Knie und betete für seine Seele; denn er glaubte sicherlich, daß auch er, wie die andern drei, seinen Todesstreich empfangen würde.

Hans suchte indessen den Riesen auf, um ihn zum Zweikampf herauszufordern. Als der ihn kommen sahe, glaubte er wieder gar leichtes Spiel zu haben. Deshalb lehnte er sich gemächlich an einen Baumstamm und höhnte ihm entgegen: „Männlein, bist du vielleicht auch kommen, mir den Hals zu brechen, so versuche doch einmal, bevor du deinen schrecklichen Sarraß gegen mich ziehest, wie hoch du mein Schwertlein da von der Erde heben mögest!“ Und somit schnallte er sich sein ungeheures Schlachtschwert von der Hüfte und warf es auf den Grund. Als der Riese solches tat, vermeinte er aber, daß Hans, wie die drei andern, es gar nicht vom Boden würde aufheben können. Hans aber hub mit einer Hand das furchtbare Schwert hoch über seinen Kopf und schleuderte es weit von sich weg, daß es bis an den Griff in die harte Erde hinabfuhr. – Da dachte der Riese bei sich selber: Der ist wohl noch stärker als du, und redete ihm zu und sprach: „Ich sehe nun gar wohl, daß ich dir Unrecht getan habe und daß du ein nicht gemeiner Kämpfer bist; deshalb laßt uns Frieden schließen miteinander; denn zwei so wackre Streiter sollten billig als Freunde auseinanderscheiden. Siehe, ich gebe dir soviel Gold und Goldeswert, als du nur immer auf drei Wagen hinwegzuführen vermagst. Du aber ziehe deine Wege, und laß mir die schöne Königstochter; denn ich liebe sie mehr als alles Gold und Edelsteine der Erde.“

Hans aber liebte die schöne Königstochter selber mehr denn alles Gold und Edelstein der Erde, ja mehr denn sein eignes Leben und hörte nicht darauf, was der Riese sprach, sondern zog alsobald sein Schwert, und der Riese mußte nun das seinige aus der Erde herausziehen, wohin Hans es soeben geschleudert hatte. Hu, wie da die Schwerter aneinanderschmetterten, daß die hellen Funken heraussprangen. Doch nicht lange, da trennte Hans mit einem gewaltigen Hiebe den Kopf des Riesen vom Rumpfe, daß von seinem schwarzen Blute rings die grüne Erde bespritzt ward. Darauf nahm er das abgeschlagene Haupt des Riesen als Zeichen seines Sieges mit sich und ging wieder auf das Schloß des Königs, um ihm die frohe Botschaft von dem Tode seines Feindes zu melden und ihn an sein gegebnes Versprechen zu erinnern.

Als der König ihn so in sein Gemach treten sah, so ging er ihm entgegen und umarmte ihn und freute sich mit ihm seines Sieges. Dann sprach er zu ihm: „Komm mit mir, mein Sohn, daß ich dich zu der Prinzessin, meiner Tochter, führe und dir die Hälfte meines Reiches abtrete." Und als sie nun zu der schönen Königstochter kamen, da freute auch sie sich über den Tod des bösen Riesen und über den schönen Mann, den ihr der König als zukünftigen Gemahl zuführte. Denn obgleich Hans Bär von großer Leibesstärke war, so war seine Schönheit doch nicht geringer denn seine Stärke. Daher freute sich die Prinzessin gar sehr eines so schönen Bräutigams und reichte ihm bald vor dem Altare Herz und Hand.

Kurz nachher starb der alte König, und nachdem sie ihn feierlich begraben und Hans nun auch die andre Hälfte des Reichs von seinem Schwiegervater ererbt hatte, fuhr er alsbald mit seiner Gemahlin nach seiner Heimat, um seine Eltern und Geschwister mit sich nach seiner Residenz zu nehmen.

Wie diese erstaunten, als die große goldne Kutsche vor die niedrige Tür der Köhlerhütte rollte und stillehielt, brauche ich dir wohl nicht erst zu beschreiben! Und als sie nun vollends in dem Könige ihren lieben Sohn Hans erkannten, der ihnen die schöne Prinzessin als ihre Schwiegertochter zuführte, da war gar des Staunens und der Freude kein Ende! Hans aber fuhr mit Eltern und Geschwistern und seinem ganzen Gefolge nach der Bärenhöhle, zu seiner alten Pflegemutter. Und als sie nun nicht mehr weit davon waren, da fingen sie alle an, sich zu fürchten, und baten den König umzukehren. Doch er beruhigte sie und ging, da sie alsbald bei der Höhle angekommen waren, ohne alle Begleitung hinein. – Doch wie erschrak er! – Da lag der gute Bär gar kümmerlich auf seinem Lager hingestreckt und wollte sterben. Denn da er so krank und schwach war, daß er sich selbst keine Speise mehr aus dem Walde holen konnte, so wäre er beinahe den Hungertod gestorben, wenn König Hans nicht noch zur rechten Zeit darüber zugekommen wäre.

Als der Bär seinen Pflegesohn erkannte, wollte er sich aufrichten, um ihm entgegenzukriechen; doch seine Kräfte versagten ihm, und er fiel wieder auf sein Lager zurück. Hans aber rief seinen Dienern zu, ihm Speise und Trank zu bringen; dann setzte er sich zu seinem Bären auf die Streu und streichelte ihn mit seinen Händen und pflegte ihn auf alle Weise. – Und der Bär leckte mit seiner rauhen Zunge die Hände des Königs und sahe ihn gar freundlich an, als wollte er sagen: So kommst du doch endlich noch, um mir den letzten Dienst zu erweisen, und ich habe dich doch nicht umsonst gesäugt und gepflegt. –

Nach und nach waren alle in die Höhle getreten, und die Königin legte den Kopf des alten Bären auf ihren Schoß, indem sie ihn mit ihren schönen Händen streichelte und sich, wie ihr Gemahl, auf alle mögliche Weise um ihn beschäftigte.

Doch alles umsonst! Der gute Bär war zu alt und zu schwach, um noch länger leben zu können. – Nachdem er noch einen dankbaren Blick auf den König und seine schöne Gemahlin geworfen hatte, streckte er seine Glieder aus und verschied. Der König aber weinte um seine alte Pflegemutter, und alle waren gar sehr betrübt über den Tod des guten Tieres und standen noch lange an seinem Lager.

Dann begruben sie ihn unter dem Stamm einer alten Eiche und fuhren alle nach der Königsstadt zurück, wo Hans Bär, der König, noch viele Jahre mit seiner schönen Gemahlin glücklich und in Frieden regierte.

Sommermittag

Nun ist es still um Hof und Scheuer,
Und in der Mühle ruht der Stein;
Der Birnenbaum mit blanken Blättern
Steht regungslos im Sonnenschein.

Die Bienen summen so verschlafen;
Und in der offnen Bodenluk',
Benebelt von dem Duft des Heues,
Im grauen Röcklein nickt der Puk.

Der Müller schnarcht und das Gesinde,
Und nur die Tochter wacht im Haus;
Die lachet still und zieht sich heimlich
Fürsichtig die Pantoffeln aus.

Sie geht und weckt den Müllerburschen,
Der kaum den schweren Augen traut:
„Nun küsse mich, verliebter Junge;
Doch sauber, sauber! nicht zu laut."

Im Garten

Hüte, hüte den Fuß und die Hände,
Eh sie berühren das ärmste Ding!
Denn du zertrittst eine häßliche Raupe
Und tötest den schönsten Schmetterling.

Die Nachtigall

Das macht, es hat die Nachtigall
Die ganze Nacht gesungen;
Da sind von ihrem süßen Schall,
Da sind in Hall und Widerhall
Die Rosen aufgesprungen.

Sie war doch sonst ein wildes Kind;
Nun geht sie tief in Sinnen,
Trägt in der Hand den Sommerhut
Und duldet still der Sonne Glut
Und weiß nicht, was beginnen.

Das macht, es hat die Nachtigall
Die ganze Nacht gesungen;
Da sind von ihrem süßen Schall,
Da sind in Hall und Widerhall
Die Rosen aufgesprungen.

Die Regentrude

Einen so heißen Sommer, wie nun vor hundert Jahren, hat es seitdem nicht wieder gegeben. Kein Grün fast war zu sehen; zahmes und wildes Getier lag verschmachtet auf den Feldern.

Es war an einem Vormittag. Die Dorfstraßen standen leer; was nur konnte, war ins Innerste der Häuser geflüchtet; selbst die Dorfkläffer hatten sich verkrochen. Nur der dicke Wiesenbauer stand breitspurig in der Torfahrt seines stattlichen Hauses und rauchte im Schweiße seines Angesichts aus seinem großen Meerschaumkopfe. Dabei schaute er schmunzelnd einem mächtigen Fuder Heu entgegen, das eben von seinen Knechten auf die Diele gefahren wurde. – Er hatte vor Jahren eine bedeutende Fläche sumpfigen Wiesenlandes um geringen Preis erworben, und die letzten dürren Jahre, welche auf den Feldern seiner Nachbarn das Gras versengten, hatten ihm die Scheuern mit duftendem Heu und den Kasten mit blanken Krontalern gefüllt.

So stand er auch jetzt und rechnete, was bei den immer steigenden Preisen der Überschuß der Ernte für ihn einbringen könne.

„Sie kriegen alle nichts", murmelte er, indem er die Augen mit der Hand beschattete und zwischen den Nachbarsgehöften hindurch in die flimmernde Ferne schaute; „es gibt gar keinen Regen mehr in der Welt." Dann ging er an den Wagen, der eben abgeladen wurde; er zupfte eine Handvoll Heu heraus, führte es an seine breite Nase und lächelte so verschmitzt, als wenn er aus dem kräftigen Duft noch einige Krontaler mehr herausriechen könne.

In demselben Augenblicke war eine etwa funfzigjährige Frau ins Haus getreten. Sie sah blaß und leidend aus, und bei dem schwarzseidenen Tuche, das sie um den Hals gesteckt trug, trat der bekümmerte Ausdruck ihres Gesichtes nur noch mehr hervor.

„Guten Tag, Nachbar", sagte sie, indem sie dem Wiesenbauer die Hand reichte, „ist das eine Glut; die Haare brennen einem auf dem Kopfe!"

„Laß brennen, Mutter Stine, laß brennen", erwiderte er, „seht nur das Fuder Heu an! Mir kann's nicht zu schlimm werden!"

„Ja, ja, Wiesenbauer, Ihr könnt schon lachen; aber was soll aus uns andern werden, wenn das so fortgeht!"

Der Bauer drückte mit dem Daumen die Asche in seinen Pfeifenkopf und stieß ein paar mächtige Dampfwolken in die Luft.

„Seht Ihr", sagte er, „das kommt von der Überklugheit. Ich hab's ihm immer gesagt; aber Euer Seliger hat's alleweg besser verstehen wollen. Warum mußte er all sein Tiefland vertauschen! Nun sitzt Ihr da mit den hohen Feldern, wo Eure Saat verdorrt und Euer Vieh verschmachtet."

Die Frau seufzte.

Der dicke Mann wurde plötzlich herablassend.

„Aber, Mutter Stine", sagte er, „ich merke schon, Ihr seid nicht von ungefähr hiehergekommen; schießt nur immer los, was Ihr auf dem Herzen habt!"

Die Witwe blickte zu Boden.

„Ihr wißt wohl", sagte sie, „die funfzig Taler, die Ihr mir geliehen, ich soll sie auf Johanni zurückzahlen, und der Termin ist vor der Tür."

Der Bauer legte seine fleischige Hand auf ihre Schulter.

„Nun macht Euch keine Sorge, Frau! Ich brauche das Geld nicht; ich bin nicht der Mann, der aus der Hand in den Mund lebt. Ihr könnt mir Eure Grundstücke dafür zum Pfande einsetzen; sie sind zwar nicht von den besten, aber mir sollen sie diesmal gut genug sein. Auf den Sonnabend könnt Ihr mit mir zum Gerichtshalter fahren."

Die bekümmerte Frau atmete auf.

„Es macht zwar wieder Kosten", sagte sie, „aber ich danke Euch doch dafür."

Der Wiesenbauer hatte seine kleinen klugen Augen nicht von ihr gelassen.

„Und", fuhr er fort, „weil wir hier einmal beisammen sind, so will ich Euch auch sagen, der Andrees, Euer Junge, geht nach meiner Tochter!“

„Du lieber Gott, Nachbar, die Kinder sind ja miteinander aufgewachsen!“

„Das mag sein, Frau; wenn aber der Bursche meint, er könne sich hier in die volle Wirtschaft einfreien, so hat er seine Rechnung ohne mich gemacht!“

Die schwache Frau richtete sich ein wenig auf und sah ihn mit fast zürnenden Augen an.

„Was habt Ihr denn an meinem Andrees auszusetzen?“ fragte sie.

„Ich an Eurem Andrees, Frau Stine? – Auf der Welt gar nichts! Aber“ – und er strich sich mit der Hand über die silbernen Knöpfe seiner roten Weste – „meine Tochter ist eben meine Tochter, und des Wiesenbauers Tochter kann es besser belaufen.“

„Trotzt nicht zu sehr, Wiesenbauer“, sagte die Frau milde, „ehe die heißen Jahre kamen –!“

„Aber sie sind gekommen und sind noch immer da, und auch für dies Jahr ist keine Aussicht, daß Ihr eine Ernte in die Scheuer bekommt. Und so geht's mit Eurer Wirtschaft immer weiter rückwärts.“

Die Frau war in tiefes Sinnen versunken; sie schien die letzten Worte kaum gehört zu haben.

„Ja“, sagte sie, „Ihr mögt leider recht behalten, die Regentrude muß eingeschlafen sein; aber – sie kann geweckt werden!“

„Die Regentrude?“ wiederholte der Bauer hart. „Glaubt Ihr auch an das Gefasel?“

„Kein Gefasel, Nachbar!“ erwiderte sie geheimnisvoll. „Meine Urahne, da sie jung gewesen, hat sie selber einmal aufgeweckt. Sie wußte auch das Sprüchlein noch und hat es mir öfters vorgesagt; aber ich habe es seither längst vergessen.“

Der dicke Mann lachte, daß ihm die silbernen Knöpfe auf seinem Bauche tanzten.

„Nun, Mutter Stine, so setzt Euch hin und besinnt Euch auf Euer Sprüchlein. Ich verlasse mich auf mein Wetterglas, und das steht seit acht Wochen auf beständig Schön!“

„Das Wetterglas ist ein totes Ding, Nachbar; das kann

doch nicht das Wetter machen!"

„Und Eure Regentrude ist ein Spukeding, ein Hirngespinst, ein Garnichts!"

„Nun, Wiesenbauer," sagte die Frau schüchtern, „Ihr seid einmal einer von den Neugläubigen!"

Aber der Mann wurde immer eifriger.

„Neu- oder altgläubig!" rief er, „geht hin und sucht Eure Regenfrau und sprecht Euer Sprüchlein, wenn Ihr's noch beisammenkriegt! Und wenn Ihr binnen heut und vierundzwanzig Stunden Regen schafft, dann –!" Er hielt inne und paffte ein paar dicke Rauchwolken vor sich hin.

„Was dann, Nachbar?" fragte die Frau.

„Dann – – dann – zum Teufel, ja, dann soll Euer Andrees meine Maren freien!"

In diesem Augenblick öffnete sich die Tür des Wohnzimmers, und ein schönes schlankes Mädchen mit rehbraunen Augen trat zu ihnen auf die Durchfahrt hinaus.

„Topp, Vater", rief sie, „das soll gelten!" Und zu einem ältlichen Mann gewandt, der eben von der Straße her ins Haus trat, fügte sie hinzu: „Ihr habt's gehört, Vetter Schulze!"

„Nun, nun, Maren", sagte der Wiesenbauer, „du brauchst keine Zeugen gegen deinen Vater aufzurufen; von meinem Wort, da beißt dir keine Maus auch nur ein Titelchen ab."

Der Schulze schaute indes, auf seinen langen Stock gestützt, eine Weile in den freien Tag hinaus; und hatte nun sein schärferes Auge in der Tiefe des glühenden Himmels ein weißes Pünktchen schwimmen sehen oder wünschte er es nur und glaubte es deshalb gesehen zu haben, aber er lächelte hinterhaltig und sagte: „Mög's Euch bekommen, Vetter Wiesenbauer, der Andrees ist allewege ein tüchtiger Bursch!"

Bald darauf, während der Wiesenbauer und der Schulze in dem Wohnzimmer des erstern über allerlei Rechnungen beisammensaßen, trat Maren an der andern Seite der Dorfstraße mit Mutter Stine in deren Stübchen.

„Aber Kind", sagte die Witwe, indem sie ihr Spinnrad aus der Ecke holte, „weißt du denn das Sprüchlein für die Regenfrau?"

„Ich?“ fragte das Mädchen, indem sie erstaunt den Kopf zurückwarf.

„Nun, ich dachte nur, weil du so keck dem Vater vor die Füße tratst.“

„Nicht doch, Mutter Stine, mir war nur so ums Herz, und ich dachte auch, Ihr selber würdet's wohl noch beisammenbekommen. Räumt nur ein bissel auf in Eurem Kopfe; es muß ja noch irgendwo verkramet liegen!“

Frau Stine schüttelte den Kopf.

„Die Urahne ist mir früh gestorben. Das aber weiß ich noch wohl, wenn wir damals große Dürre hatten, wie eben jetzt, und uns dabei mit der Saat oder dem Viehzeug Unheil zuschlug, dann pflegte sie wohl ganz heimlich zu sagen: ‚Das tut der Feuermann uns zum Schabernack, weil ich einmal die Regenfrau geweckt habe!‘“

„Der Feuermann?“ fragte das Mädchen, „wer ist denn das nun wieder?“ Aber ehe sie noch eine Antwort erhalten konnte, war sie schon ans Fenster gesprungen und rief: „Um Gott, Mutter, da kommt der Andrees; seht nur, wie verstürzt er aussieht!“

Die Witwe erhob sich von ihrem Spinnrade.

„Freilich, Kind“, sagte sie niedergeschlagen, „siehst du denn nicht, was er auf dem Rücken trägt? Da ist schon wieder eins von den Schafen verdurstet.“

Bald darauf trat der junge Bauer ins Zimmer und legte das tote Tier vor den Frauen auf den Estrich.

„Da habt ihr's!“ sagte er finster, indem er sich mit der Hand den Schweiß von der heißen Stirn strich.

Die Frauen sahen mehr in sein Gesicht als auf die tote Kreatur.

„Nimm dir's nicht so zu Herzen, Andrees!“ sagte Maren. „Wir wollen die Regenfrau wecken, und dann wird alles wieder gut werden.“

„Die Regenfrau!“ wiederholte er tonlos. „Ja, Maren, wer die wecken könnte! – Es ist aber auch nicht wegen dem allein; es ist mir etwas widerfahren draußen.“ –

Die Mutter faßte zärtlich seine Hand.

„So sag es von dir, mein Sohn“, ermahnte sie, „damit es dich nicht siech mache!“

„So hört denn!“ erwiderte er. – „Ich wollte nach unsern Schafen sehen und ob das Wasser, das ich gestern abend für sie hinaufgetragen, noch nicht verdunstet sei. Als ich aber auf den Weideplatz kam, sah ich sogleich, daß es dort nicht seine Richtigkeit habe; der Wasserzuber war nicht mehr, wo ich ihn hingestellt, und auch die Schafe waren nicht zu sehen. Um sie zu suchen, ging ich den Rain hinab bis an den Riesenhügel. Als ich auf die andere Seite kam, da sah ich sie alle liegen, keuchend, die Hälse lang auf die Erde gestreckt; die arme Kreatur hier war schon krepiert. Daneben lag der Zuber umgestürzt und schon gänzlich ausgetrocknet. Die Tiere konnten das nicht getan haben; hier mußte eine böswillige Hand im Spiele sein.“

„Kind, Kind“, unterbrach ihn die Mutter, „wer sollte einer armen Witwe Leides zufügen!“

„Hört nur zu, Mutter, es kommt noch weiter. Ich stieg auf den Hügel und sah nach allen Seiten über die Ebene hin; aber kein Mensch war zu sehen, die sengende Glut lag wie alle Tage lautlos über den Feldern. Nur neben mir auf einem der großen Steine, zwischen denen das Zwergenloch in den Hügel hinabgeht, saß ein dicker Molch und sonnte seinen häßlichen Leib. Als ich noch so halb ratlos, halb ingrimmig um mich her starrte, höre ich auf einmal hinter mir von der andern Seite des Hügels her ein Gemurmel, wie wenn einer eifrig mit sich selber redet, und als ich mich umwende, sehe ich ein knorpsiges Männlein im feuerroten Rock und roter Zipfelmütze unten zwischen dem Heidekraute auf und ab stapfen. – Ich erschrak mich, denn wo war es plötzlich hergekommen! – Auch sah es gar so arg und mißgeschaffen aus. Die großen braunroten Hände hatte es auf dem Rücken gefaltet, und dabei spielten die krummen Finger wie Spinnenbeine in der Luft. – Ich war hinter den Dornbusch getreten, der neben den Steinen aus dem Hügel wächst, und konnte von hier aus alles sehen, ohne selbst bemerkt zu werden. Das Unding drunten war noch immer in Bewegung; es bückte sich und riß ein Bündel versengten Grases aus dem Boden, daß ich glaubte, es müsse mit seinem Kürbiskopf vornüber schießen; aber es stand schon wieder auf seinen Spindelbeinen, und indem es das dürre Kraut zwischen seinen großen

Fäusten zu Pulver rieb, begann es so entsetzlich zu lachen, daß auf der andern Seite des Hügels die halbtoten Schafe aufsprangen und in wilder Flucht an dem Rain hinunterjagten. Das Männlein aber lachte noch gellender, und dabei begann es von einem Bein aufs andere zu springen, daß ich fürchtete, die dünnen Stäbchen müßten unter seinem klumpigen Leibe zusammenbrechen. Es war grausenvoll anzusehen, denn es funkte ihm dabei ordentlich aus seinen kleinen schwarzen Augen."

Die Witwe hatte leise des Mädchens Hand gefaßt.

„Weißt du nun, wer der Feuermann ist?" sagte sie. Maren nickte.

„Das Allergrausenhafteste aber", fuhr Andrees fort, „war seine Stimme. ‚Wenn sie es wüßten, wenn sie es wüßten!' schrie er, ‚die Flegel, die Bauerntölpel!' Und dann sang er mit seiner schnarrenden, quäkenden Stimme ein seltsames Sprüchlein; immer von vorn nach hinten, als könne er sich gar daran nicht ersättigen. Wartet nur, ich bekomm's wohl noch beisammen!"

Und nach einigen Augenblicken fuhr er fort:

„Dunst ist die Welle,
Staub ist die Quelle!"

Die Mutter ließ plötzlich ihr Spinnrad stehen, das sie während der Erzählung eifrig gedreht hatte, und sah ihren Sohn mit gespannten Augen an. Der aber schwieg wieder und schien sich zu besinnen.

„Weiter!" sagte sie leise.

„Ich weiß nicht weiter, Mutter; es ist fort, und ich hab's mir unterwegs doch wohl hundertmal vorgesagt."

Als aber Frau Stine mit unsicherer Stimme selbst fortfuhr:

„Stumm sind die Wälder,
Feuermann tanzet über die Felder!",

da setzte er rasch hinzu:

„Nimm dich in acht!
Eh du erwacht,
Holt dich die Mutter
Heim in die Nacht!“

„Das ist das Sprüchlein der Regentrude!“ rief Frau Stine; „und nun rasch noch einmal! Und du, Maren, merk wohl auf, damit es nicht wiederum verlorengeht!“

Und nun sprachen Mutter und Sohn noch einmal zusammen und ohne Anstoß:

„Dunst ist die Welle,
Staub ist die Quelle!
Stumm sind die Wälder,
Feuermann tanzet über die Felder!

Nimm dich in acht!
Eh du erwacht,
Holt dich die Mutter
Heim in die Nacht!“

„Nun hat alle Not ein Ende!“ rief Maren; „nun wecken wir die Regentrude; morgen sind alle Felder wieder grün, und übermorgen gibt's Hochzeit!“ Und mit fliegenden Worten und glänzenden Augen erzählte sie ihrem Andrees, welches Versprechen sie dem Vater abgewonnen habe.

„Kind“, sagte die Witwe wieder, „weißt du denn auch den Weg zur Regentrude?“

„Nein, Mutter Stine; wißt Ihr denn auch den Weg nicht mehr?“

„Aber, Maren, es war ja die Urahne, die bei der Regentrude war; von dem Wege hat sie mir niemals was erzählt.“

„Nun, Andrees“, sagte Maren und faßte den Arm des jungen Bauern, der währenddes mit gerunzelter Stirn vor sich hin gestarrt hatte, „so sprich du! Du weißt ja sonst doch immer Rat!“

„Vielleicht weiß ich auch jetzt wieder einen!“ entgegnete er bedächtig. „Ich muß heute mittag den Schafen noch Wasser hinauftragen. Vielleicht daß ich den Feuermann noch einmal hinter dem Dornbusch belauschen kann! Hat er das

Sprüchlein verraten, wird er auch noch den Weg verraten; denn sein dicker Kopf scheint überzulaufen von diesen Dingen."

Und bei diesem Entschluß blieb es. Soviel sie auch hin und wider redeten, sie wußten keinen bessern aufzufinden.

Bald darauf befand sich Andrees mit seiner Wassertracht droben auf dem Weideplatze. Als er in die Nähe des Riesenhügels kam, sah er den Kobold schon von weitem auf einem der Steine am Zwergenloch sitzen. Er strählte sich mit seinen fünf ausgespreizten Fingern den roten Bart; und jedesmal wenn er die Hand herauszog, löste sich ein Häufchen feuriger Flocken ab und schwebte in dem grellen Sonnenschein über die Felder dahin.

Da bist du zu spät gekommen, dachte Andrees, heute wirst du nichts erfahren, und wollte seitwärts, als habe er gar nichts gesehen, nach der Stelle abbiegen, wo noch immer der umgestürzte Zuber lag. Aber er wurde angerufen.

„Ich dachte, du hättst mit mir zu reden!" hörte er die Quäkstimme des Kobolds hinter sich.

Andrees kehrte sich um und trat ein paar Schritte zurück.

„Was hätte ich mit Euch zu reden", erwiderte er; „ich kenne Euch ja nicht."

„Aber du möchtest den Weg zur Regentrude wissen?"

„Wer hat Euch denn das gesagt?"

„Mein kleiner Finger, und der ist klüger als mancher große Kerl."

Andrees nahm all seinen Mut zusammen und trat noch ein paar Schritte näher zu dem Unding an den Hügel hinauf.

„Euer kleiner Finger mag schon klug sein", sagte er, „aber den Weg zur Regenfrau wird er doch nicht wissen, denn den wissen auch die allerklügsten Menschen nicht."

Der Kobold blähte sich wie eine Kröte und fuhr ein paarmal mit seiner Klaue durch den Feuerbart, daß Andrees vor der herausströmenden Glut einen Schritt zurücktaumelte. Plötzlich aber den jungen Bauer mit dem Ausdrucke eines überlegenen Hohns aus seinen bösen kleinen Augen anstarrend, schnarrte er ihn an: „Du bist zu einfältig, Andrees; wenn ich dir auch sagte, daß die Regentrude hinter dem großen Walde wohnt, so würdest du doch nicht wissen, daß hinter dem Walde eine hohle Weide steht!"

Hier gilt's den Dummen spielen! dachte Andrees; denn obschon er sonst ein ehrlicher Bursche war, so hatte er doch auch seine gute Portion Bauernschlauheit mit auf die Welt bekommen.

„Da habt Ihr recht", sagte er und riß den Mund auf, „das würde ich freilich nicht wissen!"

„Und", fuhr der Kobold fort, „wenn ich dir auch sagte, daß hinter dem Walde die hohle Weide steht, so würdest du doch nicht wissen, daß in dem Baum eine Treppe zum Garten der Regenfrau hinabführt."

„Wie man sich doch verrechnen kann!" rief Andrees. „Ich dachte, man könnte nur so gradeswegs hineinspazieren."

„Und wenn du auch gradeswegs hineinspazieren könntest", sagte der Kobold, „so würdest du immer noch nicht wissen, daß die Regentrude nur von einer reinen Jungfrau geweckt werden kann."

„Nun freilich", meinte Andrees, „da hilft's mir nichts; da will ich mich nur gleich wieder auf den Heimweg machen."

Ein arglistiges Lächeln verzog den breiten Mund des Kobolds.

„Willst du nicht erst dein Wasser in den Zuber gießen?" fragte er; „das schöne Viehzeug ist ja schier verschmachtet."

„Da habt Ihr zum vierten Male recht!" erwiderte der Bursche und ging mit seinen Eimern um den Hügel herum. Als er aber das Wasser in den heißen Zuber goß, schlug es zischend empor und verprasselte in weißen Dampfwolken in die Luft. Auch gut! dachte er, meine Schafe treibe ich mit mir heim, und morgen mit dem frühesten geleite ich Maren zu der Regentrude. Die soll sie schon erwecken!

Auf der andern Seite des Hügels aber war der Kobold von seinen Steinen aufgesprungen. Er warf seine rote Mütze in die Luft und kollerte sich mit wieherndem Gelächter den Berg hinab. Dann sprang er wieder auf seine dürren Spindelbeine, tanzte wie toll umher und schrie dabei mit seiner Quäkstimme einmal übers andere: „Der Kindskopf, der Bauerlümmel dachte mich zu übertölpeln und weiß noch nicht, daß die Trude sich nur durch das rechte Sprüchlein wecken läßt. Und das Sprüchlein weiß keiner als Eckeneckepenn, und Eckeneckepenn, das bin ich!" –

Der böse Kobold wußte nicht, daß er am Vormittag das Sprüchlein selbst verraten hatte.

Auf die Sonnenblumen, die vor Marens Kammer im Garten standen, fiel eben der erste Morgenstrahl, als sie schon das Fenster aufstieß und ihren Kopf in die frische Luft hinaussteckte. Der Wiesenbauer, welcher nebenan im Alkoven des Wohnzimmers schlief, mußte davon erwacht sein; denn sein Schnarchen, das noch eben durch alle Wände drang, hatte plötzlich aufgehört.

„Was treibst du, Maren?" rief er mit schläfriger Stimme. „Fehlt's dir denn wo?"

Das Mädchen fuhr sich mit dem Finger an die Lippen; denn sie wußte wohl, daß der Vater, wenn er ihr Vorhaben erführe, sie nicht aus dem Hause lassen würde. Aber sie faßte sich schnell.

„Ich habe nicht schlafen können, Vater", rief sie zurück, „ich will mit den Leuten auf die Wiesen; es ist so hübsch frisch heute morgen."

„Hast das nicht nötig, Maren", erwiderte der Bauer, „meine Tochter ist kein Dienstbot'." Und nach einer Weile fügte er hinzu: „Na, wenn's dir Pläsier macht! Aber sei zur rechten Zeit wieder heim, eh die große Hitze kommt. Und vergiß mein Warmbier nicht!" Damit warf er sich auf die andere Seite, daß die Bettstelle krachte, und gleich darauf hörte auch das Mädchen wieder das wohlbekannte abgemessene Schnarchen.

Behutsam drückte sie ihre Kammertür auf. Als sie durch die Torfahrt ins Freie ging, hörte sie eben den Knecht die beiden Mägde wecken. Es ist doch schnöd, dachte sie, daß du so hast lügen müssen, aber – und sie seufzte dabei ein wenig – was tut man nicht um seinen Schatz.

Drüben in seinem Sonntagsstaat stand schon Andrees ihrer wartend.

„Weißt du dein Sprüchlein noch?" rief er ihr entgegen.

„Ja, Andrees! Und weißt du noch den Weg?"

Er nickte nur.

„So laß uns gehen!“ – Aber eben kam noch Mutter Stine aus dem Hause und steckte ihrem Sohne ein mit Met gefülltes Fläschchen in die Tasche.

„Der ist noch von der Urahne“, sagte sie, „sie tat allezeit sehr geheim und kostbar damit, der wird euch guttun in der Hitze!“

Dann gingen sie im Morgenschein die stille Dorfstraße hinab, und die Witwe stand noch lange und schaute nach der Richtung, wo die jungen kräftigen Gestalten verschwunden waren.

Der Weg der beiden führte hinter der Dorfmark über eine weite Heide. Danach kamen sie in den großen Wald. Aber die Blätter des Waldes lagen meist verdorrt am Boden, so daß die Sonne überall hindurchblitzte; sie wurden fast geblendet von den wechselnden Lichtern. – Als sie eine geraume Zeit zwischen den hohen Stämmen der Eichen und Buchen fortgeschritten waren, faßte das Mädchen die Hand des jungen Mannes.

„Was hast du, Maren?“ fragte er.

„Ich hörte unsere Dorfuhr schlagen, Andrees.“

„Ja, mir war auch so.“

„Es muß sechs Uhr sein!“ sagte sie wieder. „Wer kocht denn dem Vater nur sein Warmbier? Die Mägde sind alle auf dem Felde.“

„Ich weiß nicht, Maren; aber das hilft nun doch weiter nicht!“

„Nein“, sagte sie, „das hilft nun weiter nicht. Aber weißt du denn auch noch unser Sprüchlein?“

„Freilich, Maren!

Dunst ist die Welle,
Staub ist die Quelle!“

Und als er einen Augenblick zögerte, sagte sie rasch:

„Stumm sind die Wälder,
Feuermann tanzet über die Felder!“

„Oh“, rief sie, „wie brannte die Sonne!“

„Ja“, sagte Andrees und rieb sich die Wange, „es hat auch mir ordentlich einen Stich gegeben.“

Endlich kamen sie aus dem Walde, und dort, ein paar Schritte vor ihnen, stand auch schon der alte Weidenbaum. Der mächtige Stamm war ganz gehöhlt, und das Dunkel, das darin herrschte, schien tief in den Abgrund der Erde zu führen. Andrees stieg zuerst allein hinab, während Maren sich auf die Höhlung des Baumes lehnte und ihm nachzublicken suchte. Aber bald sah sie nichts mehr von ihm, nur das Geräusch des Hinabsteigens schlug noch an ihr Ohr. Ihr begann angst zu werden, oben um sie her war es so einsam, und von unten hörte sie endlich auch keinen Laut mehr. Sie steckte den Kopf tief in die Höhlung und rief: „Andrees, Andrees!" Aber es blieb alles still, und noch einmal rief sie: „Andrees!" – Da nach einiger Zeit war es ihr, als höre sie es von unten wieder heraufkommen, und allmählich erkannte sie auch die Stimme des jungen Mannes, der ihren Namen rief, und faßte seine Hand, die er ihr entgegenstreckte.

„Es führt eine Treppe hinab", sagte er, „aber sie ist steil und ausgebröckelt, und wer weiß, wie tief nach unten zu der Abgrund ist!"

Maren erschrak.

„Fürchte dich nicht", sagte er, „ich trage dich; ich habe einen sichern Fuß." Dann hob er das schlanke Mädchen auf seine breite Schulter; und als sie die Arme fest um seinen Hals gelegt hatte, stieg er behutsam mit ihr in die Tiefe. Dichte Finsternis umgab sie; aber Maren atmete doch auf, während sie so Stufe um Stufe wie in einem gewundenen Schneckengange hinabgetragen wurde; denn es war kühl hier im Innern der Erde. Kein Laut von oben drang zu ihnen herab; nur einmal hörten sie dumpf aus der Ferne die unterirdischen Wasser brausen, die vergeblich zum Lichte emporarbeiteten.

„Was war das?" flüsterte das Mädchen.

„Ich weiß nicht, Maren."

„Aber hat's denn noch kein Ende?"

„Es scheint fast nicht."

„Wenn dich der Kobold nur nicht betrogen hat!"

„Ich denke nicht, Maren."

So stiegen sie tiefer und tiefer. Endlich spürten sie wieder den Schimmer des Sonnenlichts unter sich, das mit jedem Tritte leuchtender wurde; zugleich aber drang auch eine erstickende Hitze zu ihnen herauf.

Als sie von der untersten Stufe ins Freie traten, sahen sie eine gänzlich unbekannte Gegend vor sich. Maren sah befremdet umher.

„Die Sonne scheint aber doch dieselbe zu sein!“ sagte sie endlich.

„Kälter ist sie wenigstens nicht“, meinte Andrees, indem er das Mädchen zur Erde hob.

Von dem Platze, wo sie sich befanden, auf einem breiten Steindamm, lief eine Allee von alten Weiden in die Ferne hinaus. Sie bedachten sich nicht lange, sondern gingen, als sei ihnen der Weg gewiesen, zwischen den Reihen der Bäume entlang. Wenn sie nach der einen oder andern Seite blickten, so sahen sie in ein ödes, unabsehbares Tiefland, das so von aller Art Rinnen und Vertiefungen zerrissen war, als bestehe es nur aus einem endlosen Gewirre verlassener See- und Strombetten. Dies schien auch dadurch bestätigt zu werden, daß ein beklemmender Dunst, wie von vertrocknetem Schilf, die Luft erfüllte. Dabei lagerte zwischen den Schatten der einzeln stehenden Bäume eine solche Glut, daß es den beiden Wanderern war, als sähen sie kleine weiße Flammen über den staubigen Weg dahinfliegen. Andrees mußte an die Flokken aus dem Feuerbarte des Kobolds denken. Einmal war es ihm sogar, als sähe er zwei dunkle Augenringe in dem grellen Sonnenschein; dann wieder glaubte er deutlich neben sich das tolle Springen der kleinen Spindelbeine zu hören. Bald war es links, bald rechts an seiner Seite. Wenn er sich aber wandte, vermochte er nichts zu sehen; nur die glutheiße Luft zitterte flirrend und blendend vor seinen Augen. Ja, dachte er, indem er des Mädchens Hand erfaßte und beide mühsam vorwärts schritten, sauer machst du's uns; aber recht behältst du heute nicht!

Weiter und weiter gingen sie, der eine nur auf das immer schwerere Atmen des andern hörend. Der einförmige Weg schien kein Ende zu nehmen; neben ihnen unaufhörlich die grauen, halb entblätterten Weiden, seitwärts hüben und drüben unter ihnen die unheimlich dunstende Niederung.

Plötzlich blieb Maren stehen und lehnte sich mit geschlossenen Augen an den Stamm einer Weide.

„Ich kann nicht weiter", murmelte sie; „die Luft ist lauter Feuer."

Da gedachte Andrees des Metfläschchens, das sie bis dahin unberührt gelassen hatten. – Als er den Stöpsel abgezogen, verbreitete sich ein Duft, als seien die Tausende von Blumen noch einmal zur Blüte auferstanden, aus deren Kelchen vor vielleicht mehr als hundert Jahren die Bienen den Honig zu diesem Tranke zusammengetragen hatten. Kaum hatten die Lippen des Mädchens den Rand der Flasche berührt, so schlug sie schon die Augen auf.

„Oh", rief sie, „auf welcher schönen Wiese sind wir denn?"

„Auf keiner Wiese, Maren; aber trink nur, es wird dich stärken!"

Als sie getrunken hatte, richtete sie sich auf und schaute mit hellen Augen um sich her.

„Trink auch einmal, Andrees", sagte sie; „ein Frauenzimmer ist doch nur ein elendiglich Geschöpf!"

„Aber das ist ein echter Tropfen!" rief Andrees, nachdem er auch gekostet hatte. „Mag der Himmel wissen, woraus die Urahne den gebraut hat!"

Dann gingen sie gestärkt und lustig plaudernd weiter. Nach einer Weile aber blieb das Mädchen wieder stehen.

„Was hast du, Maren?" fragte Andrees.

„Oh, nichts; ich dachte nur –"

„Was denn, Maren?"

„Siehst du, Andrees! Mein Vater hat noch sein halbes Heu draußen auf den Wiesen; und ich gehe da aus und will Regen machen!"

„Dein Vater ist ein reicher Mann, Maren; aber wir andern haben unser Fetzchen Heu schon längst in der Scheuer und unsere Frucht noch alle auf den dürren Halmen."

„Ja, ja, Andrees, du hast wohl recht; man muß auch an die andern denken!" Im stillen bei sich selber aber setzte sie nach einer Weile hinzu: Maren, Maren, mach dir keine Flausen vor; du tust ja doch alles nur von wegen deinem Schatz!

So waren sie wieder eine Zeitlang fortgegangen, als das Mädchen plötzlich rief: „Was ist denn das? Wo sind wir denn? Das ist ja ein großer, ungeheuerer Garten!"

Und wirklich waren sie, ohne zu wissen wie, aus der einförmigen Weidenallee in einen großen Park gelangt. Aus der weiten, jetzt freilich versengten Rasenfläche erhoben sich überall Gruppen hoher prachtvoller Bäume. Zwar war ihr Laub zum Teil gefallen oder hing dürr oder schlaff an den Zweigen, aber der kühne Bau ihrer Äste strebte noch in den Himmel, und die mächtigen Wurzeln griffen noch weit über die Erde hinaus. Eine Fülle von Blumen, wie die beiden sie nie zuvor gesehen, bedeckte hier und da den Boden; aber alle diese Blumen waren welk und düftelos und schienen mitten in der höchsten Blüte von der tödlichen Glut getroffen zu sein.

„Wir sind am rechten Orte, denk ich!" sagte Andrees.

Maren nickte.

„Du mußt nun hier zurückbleiben, bis ich wiederkomme."

„Freilich", erwiderte er, indem er sich in dem Schatten einer großen Eiche ausstreckte. „Das übrige ist nun deine Sach'! Halt nur das Sprüchlein fest und verred dich nicht dabei!" – –

So ging sie denn allein über den weiten Rasen und unter den himmelhohen Bäumen dahin, und bald sah der Zurückbleibende nichts mehr von ihr. Sie aber schritt weiter und weiter durch die Einsamkeit. Bald hörten die Baumgruppen auf, und der Boden senkte sich. Sie erkannte wohl, daß sie in dem ausgetrockneten Bette eines Gewässers ging; weißer Sand und Kiesel bedeckten den Boden, dazwischen lagen tote Fische und blinkten mit ihren Silberschuppen in der Sonne. In der Mitte des Beckens sah sie einen grauen fremdartigen Vogel stehen; er schien ihr einem Reiher ähnlich zu sein, doch war er von solcher Größe, daß sein Kopf, wenn er ihn aufrichtete, über den eines Menschen hinwegragen mußte; jetzt hatte er den langen Hals zwischen den Flügeln zurückgelegt und schien zu schlafen. Maren fürchtete sich. Außer dem regungslosen unheimlichen Vogel war kein lebendes Wesen sichtbar, nicht einmal das Schwirren einer Fliege unterbrach hier die Stille; wie ein Entsetzen lag das Schweigen über diesem Orte. Einen Augenblick trieb sie die Angst, nach ihrem Geliebten zu rufen, aber sie wagte es wiederum nicht; denn den Laut ihrer eigenen Stimme in dieser Öde zu hören dünkte sie noch schauerlicher als alles andere.

So richtete sie denn ihre Augen fest in die Ferne, wo sich wieder dichte Baumgruppen über den Boden zu erheben schienen, und schritt weiter, ohne rechts oder links zu sehen. Der große Vogel rührte sich nicht, als sie mit leisem Tritt an ihm vorüberging, nur für einen Augenblick blitzte es schwarz unter der weißen Augenhaut hervor. – Sie atmete auf. – Nachdem sie noch eine weite Strecke hingeschritten, verengte sich das Seebette zu der Rinne eines mäßigen Baches, der unter einer breiten Lindengruppe durchführte. Das Geäste dieser mächtigen Bäume war so dicht, daß ungeachtet des mangelhaften Laubes kein Sonnenstrahl hindurchdrang. Maren ging in dieser Rinne weiter; die plötzliche Kühle um sie her, das hohe dunkle Gewölbe der Wipfel über ihr; es schien ihr fast, als gehe sie durch eine Kirche. Plötzlich aber wurden ihre Augen von einem blendenden Licht getroffen; die Bäume hörten auf, und vor ihr erhob sich ein graues Gestein, auf das die grellste Sonne niederbrannte.

Maren selbst stand in einem leeren sandigen Becken, in welches sonst ein Wasserfall über die Felsen hinabgestürzt sein mochte, der dann unterhalb durch die Rinne seinen Abfluß in den jetzt verdunsteten See gehabt hatte. Sie suchte mit den Augen, wo wohl der Weg zwischen den Klippen hinaufführe. Plötzlich aber schrak sie zusammen. Denn das dort auf der halben Höhe des Absturzes konnte nicht zum Gestein gehören; wenn es auch ebenso grau war und starr wie dieses in der regungslosen Luft lag, so erkannte sie doch bald, daß es ein Gewand sei, welches in Falten eine ruhende Gestalt bedeckte. – Mit verhaltenem Atem stieg sie näher. Da sah sie es deutlich; es war eine schöne mächtige Frauengestalt. Der Kopf lag tief aufs Gestein zurückgesunken; die blonden Haare, die bis zur Hüfte hinabflossen, waren voll Staub und dürren Laubes. Maren betrachtete sie aufmerksam. Sie muß sehr schön gewesen sein, dachte sie, ehe diese Wangen so schlaff und diese Augen so eingesunken waren. Ach, und wie bleich ihre Lippen sind! Ob es denn wohl die Regentrude sein mag? – Aber die da schläft nicht; das ist eine Tote! Oh, es ist entsetzlich einsam hier!

Das kräftige Mädchen hatte sich indessen bald gefaßt. Sie trat ganz dicht herzu, und niederkniend und zu ihr hingebeugt, legte sie ihre frischen Lippen an das marmorblasse Ohr der Ruhenden. Dann, all ihren Mut zusammennehmend, sprach sie laut und deutlich:

„Dunst ist die Welle,
Staub ist die Quelle!
Stumm sind die Wälder,
Feuermann tanzet über die Felder!“

Da rang sich ein tiefer klagender Laut aus dem bleichen Munde hervor; doch das Mädchen sprach immer stärker und eindringlicher:

„Nimm dich in acht!
Eh du erwacht,
Holt dich die Mutter
Heim in die Nacht!“

Da rauschte es sanft durch die Wipfel der Bäume, und in der Ferne donnerte es leise wie von einem Gewitter. Zugleich aber und, wie es schien, von jenseit des Gesteins kommend, durchschnitt ein greller Ton die Luft, wie der Wutschrei eines bösen Tieres. Als Maren emporsah, stand die Gestalt der Trude hoch aufgerichtet vor ihr.

„Was willst du?“ fragte sie.

„Ach, Frau Trude“, antwortete das Mädchen, noch immer kniend. „Ihr habt so grausam lang geschlafen, daß alles Laub und alle Kreatur verschmachten will!“

Die Trude sah sie mit weit aufgerissenen Augen an, als mühe sie sich, aus schweren Träumen zu kommen.

Endlich fragte sie mit tonloser Stimme: „Stürzt denn der Quell nicht mehr?“

„Nein, Frau Trude“, erwiderte Maren.

„Kreist denn mein Vogel nicht mehr über dem See?“

„Er steht in der heißen Sonne und schläft.“

„Weh!“ wimmerte die Regenfrau. „So ist es hohe Zeit. Steh auf und folge mir, aber vergiß nicht den Krug, der dort zu deinen Füßen liegt!“

Maren tat, wie ihr geheißen, und beide stiegen nun an der Seite des Gesteins hinauf. – Noch mächtigere Baumgruppen, noch wunderbarere Blumen waren hier der Erde entsprossen, aber auch hier war alles welk und düftelos. – Sie gingen an der Rinne des Baches entlang, der hinter ihnen seinen Abfall vom Gestein gehabt hatte. Langsam und schwankend schritt die Trude dem Mädchen voran, nur dann und wann die Augen traurig umherwendend. Dennoch meinte Maren, es bleibe ein grüner Schimmer auf dem Rasen, den ihr Fuß betreten, und wenn die grauen Gewänder über das dürre Gras schleppten, da rauschte es so eigen, daß sie immer darauf hinhören mußte.

„Regnet es denn schon, Frau Trude?" fragte sie.

„Ach nein, Kind, erst mußt du den Brunnen aufschließen!"

„Den Brunnen? Wo ist denn der?"

Sie waren eben aus einer Gruppe von Bäumen herausgetreten.

„Dort!" sagte die Trude, und einige tausend Schritte vor ihnen sah Maren einen ungeheueren Bau emporsteigen. Er schien von grauem Gestein zackig und unregelmäßig aufgetürmt; bis in den Himmel, meinte Maren, denn nach oben hinauf war alles wie in Duft und Sonnenglanz zerflossen. Am Boden aber wurde die in riesenhaften Erkern vorspringende Fronte überall von hohen spitzbogigen Tor- und Fensterhöhlen durchbrochen, ohne daß jedoch von Fenstern oder Torflügeln selbst etwas zu sehen gewesen wäre.

Eine Weile schritten sie gerade darauf zu, bis sie durch den Uferabsturz eines Stromes aufgehalten wurden, der den Bau rings zu umgeben schien. Auch hier war jedoch das Wasser bis auf einen schmalen Faden, der noch in der Mitte floß, verdunstet; ein Nachen lag zerborsten auf der trockenen Schlammdecke des Strombettes.

„Schreite hindurch!" sagte die Trude. „Über dich hat er keine Gewalt. Aber vergiß nicht, von dem Wasser zu schöpfen; du wirst es bald gebrauchen!"

Als Maren, dem Befehl gehorchend, von dem Ufer herabtrat, hätte sie fast den Fuß zurückgezogen, denn der Boden war hier so heiß, daß sie die Glut durch ihre Schuhe fühlte. Ei was, mögen die Schuhe verbrennen! dachte sie und schritt rüstig mit ihrem Kruge weiter. Plötzlich aber blieb sie stehen; der Ausdruck des tiefsten Entsetzens trat in ihre Augen. Denn neben ihr zerriß die trockene Schlammdecke, und eine

große braunrote Faust mit krummen Fingern fuhr daraus hervor und griff nach ihr.

„Mut!" hörte sie die Stimme der Trude hinter sich vom Ufer her.

Da erst stieß sie einen lauten Schrei aus, und der Spuk verschwand.

„Schließe die Augen!" hörte sie wiederum die Trude rufen. – Da ging sie mit geschlossenen Augen weiter; als sie aber das Wasser ihren Fuß berühren fühlte, bückte sie sich und füllte ihren Krug. Dann stieg sie leicht und ungefährdet am andern Ufer wieder hinauf.

Bald hatte sie das Schloß erreicht und trat mit klopfendem Herzen durch eines der großen offenen Tore. Drinnen aber blieb sie staunend an dem Eingange stehen. Das ganze Innere schien nur ein einziger unermeßlicher Raum zu sein. Mächtige Säulen von Tropfstein trugen in beinahe unabsehbarer Höhe eine seltsame Decke; fast meinte Maren, es seien nichts als graue riesenhafte Spinngewebe, die überall in Bauschen und Spitzen zwischen den Knäufen der Säulen herabhingen. Noch immer stand sie wie verloren an derselben Stelle und blickte bald vor sich hin, bald nach einer und der andern Seite, aber diese ungeheueren Räume schienen außer nach der Fronte zu, durch welche Maren eingetreten war, ganz ohne Grenzen zu sein; Säule hinter Säule erhob sich, und wie sehr sie sich auch anstrengte, sie konnte nirgends ein Ende absehen. Da blieb ihr Auge an einer Vertiefung des Bodens haften. Und siehe! Dort, unweit von ihr, war der Brunnen; auch den goldenen Schlüssel sah sie auf der Falltür liegen.

Während sie darauf zuging, bemerkte sie, daß der Fußboden nicht etwa, wie sie es in ihrer Dorfkirche gesehen, mit Steinplatten, sondern überall mit vertrockneten Schilf- und Wiesenpflanzen bedeckt war. Aber es nahm sie jetzt schon nichts mehr wunder.

Nun stand sie am Brunnen und wollte eben den Schlüssel ergreifen; da zog sie rasch die Hand zurück. Denn deutlich hatte sie es erkannt: der Schlüssel, der ihr in dem grellen Licht eines von außen hereinfallenden Sonnenstrahls entgegenleuchtete, war von Glut und nicht von Golde rot. Ohne

Zaudern goß sie ihren Krug darüber aus, daß das Zischen des verdampfenden Wassers in den weiten Räumen widerhallte. Dann schloß sie rasch den Brunnen auf. Ein frischer Duft stieg aus der Tiefe, als sie die Falltür zurückgeschlagen hatte, und erfüllte bald alles mit einem feinen feuchten Staube, der wie ein zartes Gewölk zwischen den Säulen emporstieg.

Sinnend und in der frischen Kühle aufatmend, ging Maren umher. Da begann zu ihren Füßen ein neues Wunder. Wie ein Hauch rieselte ein lichtes Grün über die verdorrte Pflanzendecke, die Halme richteten sich auf, und bald wandelte das Mädchen durch eine Fülle sprießender Blätter und Blumen. Am Fuße der Säulen wurde es blau von Vergißmeinnicht; dazwischen blühten gelbe und braunviolette Iris auf und verhauchten ihren zarten Duft. An den Spitzen der Blätter klommen Libellen empor, prüften ihre Flügel und schwebten dann schillernd und gaukelnd über den Blumenkelchen, während der frische Duft, der fortwährend aus dem Brunnen stieg, immer mehr die Luft erfüllte und wie Silberfunken in den hereinfallenden Sonnenstrahlen tanzte.

Indessen Maren noch des Entzückens und Bestaunens kein Ende finden konnte, hörte sie hinter sich ein behagliches Stöhnen wie von einer süßen Frauenstimme. Und wirklich, als sie ihre Augen nach der Vertiefung des Brunnens wandte, sah sie auf dem grünen Moosrande, der dort emporgekeimt war, die ruhende Gestalt einer wunderbar schönen blühenden Frau. Sie hatte ihren Kopf auf den nackten glänzenden Arm gestützt, über den das blonde Haar wie in seidenen Wellen herabfiel, und ließ ihre Augen oben zwischen den Säulen an der Decke wandern.

Auch Maren blickte unwillkürlich hinauf. Da sah sie nun wohl, daß das, was sie für große Spinngewebe gehalten, nichts anderes sei als die zarten Florgewebe der Regenwolken, die durch den aus dem Brunnen aufsteigenden Duft gefüllt und schwer und schwerer wurden. Eben hatte sich ein solches Gewölk in der Mitte der Decke abgelöst und sank leise schwebend herab, so daß Maren das Gesicht der schönen Frau am Brunnen nur noch wie durch einen grauen Schleier leuchten sah. Da klatschte diese in die Hände, und sogleich schwamm die Wolke der nächsten Fensteröffnung zu und floß durch dieselbe ins Freie hinaus.

„Nun!“ rief die schöne Frau. „Wie gefällt dir das?“ Und dabei lächelte ihr roter Mund, und ihre weißen Zähne blitzten.

Dann winkte sie Maren zu sich, und diese mußte sich neben ihr ins Moos setzen; und als eben wieder ein Duftgewebe von der Decke niedersank, sagte sie: „Nun klatsch in deine Hände!“ Und als Maren das getan und auch diese Wolke, wie die erste, ins Freie hinausgezogen war, rief sie: „Siehst du wohl, wie leicht das ist! Du kannst es besser noch als ich!“

Maren betrachtete verwundert die schöne übermütige Frau.

„Aber“, fragte sie, „wer seid Ihr denn so eigentlich?“

„Wer ich bin? Nun, Kind, bist du aber einfältig!“

Das Mädchen sah sie noch einmal mit ungewissen Augen an; endlich sagte sie zögernd: „Ihr seid doch nicht gar die Regentrude?“

„Und wer sollte ich denn anders sein?“

„Aber verzeiht! Ihr seid ja so schön und lustig jetzt!“

Da wurde die Trude plötzlich ganz still.

„Ja“, rief sie, „ich muß dir dankbar sein. Wenn du mich nicht geweckt hättest, wäre der Feuermann Meister geworden, und ich hätte wieder hinabmüssen zu der Mutter unter die Erde.“ Und indem sie ein wenig wie vor innerem Grauen die weißen Schultern zusammenzog, setzte sie hinzu: „Und es ist ja doch so schön und grün hier oben!“

Dann mußte Maren erzählen, wie sie hierhergekommen, und die Trude legte sich ins Moos zurück und hörte zu. Mitunter pflückte sie eine der Blumen, die neben ihr emporsproßten, und steckte sie sich oder dem Mädchen ins Haar. Als Maren von dem mühseligen Gange auf dem Weidendamme berichtete, seufzte die Trude und sagte: „Der Damm ist einst von euch Menschen selbst gebaut worden; aber es ist schon lange, lange her! Solche Gewänder, wie du sie trägst, sah ich nie bei ihren Frauen. Sie kamen damals öfters zu mir, ich gab ihnen Keime und Körner zu neuen Pflanzen und Getreiden, und sie brachten mir zum Dank von ihren Früchten. Wie sie meiner nicht vergaßen, so vergaß ich ihrer nicht, und ihre Felder waren niemals ohne Regen. Seit lange aber sind die Menschen mir entfremdet, es kommt niemand mehr zu mir. Da bin ich denn vor Hitze und lauter Langerweile eingeschlafen, und der tückische Feuermann hätte fast den Sieg erhalten."

Maren hatte sich währenddessen ebenfalls mit geschlossenen Augen auf das Moos zurückgelegt, es taute so sanft um sie her, und die Stimme der schönen Trude klang so süß und traulich.

„Nur einmal", fuhr diese fort, „aber das ist auch schon lange her, ist noch ein Mädchen gekommen, sie sah fast aus wie du und trug fast ebensolche Gewänder. Ich schenkte ihr von meinem Wiesenhonig, und das war die letzte Gabe, die ein Mensch aus meiner Hand empfangen hat."

„Seht nur", sagte Maren, „das hat sich gut getroffen! Jenes Mädchen muß die Urahne von meinem Schatz gewesen sein, und der Trank, der mich heute so gestärkt hat, war gewiß von Eurem Wiesenhonig!"

Die Regenfrau dachte wohl noch an ihre junge Freundin von damals; denn sie fragte: „Hat sie denn noch so schöne braune Löckchen an der Stirn?"

„Wer denn, Frau Trude?"

„Nun, die Urahne, wie du sie nennst!"

„O nein, Frau Trude", erwiderte Maren, und sie fühlte sich in diesem Augenblick ihrer mächtigen Freundin fast ein wenig überlegen – „die Urahne ist ja ganz steinalt geworden!"

„Alt?" fragte die schöne Frau. Sie verstand das nicht, denn sie kannte nicht das Alter.

Maren hatte große Mühe, ihr es zu erklären.

„Merket nur", sagte sie endlich, „graues Haar und rote Augen und häßlich und verdrießlich sein! Seht, Frau Trude, das nennen wir alt!"

„Freilich", erwiderte diese, „ich entsinne mich nun; es waren auch solche unter den Frauen der Menschen; aber die Urahne soll zu mir kommen, ich mache sie wieder froh und schön."

Maren schüttelte den Kopf.

„Das geht ja nicht, Frau Trude", sagte sie, „die Urahne ist ja längst unter der Erde."

Die Trude seufzte. „Arme Urahne."

Hierauf schwiegen beide, während sie noch immer behaglich ausgestreckt im weichen Moose lagen.

„Aber Kind!" rief plötzlich die Trude, „da haben wir über all dem Geplauder ja ganz das Regenmachen vergessen. Schlag doch nur die Augen auf! Wir sind ja unter lauter Wolken ganz begraben; ich sehe dich schon gar nicht mehr!"

„Ei, da wird man ja naß wie eine Katze!" rief Maren, als sie die Augen aufgeschlagen hatte.

Die Trude lachte.

„Klatsch nur ein wenig in die Hände, aber nimm dich in acht, daß du die Wolken nicht zerreißt!"

So begannen beide leise in die Hände zu klopfen; und alsbald entstand ein Gewoge und Geschiebe, die Nebelgebilde drängten sich nach den Öffnungen und schwammen, eins nach dem andern, ins Freie hinaus. Nach kurzer Zeit sah Maren schon wieder den Brunnen vor sich und den grünen Boden mit den gelben und violetten Irisblüten. Dann wurden auch die Fensterhöhlen frei, und sie sah weithin über den Bäumen des Gartens die Wolken den ganzen Himmel überziehen. Allmählich verschwand die Sonne. Noch ein paar Augenblicke, und sie hörte es draußen wie einen Schauer durch die Blätter der Bäume und Gebüsche wehen, und dann rauschte es hernieder, mächtig und unablässig.

Maren saß aufgerichtet mit gefalteten Händen.

„Frau Trude, es regnet", sagte sie leise.

Diese nickte kaum merklich mit ihrem schönen blonden Kopfe; sie saß wie träumend.

Plötzlich aber entstand draußen ein lautes Prasseln und Heulen, und als Maren erschrocken hinausblickte, sah sie aus dem Bette des Umgebungsstromes, den sie kurz vorher überschritten hatte, sich ungeheuere weiße Dampfwolken stoßweise in die Luft erheben. In demselben Augenblicke fühlte sie sich auch von den Armen der schönen Regenfrau umfangen, die sich zitternd an das neben ihr ruhende junge Menschenkind schmiegte.

„Nun gießen sie den Feuermann aus", flüsterte sie, „horch nur, wie er sich wehrt! Aber es hilft ihm doch nichts mehr."

Eine Weile hielten sie sich so umschlossen; da wurde es

stille draußen, und es war nun nichts zu hören als das sanfte Rauschen des Regens. – Da standen sie auf, und die Trude ließ die Falltür des Brunnens herab und verschloß sie.

Maren küßte ihre weiße Hand und sagte: „Ich danke Euch, liebe Frau Trude, für mich und alle Leute in unserm Dorfe! Und" – setzte sie ein wenig zögernd hinzu – „nun möchte ich wieder heimgehen!"

„Schon gehen?" fragte die Trude.

„Ihr wißt es ja, mein Schatz wartet auf mich; er mag schon wacker naß geworden sein."

Die Trude erhob den Finger.

„Wirst du ihn auch später niemals warten lassen?"

„Gewiß nicht, Frau Trude!"

„So geh, mein Kind; und wenn du heimkommst, so erzähle den andern Menschen von mir, daß sie meiner fürder nicht vergessen. – Und nun komm! Ich werde dich geleiten."

Draußen unter dem frischen Himmelstau war schon überall das Grün des Rasens und an Baum und Büschen das Laub hervorgesprossen. – Als sie an den Strom kamen, hatte das Wasser sein ganzes Bette wieder ausgefüllt, und als erwarte er sie, ruhte der Kahn, wie von unsichtbarer Hand wiederhergestellt, schaukelnd an dem üppigen Grase des Uferrandes. Sie stiegen ein, und leise glitten sie hinüber, während die Tropfen spielend und klingend in die Flut fielen. Da, als sie eben an das andere Ufer traten, schlugen neben ihnen die Nachtigallen ganz laut aus dem Dunkel des Gebüsches.

„Oh", sagte die Trude und atmete so recht aus Herzensgrunde, „es ist noch Nachtigallenzeit, es ist noch nicht zu spät!"

Da gingen sie an dem Bach entlang, der zu dem Wasserfalle führte. Der stürzte sich schon wieder tosend über die Felsen und floß dann strömend in der breiten Rinne unter den dunkeln Linden fort. Sie mußten, als sie hinabgestiegen waren, an der Seite unter den Bäumen hingehen. Als sie wieder ins Freie traten, sah Maren den fremden Vogel in großen Kreisen über einem See schweben, dessen weites Becken sich zu ihren Füßen dehnte. Bald gingen sie unten längs dem Ufer hin, fortwährend die süßesten Düfte atmend und auf das Anrauschen der Wellen horchend, die über glänzende Kiesel an dem Strande hinaufströmten. Tausende von Blumen blühten überall, auch Veilchen und Maililien bemerkte Maren und andere Blumen, deren Zeit eigentlich längst vorüber war, die aber wegen der bösen Glut nicht hatten zur Entfaltung kommen können.

„Die wollen auch nicht zurückbleiben", sagte die Trude, „das blüht nun alles durcheinander hin."

Mitunter schüttelte sie ihr blondes Haar, daß die Tropfen wie Funken um sie her sprühten, oder sie schränkte ihre Hände zusammen, daß von ihren vollen weißen Armen das Wasser wie in eine Muschel hinabfloß. Dann wieder riß sie die Hände auseinander, und wo die hingesprühten Tropfen die Erde berührten, da stiegen neue Düfte auf, und ein Farbenspiel von frischen, nie gesehenen Blumen drängte sich leuchtend aus dem Rasen.

Als sie um den See herum waren, blickte Maren noch einmal auf die weite, bei dem niederfallenden Regen kaum übersehbare Wasserfläche zurück; es schauerte sie fast bei dem Gedanken, daß sie am Morgen trockenen Fußes durch die Tiefe gegangen sei. Bald mußten sie dem Platze nahe sein, wo sie ihren Andrees zurückgelassen hatte. Und richtig! Dort unter den hohen Bäumen lag er mit aufgestütztem Arm; er schien zu schlafen. Als aber Maren auf die schöne Trude blickte, wie sie mit dem roten lächelnden Munde so stolz neben ihr über den Rasen schritt, erschien sie sich plötzlich in ihren bäuerischen Kleidern so plump und häßlich, daß sie dachte: Ei, das tut nicht gut, die braucht der Andrees nicht zu sehen! Laut aber sprach sie: „Habt Dank für Euer Geleite, Frau Trude, ich finde mich nun schon selber!"

„Aber ich muß doch deinen Schatz noch sehen!"

„Bemüht Euch nicht, Frau Trude", erwiderte Maren, „es ist eben ein Bursch wie die andern auch und just gut genug für ein Mädel vom Dorf."

Die Trude sah sie mit durchdringenden Augen an.

„Schön bist du, Närrchen!" sagte sie und erhob drohend ihren Finger. „Bist du denn aber auch in deinem Dorf die Allerschönste?" Da stieg dem hübschen Mädchen das Blut ins Gesicht, daß ihr die Augen überliefen. Die Trude aber lächelte schon wieder.

„So merk denn auf!“ sagte sie; „weil nun doch alle Quellen wieder springen, so könnt ihr einen kürzern Weg haben. Gleich unten links am Weidendamm liegt ein Nachen. Steigt getrost hinein; er wird euch rasch und sicher in eure Heimat bringen! – Und nun leb wohl!“ rief sie und legte ihren Arm um den Nacken des Mädchens und küßte sie. „Oh, wie süß frisch schmeckt doch solch ein Menschenmund!“

Dann wandte sie sich und ging unter den fallenden Tropfen über den Rasen dahin. Dabei hub sie an zu singen; das klang süß und eintönig; und als die schöne Gestalt zwischen den Bäumen verschwunden war, da wußte Maren nicht, hörte sie noch immer aus der Ferne den Gesang, oder war es nur das Rauschen des niederfallenden Regens.

Eine Weile noch blieb das Mädchen stehen; dann, wie in plötzlicher Sehnsucht, streckte sie die Arme aus.

„Lebt wohl, schöne, liebe Regentrude, lebt wohl!“ rief sie. – Aber keine Antwort kam zurück; sie erkannte es nun deutlich, es war nur noch der Regen, der herniederrauschte.

Als sie hierauf langsam dem Eingange des Gartens zuschritt, sah sie den jungen Bauer hoch aufgerichtet unter den Bäumen stehen.

„Wonach schaust du denn so?“ fragte sie, als sie näher gekommen war.

„Alle Tausend, Maren!“ rief Andrees, „was war denn das für ein sauber Weibsbild?“

Das Mädchen aber ergriff den Arm des Burschen und drehte ihn mit einem derben Ruck herum.

„Guck dir nur nicht die Augen aus!“ sagte sie, „das ist keine für dich; das war die Regentrude!“

Andrees lachte.

„Nun, Maren“, erwiderte er, „daß du sie richtig aufgeweckt hattest, das hab ich hier schon merken können; denn so naß, mein ich, ist der Regen noch nimmer gewesen, und so etwas von Grünwerden hab ich auch all mein Lebtag noch nicht gesehen! – Aber nun komm! Wir wollen heim, und dein Vater soll uns sein Wort einlösen.“

Unten am Weidendamm fanden sie den Nachen und stiegen ein. Das ganze weite Tiefland war schon überflutet, auf dem Wasser und in der Luft lebte es von aller Art Gevögel;

die schlanken Seeschwalben schossen schreiend über ihnen hin und tauchten die Spitzen ihrer Flügel in die Flut, während die Silbermöwe majestätisch neben ihrem fortschießenden Kahn dahinschwamm; auf den grünen Inselchen, an denen sie hier und dort vorbeikamen, sahen sie die Bruushähne mit den goldenen Kragen ihre Kampfspiele halten.

So glitten sie rasch dahin. Noch immer fiel der Regen, sanft, doch unablässig. Jetzt aber verengte sich das Wasser, und bald war es nur noch ein mäßig breiter Bach.

Andrees hatte schon eine Zeitlang mit der Hand über den Augen in die Ferne geblickt.

„Sieh doch, Maren", rief er, „ist das nicht meine Roggenkoppel?"

„Freilich, Andrees; und prächtig grün ist sie geworden! Aber siehst du denn nicht, daß es unser Dorfbach ist, auf dem wir fahren?"

„Richtig, Maren; aber was ist denn das dort? Das ist ja alles überflutet!"

„Ach, du lieber Gott!" rief Maren, „das sind ja meines Vaters Wiesen! Sieh nur, das schöne Heu, es schwimmt ja alles."

Andrees drückte dem Mädchen die Hand.

„Laß nur, Maren!" sagte er, „der Preis ist, denk ich, nicht zu hoch, und meine Felder tragen ja nun um desto besser."

Bei der Dorflinde legte der Nachen an. Sie traten ans Ufer, und bald gingen sie Hand in Hand die Straße hinab. Da wurde ihnen von allen Seiten freundlich zugenickt; denn Mutter Stine mochte in ihrer Abwesenheit doch ein wenig geplaudert haben.

„Es regnet!" riefen die Kinder, die unter den Tropfen durch über die Straße liefen.

„Es regnet!" sagte der Vetter Schulze, der behaglich aus seinem offenen Fenster schaute und den beiden mit kräftigem Drucke die Hand schüttelte.

„Ja, ja, es regnet!" sagte auch der Wiesenbauer, der wieder mit seiner Meerschaumpfeife in der Torfahrt seines stattlichen Hauses stand. „Und du, Maren, hast mich heute morgen wacker angelogen. Aber kommt nur herein, ihr beiden! Der Andrees, wie der Vetter Schulze sagt, ist allewege ein guter Bursch, seine Ernte wird heuer auch noch gut, und wenn es etwan wieder drei Jahre Regen geben sollte, so ist es am Ende doch so übel nicht, wenn Höhen und Tiefen beieinanderkommen. Drum geht hinüber zu Mutter Stine, da wollen wir die Sache allfort in Richtigkeit bringen!"

Mehrere Wochen waren seitdem vergangen. Der Regen hatte längst wieder aufgehört, und die letzten schweren Erntewagen waren mit Kränzen und flatternden Bändern in die Scheuern eingefahren; da schritt im schönsten Sonnenschein ein großer Hochzeitszug der Kirche zu. Maren und Andrees waren die Brautleute; hinter ihnen gingen Hand in Hand Mutter Stine und der Wiesenbauer. Als sie fast bei der Kirchtür angelangt waren, daß sie schon den Choral vernahmen, den drinnen zu ihrem Empfang der alte Kantor auf der Orgel spielte, zog plötzlich ein weißes Wölkchen über ihnen am blauen Himmel auf, und ein paar leichte Regentropfen fielen der Braut in ihren Kranz.

„Das bedeutet Glück!" riefen die Leute, die auf dem Kirchhof standen.

„Das war die Regentrude!" flüsterten Braut und Bräutigam und drückten sich die Hände.

Dann trat der Zug in die Kirche; die Sonne schien wieder, die Orgel aber schwieg, und der Priester verrichtete sein Werk.

Sturmnacht

Im Hinterhaus, im Fliesensaal
Über Urgroßmutters Tisch' und Bänke,
Über die alten Schatullen und Schränke
Wandelt der zitternde Mondenstrahl.
Vom Wald kommt der Wind
Und fährt an die Scheiben;
Und geschwind, geschwind
Schwatzt er ein Wort,
Und dann wieder fort
Zum Wald über Föhren und Eiben.

Da wird auch das alte verzauberte Holz
Da drinnen lebendig;
Wie sonst im Walde will es stolz
Die Kronen schütteln unbändig,
Mit den Ästen greifen hinaus in die Nacht,
Mit dem Sturm sich schaukeln in brausender Jagd,
Mit den Blättern in Übermut rauschen,
Beim Tanz im Flug
Durch Wolkenzug
Mit dem Mondlicht silberne Blicke tauschen.

Da müht sich der Lehnstuhl, die Arme zu recken,
Den Rokokofuß will das Kanapee strecken,
In der Kommode die Schubfächer drängen
Und wollen die rostigen Schlösser sprengen;
Der Eichschrank unter dem kleinen Troß
Steht da, ein finsterer Koloß.
Traumhaft regt er die Klauen an,
Ihm zuckt's in der verlornen Krone;
Doch bricht er nicht den schweren Bann. –
Und draußen pfeift ihm der Wind zum Hohne
Und fährt an die Läden und rüttelt mit Macht,

Bläst durch die Ritzen, grunzt und lacht,
Schmeißt die Fledermäuse, die kleinen Gespenster,
Klitschend gegen die rasselnden Fenster.
Die glupen dumm neugierig hinein –
Da drinn' steht voll der Mondenschein.

Aber droben im Haus
Im behaglichen Zimmer
Beim Sturmgebraus
Saßen und schwatzten die Alten noch immer,
Nicht hörend, wie drunten die Saaltür sprang,
Wie ein Klang war erwacht
Aus der einsamen Nacht,
Der schollernd drang
Über Trepp und Gang,
Daß drin in der Kammer die Kinder mit Schrecken
Auffuhren und schlüpften unter die Decken.

Bulemanns Haus

In einer norddeutschen Seestadt, in der sogenannten Düsternstraße, steht ein altes verfallenes Haus. Es ist nur schmal, aber drei Stockwerke hoch; in der Mitte desselben, vom Boden bis fast in die Spitze des Giebels, springt die Mauer in einem erkerartigen Ausbau vor, welcher für jedes Stockwerk nach vorne und an den Seiten mit Fenstern versehen ist, so daß in hellen Nächten der Mond hindurchscheinen kann.

Seit Menschengedenken ist niemand in dieses Haus hinein- und niemand herausgegangen; der schwere Messingklopfer an der Haustür ist fast schwarz von Grünspan, zwischen den Ritzen der Treppensteine wächst jahraus, jahrein das Gras. – Wenn ein Fremder fragt: „Was ist denn das für ein Haus?“, so erhält er gewiß zur Antwort: „Es ist Bulemanns Haus“; wenn er aber weiter fragt: „Wer wohnt denn darin?“, so antworten sie ebenso gewiß: „Es wohnt so niemand darin.“ – Die Kinder auf den Straßen und die Ammen an der Wiege singen:

„In Bulemanns Haus,
In Bulemanns Haus,
Da gucken die Mäuse
Zum Fenster hinaus.“

Und wirklich wollen lustige Brüder, die von nächtlichen Schmäusen dort vorbeigekommen, ein Gequieke wie von unzähligen Mäusen hinter den dunkeln Fenstern gehört haben. Einer, der im Übermut den Türklopfer anschlug, um den Widerhall durch die öden Räume schollern zu hören, behauptet sogar, er habe drinnen auf den Treppen ganz deutlich das Springen großer Tiere gehört.

„Fast“, pflegt er, dies erzählend, hinzuzusetzen, „hörte es sich an wie die Sprünge der großen Raubtiere, welche in der

Menageriebude auf dem Rathausmarkte gezeigt wurden."

Das gegenüberstehende Haus ist um ein Stockwerk niedriger, so daß nachts das Mondlicht ungehindert in die oberen Fenster des alten Hauses fallen kann. Aus einer solchen Nacht hat auch der Wächter etwas zu erzählen; aber es ist nur ein kleines altes Menschenantlitz mit einer bunten Zipfelmütze, das er droben hinter den runden Erkerfenstern gesehen haben will. Die Nachbarn dagegen meinen, der Wächter sei wieder einmal betrunken gewesen; sie hätten drüben an den Fenstern niemals etwas gesehen, das einer Menschenseele gleich gewesen.

Am meisten Auskunft scheint noch ein alter, in einem entfernten Stadtviertel lebender Mann geben zu können, der vor Jahren Organist an der St.-Magdalenen-Kirche gewesen ist.

„Ich entsinne mich", äußerte er, als er einmal darüber befragt wurde, „noch sehr wohl des hagern Mannes, der während meiner Knabenzeit allein mit einer alten Weibsperson in jenem Hause wohnte. Mit meinem Vater, der ein Trödler gewesen ist, stand er ein paar Jahre lang in lebhaftem Verkehr, und ich bin derzeit manches Mal mit Bestellungen an ihn geschickt worden. Ich weiß auch noch, daß ich nicht gern diese Wege ging und oft allerlei Ausflucht suchte; denn selbst bei Tage fürchtete ich mich, dort die schmalen dunkeln Treppen zu Herrn Bulemanns Stube im dritten Stockwerk hinaufzusteigen. Man nannte ihn unter den Leuten den ‚Seelenverkäufer'; und schon dieser Name erregte mir Angst, zumal daneben allerlei umheimlich Gerede über ihn im Schwange ging. Er war, ehe er nach seines Vaters Tode das alte Haus bezogen, viele Jahre als Superkargo auf Westindien gefahren. Dort sollte er sich mit einer Schwarzen verheiratet haben; als er aber heimgekommen, hatte man vergebens darauf gewartet, eines Tages auch jene Frau mit einigen dunkeln Kindern anlangen zu sehen. Und bald hieß es, er habe auf der Rückfahrt ein Sklavenschiff getroffen und an den Kapitän desselben sein eigen Fleisch und Blut nebst ihrer Mutter um schnödes Gold verkauft. – Was Wahres an solchen Reden gewesen, vermag ich nicht zu sagen", pflegte der Greis hinzuzusetzen; „denn ich will auch einem Toten nicht zu nahe treten; aber soviel ist gewiß, ein geiziger und menschenscheuer Kauz war es; und seine Augen blickten auch, als hätten sie bösen Taten zugesehen. Kein Unglücklicher und Hülfesuchender durfte seine Schwelle betreten; und wann immer ich damals dort gewesen, stets war von innen die eiserne Kette vor die Tür gelegt. – Wenn ich dann den schweren Klopfer wiederholt hatte anschlagen müssen, so hörte ich wohl von der obersten Treppe herab die scheltende Stimme des Hausherrn: ‚Frau Anken! Frau Anken! Ist Sie taub? Hört Sie nicht, es hat geklopft!' Alsbald ließen sich aus dem Hinterhause über Pesel und Korridor die schlurfenden Schritte des alten Weibes vernehmen. Bevor sie aber öffnete, fragte sie hüstelnd: ‚Wer ist es denn?' Und erst wenn ich geantwortet hatte: ‚Es ist der Leberecht!', wurde die Kette drinnen abgehakt. Wenn ich dann hastig die siebenundsiebzig Treppenstufen – denn ich habe sie einmal gezählt – hinaufgestiegen war, pflegte Herr Bulemann auf dem kleinen dämmerigen Flur vor seinem Zimmer schon auf mich zu warten; in dieses selbst hat er mich nie hineingelassen. Ich sehe ihn noch, wie er in seinem gelbgeblümten Schlafrock mit der spitzen Zipfelmütze vor mir stand, mit der einen Hand rücklings die Klinke seiner Zimmertür haltend. Während ich mein Gewerbe bestellte, pflegte er mich mit seinen grellen runden Augen ungeduldig anzusehen und mich darauf hart und kurz abzufertigen. Am meisten erregten damals meine Aufmerksamkeit ein paar ungeheuere Katzen, eine gelbe und eine schwarze, die sich mitunter hinter ihm aus seiner Stube drängten und ihre dicken Köpfe an seinen Knien rieben. – Nach einigen Jahren hörte indessen der Verkehr mit meinem Vater auf, und ich bin nicht mehr dort gewesen. – Dies alles ist nun über siebzig Jahre her, und Herr Bulemann muß längst dahin getragen sein, von wannen niemand wiederkehrt." – – Der Mann irrte sich, als er so sprach. Herr Bulemann ist nicht aus seinem Hause getragen worden; er lebt darin noch jetzt.

Das aber ist so zugegangen.

Vor ihm, dem letzten Besitzer, noch um die Zopf- und Haarbeutelzeit, wohnte in jenem Hause ein Pfandverleiher, ein altes verkrümmtes Männchen. Da er sein Gewerbe mit

Umsicht seit über fünf Jahrzehnten betrieben hatte und mit einem Weibe, das ihm seit dem Tode seiner Frau die Wirtschaft führte, aufs spärlichste lebte, so war er endlich ein reicher Mann geworden. Dieser Reichtum bestand aber zumeist in einer fast unübersehbaren Menge von Pretiosen, Geräten und seltsamstem Trödelkram, was er alles von Verschwendern oder Notleidenden im Lauf der Jahre als Pfand erhalten hatte und das dann, da die Rückzahlung des darauf gegebenen Darlehns nicht erfolgte, in seinem Besitz zurückgeblieben war. – Da er bei einem Verkauf dieser Pfänder, welcher gesetzlich durch die Gerichte geschehen mußte, den Überschuß des Erlöses an die Eigentümer hätte herausgeben müssen, so häufte er sie lieber in den großen Nußbaumschränken auf, mit denen zu diesem Zwecke nach und nach die Stuben des ersten und endlich auch des zweiten Stockwerks besetzt wurden. Nachts aber, wenn Frau Anken im Hinterhause in ihrem einsamen Kämmerchen schnarchte und die schwere Kette vor der Haustür lag, stieg er oft mit leisem Tritt die Treppen auf und ab. In seinen hechtgrauen Rockelor eingeknöpft, in der einen Hand die Lampe, in der andern das Schlüsselbund, öffnete er bald im ersten, bald im zweiten Stockwerk die Stuben- und die Schranktüren, nahm hier eine goldene Repetieruhr, dort eine emaillierte Schnupftabaksdose aus dem Versteck hervor und berechnete bei sich die Jahre ihres Besitzes und ob die ursprünglichen Eigentümer dieser Dinge wohl verkommen und verschollen seien oder ob sie noch einmal mit dem Gelde in der Hand wiederkehren und ihre Pfänder zurückfordern könnten. – –

Der Pfandverleiher war endlich im äußersten Greisenalter von seinen Schätzen weggestorben und hatte das Haus nebst den vollen Schränken seinem einzigen Sohne hinterlassen müssen, den er während seines Lebens auf jede Weise daraus fernzuhalten gewußt hatte.

Dieser Sohn war der von dem kleinen Leberecht so gefürchtete Superkargo, welcher eben von einer überseeischen Fahrt in seine Vaterstadt zurückgekehrt war. Nach dem Begräbnis des Vaters gab er seine früheren Geschäfte auf und bezog dessen Zimmer im dritten Stock des alten Erkerhauses, wo nun statt des verkrümmten Männchens im hechtgrauen Rockelor eine lange hagere Gestalt im gelbgeblümten Schlafrock und bunter Zipfelmütze auf und ab wandelte oder rechnend an dem kleinen Pulte des Verstorbenen stand. – Auf Herrn Bulemann hatte sich indessen das Behagen des alten Pfandverleihers an den aufgehäuften Kostbarkeiten nicht vererbt. Nachdem er bei verriegelten Türen den Inhalt der großen Nußbaumschränke untersucht hatte, ging er mit sich zu Rate, ob er den heimlichen Verkauf dieser Dinge wagen solle, die immer noch das Eigentum anderer waren und an deren Wert er nur auf Höhe der ererbten und, wie die Bücher ergaben, meist sehr geringen Darlehnsforderung einen Anspruch hatte. Aber Herr Bulemann war keiner von den Unentschlossenen. Schon in wenigen Tagen war die Verbindung mit einem in der äußersten Vorstadt wohnenden Trödler angeknüpft, und nachdem man einige Pfänder aus den letzten Jahren zurückgesetzt hatte, wurde heimlich und vorsichtig der bunte Inhalt der großen Nußbaumschränke in gediegene Silbermünzen umgewandelt. Das war die Zeit, wo der Knabe Leberecht ins Haus gekommen war. – Das gelöste Geld tat Herr Bulemann in große eisenbeschlagene Kasten, welche er nebeneinander in seine Schlafkammer setzen ließ; denn bei der Rechtlosigkeit seines Besitzes wagte er nicht, es auf Hypotheken auszutun oder sonst öffentlich anzulegen.

Als alles verkauft war, machte er sich daran, sämtliche für die mögliche Zeit seines Lebens denkbare Ausgaben zu berechnen. Er nahm dabei ein Alter von neunzig Jahren in Ansatz und teilte dann das Geld in einzelne Päckchen je für eine Woche, indem er auf jedes Quartal noch ein Röllchen für unvorhergesehene Ausgaben dazulegte. Dieses Geld wurde für sich in einen Kasten gelegt, welcher nebenan in dem Wohnzimmer stand; und alle Sonnabendmorgen erschien Frau Anken, die alte Wirtschafterin, die er aus der Verlassenschaft seines Vaters mit übernommen hatte, um ein neues Päckchen in Empfang zu nehmen und über die Verausgabung des vorigen Rechenschaft zu geben.

Wie schon erzählt, hatte Herr Bulemann Frau und Kinder nicht mitgebracht; dagegen waren zwei Katzen von besonderer Größe, eine gelbe und eine schwarze, am Tage nach der Beerdigung des alten Pfandverleihers durch einen Matrosen in einem fest zugebundenen Sack vom Bord des Schiffes ins Haus getragen worden. Diese Tiere waren bald die einzige Gesellschaft ihres Herrn. Sie erhielten mittags ihre eigene Schüssel, die Frau Anken unter verbissenem Ingrimm tagsaus und -ein für sie bereiten mußte; nach dem Essen, während Herr Bulemann sein kurzes Mittagsschläfchen abtat, saßen sie gesättigt neben ihm auf dem Kanapee, ließen ein Läppchen Zunge hervorhängen und blinzelten ihn schläfrig aus ihren grünen Augen an. Waren sie in den unteren Räumen des Hauses auf der Mausjagd gewesen, was ihnen indessen immer einen heimlichen Fußtritt von dem alten Weibe eintrug, so brachten sie gewiß die gefangenen Mäuse zuerst ihrem Herrn im Maule hergeschleppt und zeigten sie ihm, ehe sie unter das Kanapee krochen und sie verzehrten. War dann die Nacht gekommen und hatte Herr Bulemann die bunte Zipfelmütze mit einer weißen vertauscht, so begab er sich mit seinen beiden Katzen in das große Gardinenbett im Nebenkämmerchen, wo er sich durch das gleichmäßige Spinnen der zu seinen Füßen eingewühlten Tiere in den Schlaf bringen ließ.

Dieses friedliche Leben war indes nicht ohne Störung geblieben. Im Lauf der ersten Jahre waren dennoch einzelne Eigentümer der verkauften Pfänder gekommen und hatten gegen Rückzahlung des darauf erhaltenen Sümmchens die Auslieferung ihrer Pretiosen verlangt. Und Herr Bulemann, aus Furcht vor Prozessen, wodurch sein Verfahren in die Öffentlichkeit hätte kommen können, griff in seine großen Kasten und erkaufte sich durch größere oder kleinere Abfindungssummen das Schweigen der Beteiligten. Das machte ihn noch menschenfeindlicher und verbissener. Der Verkehr mit dem alten Trödler hatte längst aufgehört; einsam saß er auf seinem Erkerstübchen mit der Lösung eines schon oft gesuchten Problems, der Berechnung eines sicheren Lotteriegewinnes, beschäftigt, wodurch er dermaleinst seine Schätze ins unermeßliche zu vermehren dachte. Auch Graps und Schnores, die beiden großen Kater, hatten jetzt unter seiner Laune zu leiden. Hatte er sie in dem einen Augenblick mit seinen langen Fingern getätschelt, so konnten sie sich im andern, wenn etwa die Berechnung auf den Zahlentafeln nicht stimmen wollte, eines Wurfs mit dem Sandfaß oder der Papierschere versehen, so daß sie heulend in die Ecke hinkten.

Herr Bulemann hatte eine Verwandte, eine Tochter seiner Mutter aus erster Ehe, welche indessen schon bei dem Tode dieser wegen ihrer Erbansprüche abgefunden war und daher an die von ihm ererbten Schätze keine Ansprüche hatte. Er kümmerte sich jedoch nicht um diese Halbschwester, obgleich sie in einem Vorstadtviertel in den dürftigsten Verhältnissen lebte; denn noch weniger als mit andern Menschen liebte Herr Bulemann den Verkehr mit dürftigen Verwandten. Nur einmal, als sie kurz nach dem Tode ihres Mannes in schon vorgerücktem Alter ein kränkliches Kind geboren hatte, war sie hülfesuchend zu ihm gekommen. Frau Anken, die sie eingelassen, war horchend unten auf der Treppe sitzen geblieben, und bald hatte sie von oben die scharfe Stimme ihres Herrn gehört, bis endlich die Tür aufgerissen worden und die Frau weinend die Treppe herabgekommen war. Noch an demselben Abend hatte Frau Anken die strenge Weisung erhalten, die Kette fürderhin nicht von der Haustür zu ziehen, falls etwa die Christine noch einmal wiederkommen sollte.

Die Alte begann sich immer mehr vor der Hakennase und den grellen Eulenaugen ihres Herrn zu fürchten. Wenn er oben am Treppengeländer ihren Namen rief oder auch, wie er es vom Schiffe her gewohnt war, nur einen schrillen Pfiff auf seinen Fingern tat, so kam sie gewiß, in welchem Winkel sie auch sitzen mochte, eiligst hervorgekrochen und stieg stöhnend, Schimpf- und Klageworte vor sich her plappernd, die schmalen Treppen hinauf.

Wie aber in dem dritten Stockwerk Herr Bulemann, so hatte in den unteren Zimmern Frau Anken ihre ebenfalls nicht ganz rechtlich erworbenen Schätze aufgespeichert. – Schon in dem ersten Jahre ihres Zusammenlebens war sie von einer Art kindischer Angst befallen worden, ihr Herr könne einmal die Verausgabung des Wirtschaftsgeldes selbst übernehmen und sie werde dann bei dem Geize desselben noch auf ihre alten Tage Not zu leiden haben. Um dieses abzuwenden, hatte sie ihm vorgelogen, der Weizen sei aufgeschlagen, und demnächst die entsprechende Mehrsumme für den Brotbedarf gefordert. Der Superkargo, der eben seine Lebensrechnung begonnen, hatte scheltend seine Papiere zerrissen und darauf seine Rechnung von vorn wieder aufgestellt und den Wochenrationen die verlangte Summe zugesetzt. – Frau Anken aber, nachdem sie ihren Zweck erreicht, hatte, zur Schonung ihres Gewissens und des Sprichworts gedenkend: „Geschleckt ist nicht gestohlen", nun nicht die überschüssig empfangenen Schillinge, sondern regelmäßig nur die dafür gekauften Weizenbrötchen unterschlagen, mit denen sie, da Herr Bulemann niemals die unteren Zimmer betrat, nach und nach die ihres kostbaren Inhalts beraubten großen Nußbaumschränke anfüllte.

So mochten etwa zehn Jahre verflossen sein. Herr Bulemann wurde immer hagerer und grauer, sein gelbgeblümter Schlafrock immer fadenscheiniger. Dabei vergingen oft Tage, ohne daß er den Mund zum Sprechen geöffnet hätte; denn er sah keine lebenden Wesen als die beiden Katzen und seine alte, halb kindische Haushälterin. Nur mitunter, wenn er hörte, daß unten die Nachbarskinder auf den Prellsteinen vor seinem Hause ritten, steckte er den Kopf ein wenig aus dem Fenster und schalt mit seiner scharfen Stimme in die Gasse hinab.

„Der Seelenverkäufer, der Seelenverkäufer!" schrien dann die Kinder und stoben auseinander. Herr Bulemann aber fluchte und schimpfte noch ingrimmiger, bis er endlich schmetternd das Fenster zuschlug und drinnen Graps und Schnores seinen Zorn entgelten ließ.

Um jede Verbindung mit der Nachbarschaft auszuschließen, mußte Frau Anken schon seit geraumer Zeit ihre Wirtschaftseinkäufe in entlegenen Straßen machen. Sie durfte jedoch erst mit dem Eintritt der Dunkelheit ausgehen und mußte dann die Haustür hinter sich verschließen.

Es mochte acht Tage vor Weihnachten sein, als die Alte wiederum eines Abends zu solchem Zwecke das Haus verlassen hatte. Trotz ihrer sonstigen Sorgfalt mußte sie sich indessen diesmal einer Vergessenheit schuldig gemacht haben. Denn als Herr Bulemann eben mit dem Schwefelholz sein Talglicht angezündet hatte, hörte er zu seiner Verwunderung es draußen auf den Stiegen poltern, und als er mit vorgehaltenem Licht auf den Flur hinaustrat, sah er seine Halbschwester mit einem bleichen Knaben vor sich stehen.

„Wie seid ihr ins Haus gekommen?" herrschte er sie an, nachdem er sie einen Augenblick erstaunt und ingrimmig angestarrt hatte.

„Die Tür war offen unten", sagte die Frau schüchtern.

Er murmelte einen Fluch auf seine Wirtschafterin zwischen den Zähnen.

„Was willst du?" fragte er dann.

„Sei doch nicht so hart, Bruder", bat die Frau, „ich habe sonst nicht den Mut, zu dir zu sprechen."

„Ich wüßte nicht, was du mit mir zu sprechen hättest; du hast dein Teil bekommen; wir sind fertig miteinander."

Die Schwester stand schweigend vor ihm und suchte vergebens nach dem rechten Worte. – Drinnen wurde wiederholt ein Kratzen an der Stubentür vernehmbar. Als Herr Bulemann zurückgelangt und die Tür geöffnet hatte, sprangen die beiden großen Katzen auf den Flur hinaus und strichen spinnend an dem blassen Knaben herum, der sich furchtsam vor ihnen an die Wand zurückzog. Ihr Herr betrachtete ungeduldig die noch immer schweigend vor ihm stehende Frau.

„Nun, wird's bald?" fragte er.

„Ich wollte dich um etwas bitten, Daniel", hub sie endlich an. „Dein Vater hat ein paar Jahre vor seinem Tode, da ich in bitterster Not war, ein silbern Becherlein von mir in Pfand genommen."

„Mein Vater von dir?" fragte Herr Bulemann.

„Ja, Daniel, dein Vater; der Mann von unser beider Mutter. Hier ist der Pfandschein; er hat mir nicht zuviel darauf gegeben."

„Weiter!" sagte Herr Bulemann, der mit raschem Blick die leeren Hände seiner Schwester gemustert hatte.

„Vor einiger Zeit", fuhr sie zaghaft fort, „träumte mir, ich gehe mit meinem kranken Kinde auf dem Kirchhof. Als wir an das Grab unserer Mutter kamen, saß sie auf ihrem Grabstein unter einem Busch voll blühender weißer Rosen. Sie hatte jenen kleinen Becher in der Hand, den ich einst als Kind von ihr geschenkt erhalten; als wir aber näher gekommen waren, setzte sie ihn an die Lippen; und indem sie dem Knaben lächelnd zunickte, hörte ich sie deutlich sagen: ‚Zur Gesundheit!' – Es war ihre sanfte Stimme, Daniel, wie im Leben; und diesen Traum habe ich drei Nächte nacheinander geträumt."

„Was soll das?" fragte Herr Bulemann.

„Gib mir den Becher zurück, Bruder! Das Christfest ist nahe; leg ihn dem kranken Kinde auf seinen leeren Weihnachtsteller!"

Der hagere Mann in seinem gelbgeblümten Schlafrock stand regungslos vor ihr und betrachtete sie mit seinen grellen runden Augen.

„Hast du das Geld bei dir?" fragte er. „Mit Träumen löst man keine Pfänder ein."

„O Daniel!" rief sie, „glaub unserer Mutter! Er wird gesund, wenn er aus dem kleinen Becher trinkt. Sei barmherzig; er ist ja doch von deinem Blute!"

Sie hatte die Hände nach ihm ausgestreckt; aber er trat einen Schritt zurück.

„Bleib mir vom Leibe", sagte er. Dann rief er nach seinen Katzen.

„Graps, alte Bestie! Schnores, mein Söhnchen!" Und der große gelbe Kater sprang mit einem Satz auf den Arm seines Herrn und klauete mit seinen Krallen in der bunten Zipfelmütze, während das schwarze Tier mauzend an seinen Knien hinaufstrebte.

Der kranke Knabe war näher geschlichen.

„Mutter", sagte er, indem er sie heftig an dem Kleide zupfte, „ist das der böse Ohm, der seine schwarzen Kinder verkauft hat?"

Aber in demselben Augenblick hatte auch Herr Bulemann die Katze herabgeworfen und den Arm des aufschreienden Knaben ergriffen.

„Verfluchte Bettelbrut", rief er, „pfeifst du auch das tolle Lied!"

„Bruder, Bruder!" jammerte die Frau. – Doch schon lag der Knabe wimmernd drunten auf dem Treppenabsatz. Die Mutter sprang ihm nach und nahm ihn sanft auf ihren Arm; dann aber richtete sie sich hoch auf, und den blutenden Kopf des Kindes an ihrer Brust, erhob sie die geballte Faust gegen ihren Bruder, der zwischen seinen spinnenden Katzen droben am Treppengeländer stand.

„Verruchter, böser Mann!“ rief sie. „Mögest du verkommen bei deinen Bestien!“

„Fluche, soviel du Lust hast!“ erwiderte der Bruder; „aber mach, daß du aus dem Hause kommst.“

Dann, während das Weib mit dem weinenden Knaben die dunkeln Treppen hinabstieg, lockte er seine Katzen und klappte die Stubentür hinter sich zu. – Er bedachte nicht, daß die Flüche der Armen gefährlich sind, wenn die Hartherzigkeit der Reichen sie hervorgerufen hat.

Einige Tage später trat Frau Anken, wie gewöhnlich, mit dem Mittagsessen in die Stube ihres Herrn. Aber sie kniff heute noch mehr als sonst mit den dünnen Lippen, und ihre kleinen blöden Augen leuchteten vor Vergnügen. Denn sie hatte die harten Worte nicht vergessen, die sie wegen ihrer Nachlässigkeit an jenem Abend hatte hinnehmen müssen, und sie dachte sie ihm jetzt mit Zinsen wieder heimzuzahlen.

„Habt Ihr's denn auf St. Magdalenen läuten hören?“ fragte sie.

„Nein“, erwiderte Herr Bulemann kurz, der über seinen Zahlentafeln saß.

„Wißt Ihr denn wohl, wofür es geläutet hat?“ fragte die Alte weiter.

„Dummes Geschwätz! Ich höre nicht nach dem Gebimmel.“

„Es war aber doch für Euren Schwestersohn!“

Herr Bulemann legte die Feder hin.

„Was schwatzest du, Alte?“

„Ich sage“, erwiderte sie, „daß sie soeben den kleinen Christoph begraben haben.“

Herr Bulemann schrieb schon wieder weiter.

„Warum erzählst du mir das? Was geht mich der Junge an?“

„Nun, ich dachte nur; man erzählt ja wohl, was Neues in der Stadt passiert.“ – –

Als sie gegangen war, legte aber doch Herr Bulemann die

Feder wieder fort und schritt, die Hände auf dem Rücken, eine lange Zeit in seinem Zimmer auf und ab. Wenn unten auf der Gasse ein Geräusch entstand, trat er hastig ans Fenster, als erwarte er schon den Stadtdiener eintreten zu sehen, der ihn wegen der Mißhandlung des Knaben vor den Rat zitieren solle. Der schwarze Graps, der mauzend seinen Anteil an der aufgetragenen Speise verlangte, erhielt einen Fußtritt, daß er schreiend in die Ecke flog. Aber, war es nun der Hunger, oder hatte sich unversehens die sonst so unterwürfige Natur des Tieres verändert, er wandte sich gegen seinen Herrn und fuhr fauchend und prustend auf ihn los. Herr Bulemann gab ihm einen zweiten Fußtritt.

„Freßt", sagte er. „Ihr braucht nicht auf mich zu warten."

Mit einem Satz waren die beiden Katzen an der vollen Schüssel, die er ihnen auf den Fußboden gesetzt hatte.

Dann aber geschah etwas Seltsames.

Als der gelbe Schnores, der zuerst seine Mahlzeit beendet hatte, nun in der Mitte des Zimmers stand, sich reckte und buckelte, blieb Herr Bulemann plötzlich vor ihm stehen; dann ging er um das Tier herum und betrachtete es von allen Seiten.

„Schnores, alter Halunke, was ist denn das?" sagte er, den Kopf des Katers krauend. „Du bist ja noch gewachsen in deinen alten Tagen!" – In diesem Augenblick war auch die andere Katze hinzugesprungen. Sie sträubte ihren glänzenden Pelz und stand dann hoch auf ihren schwarzen Beinen. Herr Bulemann schob sich die bunte Zipfelmütze aus der Stirn.

„Auch der!" murmelte er. „Seltsam, es muß in der Sorte liegen."

Es war indes dämmerig geworden, und da niemand kam und ihn beunruhigte, so setzte er sich zu den Schüsseln, die auf dem Tische standen. Endlich begann er sogar seine großen Katzen, die neben ihm auf dem Kanapee saßen, mit einem gewissen Behagen zu beschauen.

„Ein Paar stattliche Burschen seid ihr!" sagte er, ihnen zunickend. „Nun soll euch das alte Weib unten auch die Ratten nicht mehr vergiften!" – Als er aber abends nebenan in seine Schlafkammer ging, ließ er sie nicht, wie sonst, zu sich herein; und als er sie nachts mit den Pfoten gegen die Kammertür fallen und mauzend daran herunterrutschen hörte, zog er sich das Deckbett über beide Ohren und dachte: Mauzt nur zu, ich habe eure Krallen gesehen. –

Dann kam der andere Tag, und als es Mittag geworden, geschah dasselbe, was tags zuvor geschehen war. Von der geleerten Schüssel sprangen die Katzen mit einem schweren Satz mitten ins Zimmer hinein, reckten und streckten sich; und als Herr Bulemann, der schon wieder über seinen Zahlentafeln saß, einen Blick zu ihnen hinüberwarf, stieß er entsetzt seinen Drehstuhl zurück und blieb mit ausgerecktem Halse stehen. Dort, mit leisem Winseln, als wenn ihnen ein Widriges angetan würde, standen Graps und Schnores zitternd mit geringelten Schwänzen, das Haar gesträubt; er sah es deutlich, sie dehnten sich, sie wurden groß und größer.

Noch einen Augenblick stand er, die Hände an den Tisch geklammert; dann plötzlich schritt er an den Tieren vorbei und riß die Stubentür auf.

„Frau Anken, Frau Anken!“ rief er; und da sie nicht gleich zu hören schien, tat er einen Pfiff auf seinen Fingern, und bald schlurrte auch die Alte unten aus dem Hinterhause hervor und keuchte eine Treppe nach der andern herauf.

„Sehe Sie sich einmal die Katzen an!“ rief er, als sie ins Zimmer getreten war.

„Die hab ich schon oft gesehen, Herr Bulemann.“

„Sieht Sie daran denn nichts?“

„Daß ich nicht wüßte, Herr Bulemann!“ erwiderte sie, mit ihren blöden Augen um sich blinzelnd.

„Was sind denn das für Tiere? Das sind ja gar keine Katzen mehr!“ – Er packte die Alte an den Armen und rannte sie gegen die Wand. „Rotäugige Hexe!“ schrie er, „bekenne, was hast du meinen Katzen eingebraut!“

Das Weib klammerte ihre knöchernen Hände ineinander und begann unverständliche Gebete herzuplappern. Aber die furchtbaren Katzen sprangen von rechts und links auf die Schultern ihres Herrn und leckten ihn mit ihren scharfen Zungen ins Gesicht. Da mußte er die Alte loslassen.

Fortwährend plappernd und hüstelnd, schlich sie aus dem Zimmer und kroch die Treppen hinab. Sie war wie verwirrt; sie fürchtete sich, ob mehr vor ihrem Herrn oder vor den gro-

ßen Katzen, das wußte sie selber nicht. So kam sie hinten in ihre Kammer. Mit zitternden Händen holte sie einen mit Geld gefüllten wollenen Strumpf aus ihrem Bett hervor; dann nahm sie aus einer Lade eine Anzahl alter Röcke und Lumpen und wickelte sie um ihren Schatz herum, so daß es endlich ein großes Bündel gab. Denn sie wollte fort, um jeden Preis fort; sie dachte an die arme Halbschwester ihres Herrn draußen in der Vorstadt; die war immer freundlich gegen sie gewesen, zu der wollte sie. Freilich, es war ein weiter Weg, durch viele Gassen, über viele schmale und lange Brücken, welche über dunkle Gräben und Fleten hinwegführten, und draußen dämmerte schon der Winterabend. Es trieb sie dennoch fort. Ohne an ihre Tausende von Weizenbrötchen zu denken, die sie in kindischer Fürsorge in den großen Nußbaumschränken aufgehäuft hatte, trat sie mit ihrem schweren Bündel auf dem Nacken aus dem Hause. Sorgfältig mit dem großen krausen Schlüssel verschloß sie die schwere eichene Tür, steckte ihn in ihre Ledertasche und ging dann keuchend in die finstere Stadt hinaus. – –

Frau Anken ist niemals wiedergekommen, und die Tür von Bulemanns Haus ist niemals wieder aufgeschlossen worden.

Noch an demselben Tage aber, da sie fortgegangen, hat ein junger Taugenichts, der, den Knecht Ruprecht spielend, in den Häusern umherlief, mit Lachen seinen Kameraden erzählt, da er in seinem rauhen Pelz über die Kreszentiusbrücke gegangen sei, habe er ein altes Weib dermaßen erschreckt, daß sie mit ihrem Bündel wie toll in das schwarze Wasser hinabgesprungen sei. – Auch ist in der Frühe des andern Tages in der äußersten Vorstadt die Leiche eines alten Weibes, welche an einem großen Bündel festgebunden war, von den Wächtern aufgefischt und bald darauf, da niemand sie gekannt hat, auf dem Armenviertel des dortigen Kirchhofs in einem platten Sarge eingegraben worden.

Dieser andere Morgen war der Morgen des Weihnachtabends. – Herr Bulemann hatte eine schlechte Nacht gehabt; das Kratzen und Arbeiten der Tiere gegen seine Kammertür hatte ihm diesmal keine Ruhe gelassen; erst gegen die

Morgendämmerung war er in einen langen, bleiernen Schlaf gefallen. Als er endlich seinen Kopf mit der Zipfelmütze in das Wohnzimmer hineinsteckte, sah er die beiden Katzen laut schnurrend mit unruhigen Schritten umeinander hergehen. Es war schon nach Mittag; die Wanduhr zeigte auf eins.

„Sie werden Hunger haben, die Bestien", murmelte er. Dann öffnete er die Tür nach dem Flur und pfiff nach der Alten. Zugleich aber drängten die Katzen sich hinaus und rannten die Treppe hinab, und bald hörte er von unten aus der Küche herauf Springen und Tellergeklapper. Sie mußten auf den Schrank gesprungen sein, auf den Frau Anken die Speisen für den andern Tag zurückzusetzen pflegte.

Herr Bulemann stand oben an der Treppe und rief laut und scheltend nach der Alten; aber nur das Schweigen antwortete ihm oder von unten herauf aus den Winkeln des alten Hauses ein schwacher Widerhall. Schon schlug er die Schöße seines geblümten Schlafrocks übereinander und wollte selbst hinabsteigen, da polterte es drunten auf den Stiegen, und die beiden Katzen kamen wieder heraufgerannt. Aber das waren keine Katzen mehr; das waren zwei furchtbare, namenlose Raubtiere. Die stellten sich gegen ihn, sahen ihn mit ihren glimmenden Augen an und stießen ein heiseres Geheul aus. Er wollte an ihnen vorbei, aber ein Schlag mit der Tatze, der ihm einen Fetzen aus dem Schlafrock riß, trieb ihn zurück. Er lief ins Zimmer; er wollte ein Fenster aufreißen, um die Menschen auf der Gasse anzurufen; aber die Katzen sprangen hinterdrein und kamen ihm zuvor. Grimmig schnurrend, mit erhobenem Schweif, wanderten sie vor den Fenstern auf und ab. Herr Bulemann rannte auf den Flur hinaus und warf die Zimmertür hinter sich zu; aber die Katzen schlugen mit der Tatze auf die Klinke und standen schon vor ihm an der Treppe. – Wieder floh er ins Zimmer zurück, und wieder waren die Katzen da.

Schon verschwand der Tag, und die Dunkelheit kroch in alle Ecken. Tief unten von der Gasse herauf hörte er Gesang; Knaben und Mädchen zogen von Haus zu Haus und sangen Weihnachtslieder. Sie gingen in alle Türen; er stand und horchte. Kam denn niemand in seine Tür? – – Aber er wußte es ja, er hatte sie selber alle fortgetrieben; es klopfte niemand, es rüttelte niemand an der verschlossenen Haustür. Sie zogen vorüber; und allmählich ward es still, totenstill auf der Gasse. Und wieder suchte er zu entrinnen; er wollte Gewalt anwenden; er rang mit den Tieren, er ließ sich Gesicht und Hände blutig reißen. Dann wieder wandte er sich zur List; er rief sie mit den alten Schmeichelnamen, er strich ihnen die Funken aus dem Pelz und wagte es sogar, ihren flachen Kopf mit den großen weißen Zähnen zu krauen. Sie warfen sich auch vor ihm hin und wälzten sich schnurrend zu seinen Füßen; aber wenn er den rechten Augenblick gekommen glaubte und aus der Tür schlüpfte, so sprangen sie auf und standen, ihr heiseres Geheul ausstoßend, vor ihm. – So verging die Nacht, so kam der Tag, und noch immer rannte er zwischen der Treppe und den Fenstern seines Zimmers hin und wider, die Hände ringend, keuchend, das graue Haar zerzaust.

Und noch zweimal wechselten Tag und Nacht; da endlich warf er sich, gänzlich erschöpft, an allen Gliedern zuckend, auf das Kanapee. Die Katzen setzten sich ihm gegenüber und blinzelten ihn schläfrig aus halbgeschlossenen Augen an. Allmählich wurde das Arbeiten seines Leibes weniger, und endlich hörte es ganz auf. Eine fahle Blässe überzog unter den Stoppeln des grauen Bartes sein Gesicht; noch einmal aufseufzend, streckte er die Arme und spreizte die langen Finger über die Knie; dann regte er sich nicht mehr.

Unten in den öden Räumen war es indessen nicht ruhig gewesen. Draußen an der Tür des Hinterhauses, die auf den engen Hof hinausführt, geschah ein emsiges Nagen und Fressen. Endlich entstand über der Schwelle eine Öffnung, die größer und größer wurde; ein grauer Mauskopf drängte sich hindurch, dann noch einer, und bald huschte eine ganze Schar von Mäusen über den Flur und die Treppe hinauf in den ersten Stock. Hier begann das Arbeiten aufs neue an der Zimmertür, und als diese durchnagt war, kamen die großen Schränke daran, in denen Frau Ankens hinterlassene Schätze aufgespeichert lagen. Da war ein Leben wie im Schlaraffenland; wer durchwollte, mußte sich durchfressen. Und das

Geziefer füllte sich den Wanst; und wenn es mit dem Fressen nicht mehr fortwollte, rollte es die Schwänze auf und hielt sein Schläfchen in den hohlgefressenen Weizenbrötchen. Nachts kamen sie hervor, huschten über die Dielen oder saßen, ihre Pfötchen leckend, vor dem Fenster und schauten, wenn der Mond schien, mit ihren kleinen blanken Augen in die Gasse hinab.

Aber diese behagliche Wirtschaft sollte bald ihr Ende erreichen. In der dritten Nacht, als eben droben Herr Bulemann seine Augen zugetan hatte, polterte es draußen auf den Stiegen. Die großen Katzen kamen herabgesprungen, öffneten mit einem Schlag ihrer Tatze die Tür des Zimmers und begannen ihre Jagd. Da hatte alle Herrlichkeit ein Ende. Quieksend und pfeifend rannten die fetten Mäuse umher und strebten ratlos an den Wänden hinauf. Es war vergebens; sie verstummten eine nach der andern zwischen den zermalmenden Zähnen der beiden Raubtiere.

Dann wurde es still, und bald war in dem ganzen Hause nichts vernehmbar als das leise Spinnen der großen Katzen, die mit ausgestreckten Tatzen droben vor dem Zimmer ihres Herrn lagen und sich das Blut aus den Bärten leckten.

Unten in der Haustür verrostete das Schloß, den Messingklopfer überzog der Grünspan, und zwischen den Treppensteinen begann das Gras zu wachsen.

Draußen aber ging die Welt unbekümmert ihren Gang. – Als der Sommer gekommen war, stand auf dem St.-Magdalenen-Kirchhof auf dem Grabe des kleinen Christoph ein blühender weißer Rosenbusch; und bald lag auch ein kleiner Denkstein unter demselben. Den Rosenbusch hatte seine Mutter ihm gepflanzt; den Stein freilich hatte sie nicht beschaffen können. Aber Christoph hatte einen Freund gehabt; es war ein junger Musikus, der Sohn eines Trödlers, der in dem Hause ihnen gegenüber wohnte. Zuerst hatte er sich unter sein Fenster geschlichen, wenn der Musiker drinnen am Klavier saß; später hatte dieser ihn zuweilen in die Magdalenenkirche genommen, wo er sich nachmittags im Orgelspiel zu üben pflegte. – Da saß denn der blasse Knabe auf einem Schemelchen zu seinen Füßen, lehnte lauschend den Kopf an die Orgelbank und sah, wie die Sonnenlichter durch die Kirchenfenster spielten. Wenn der junge Musikus dann, von der Verarbeitung seines Themas fortgerissen, die tiefen mächtigen Register durch die Gewölbe brausen ließ oder wenn er mitunter den Tremulanten zog und die Töne wie zitternd vor der Majestät Gottes dahinfluteten, so konnte es wohl geschehen, daß der Knabe in stilles Schluchzen ausbrach und sein Freund ihn nur schwer zu beruhigen vermochte. Einmal auch sagte er bittend: „Es tut mir weh, Leberecht; spiele nicht so laut!"

Der Orgelspieler schob auch sogleich die großen Register wieder ein und nahm die Flöten- und andere sanfte Stimmen; und süß und ergreifend schwoll das Lieblingslied des Knaben durch die stille Kirche: „Befiehl du deine Wege." – Leise mit seiner kränklichen Stimme hub er an mitzusingen.

„Ich will auch spielen lernen", sagte er, als die Orgel schwieg; „willst du mich es lehren, Leberecht?"

Der junge Musikus ließ seine Hand auf den Kopf des Knaben fallen, und ihm das gelbe Haar streichelnd, erwiderte er: „Werde nur erst recht gesund, Christoph; dann will ich dich es gern lehren."

Aber Christoph war nicht gesund geworden. – Seinem kleinen Sarge folgte neben der Mutter auch der junge Orgelspieler. Sie sprachen hier zum ersten Mal zusammen; und die Mutter erzählte ihm jenen dreimal geträumten Traum von dem kleinen silbernen Erbbecher.

„Den Becher", sagte Leberecht, „hätte ich Euch geben können; mein Vater, der ihn vor Jahren mit vielen andern Dingen von Euerm Bruder erhandelte, hat mir das zierliche Stück einmal als Weihnachtsgeschenk gegeben."

Die Frau brach in die bittersten Klagen aus.

„Ach", rief sie immer wieder, „er wäre ja gewiß gesund geworden!"

Der junge Mann ging eine Weile schweigend neben ihr her.

„Den Becher soll unser Christoph dennoch haben", sagte er endlich.

Und so geschah es. Nach einigen Tagen hatte er den Becher an einen Sammler solcher Pretiosen um einen guten

Preis verhandelt; von dem Gelde aber ließ er den Denkstein für das Grab des kleinen Christoph machen. Er ließ eine Marmortafel darin einlegen, auf welcher das Bild des Bechers ausgemeißelt wurde. Darunter standen die Worte eingegraben: „Zur Gesundheit!“ –

Noch viele Jahre hindurch, mochte der Schnee auf dem Grabe liegen oder mochte in der Junisonne der Busch mit Rosen überschüttet sein, kam oft eine blasse Frau und las andächtig und sinnend die beiden Worte auf dem Grabstein. – Dann eines Sommers ist sie nicht mehr gekommen; aber die Welt ging unbekümmert ihren Gang.

Nur noch einmal, nach vielen Jahren, hat ein sehr alter Mann das Grab besucht, er hat sich den kleinen Denkstein angesehen und eine weiße Rose von dem alten Rosenbusch gebrochen. Das ist der emeritierte Organist von St. Magdalenen gewesen.

Aber wir müssen das friedliche Kindergrab verlassen und, wenn der Bericht zu Ende geführt werden soll, drüben in der Stadt noch einen Blick in das alte Erkerhaus der Düsternstraße werfen. – Noch immer stand es schweigend und verschlossen. Während draußen das Leben unablässig daran vorüberflutete, wucherte drinnen in den eingeschlossenen Räumen der Schwamm aus den Dielenritzen, löste sich der Gips an den Decken und stürzte herab, in einsamen Nächten ein unheimliches Echo über Flur und Stiege jagend. Die Kinder, welche an jenem Christabend auf der Straße gesungen hatten, wohnten jetzt als alte Leute in den Häusern, oder sie hatten ihr Leben schon abgetan und waren gestorben; die Menschen, die jetzt auf der Gasse gingen, trugen andere Gewänder, und draußen auf dem Vorstadtskirchhof war der schwarze Nummerpfahl auf Frau Ankens namenlosem Grabe schon längst verfault. Da schien eines Nachts wieder einmal, wie schon so oft, über das Nachbarhaus hinweg der Vollmond in das Erkerfenster des dritten Stockwerks und malte mit seinem bläulichen Lichte die kleinen runden Scheiben auf den Fußboden. Das Zimmer war leer; nur auf dem Kanapee zusammengekauert saß eine kleine Gestalt von der Größe eines jährigen Kindes, aber das Gesicht war alt und bärtig und die magere Nase unverhältnismäßig groß; auch trug sie eine weit über die Ohren fallende Zipfelmütze und einen langen, augenscheinlich für einen ausgewachsenen Mann bestimmten Schlafrock, auf dessen Schoß sie die Füße heraufgezogen hatte.

Diese Gestalt war Herr Bulemann. – Der Hunger hatte ihn nicht getötet, aber durch den Mangel an Nahrung war sein Leib verdorrt und eingeschwunden, und so war er im Lauf der Jahre kleiner und kleiner geworden. Mitunter in Vollmondnächten, wie diese, war er erwacht und hatte, wenn auch mit immer schwächerer Kraft, seinen Wächtern zu entrinnen gesucht. War er, von den vergeblichen Anstrengungen erschöpft, aufs Kanapee gesunken oder zuletzt hinaufgekrochen und hatte dann der bleierne Schlaf ihn wieder befallen, so streckten Graps und Schnores sich draußen vor der Treppe hin, peitschten mit ihrem Schweif den Boden und horchten, ob Frau Ankens Schätze neue Wanderzüge von Mäusen in das Haus gelockt hätten.

Heute war es anders; die Katzen waren weder im Zimmer noch draußen auf dem Flur. Als das durch das Fenster fallende Mondlicht über den Fußboden weg und allmählich an der kleinen Gestalt hinaufrückte, begann sie sich zu regen; die großen runden Augen öffneten sich, und Herr Bulemann starrte in das leere Zimmer hinaus. Nach einer Weile rutschte er, die langen Ärmel mühsam zurückschlagend, von dem Kanapee herab und schritt langsam der Tür zu, während die breite Schleppe des Schlafrocks hinter ihm herfegte. Auf den Fußspitzen nach der Klinke greifend, gelang es ihm, die Stubentür zu öffnen und draußen bis an das Geländer der Treppe vorzuschreiten. Eine Weile blieb er keuchend stehen; dann streckte er den Kopf vor und mühte sich zu rufen: „Frau Anken, Frau Anken!“ Aber seine Stimme war nur wie das Wispern eines kranken Kindes. „Frau Anken, mich hungert; so höre Sie doch!“

Alles blieb still; nur die Mäuse quieksten jetzt heftig in den unteren Zimmern.

Da wurde er zornig: „Hexe, verfluchte, was pfeift Sie denn?“ Und ein Schwall unverständlich geflüsterter Schimpfworte sprudelte aus seinem Munde, bis ein Stickhusten ihn befiel und seine Zunge lähmte.

Draußen, unten an der Haustür, wurde der schwere Messingklopfer angeschlagen, daß der Hall bis in die Spitze des Hauses hinaufdrang. Es mochte jener nächtliche Geselle sein, von dem im Anfang dieser Geschichte die Rede gewesen ist.

Herr Bulemann hatte sich wieder erholt.

„So öffne Sie doch!" wisperte er; „es ist der Knabe, der Christoph; er will den Becher holen."

Plötzlich wurden von unten herauf zwischen dem Pfeifen der Mäuse die Sprünge und das Knurren der beiden großen Katzen vernehmbar. Er schien sich zu besinnen; zum ersten Mal bei seinem Erwachen hatten sie das oberste Stockwerk verlassen und ließen ihn gewähren. – Hastig, den langen Schlafrock nach sich schleppend, stapfte er in das Zimmer zurück.

Draußen aus der Tiefe der Gasse hörte er den Wächter rufen.

„Ein Mensch, ein Mensch!" murmelte er; „die Nacht ist so lang, sovielmal bin ich aufgewacht, und noch immer scheint der Mond."

Er kletterte auf den Polsterstuhl, der in dem Erkerfenster stand. Emsig arbeitete er mit den kleinen dürren Händen an dem Fensterhaken; denn drunten auf der mondhellen Gasse hatte er den Wächter stehen sehen. Aber die Haspen waren festgerostet; er mühte sich vergebens, sie zu öffnen. Da sah er den Mann, der eine Weile hinaufgestarrt hatte, in den Schatten der Häuser zurücktreten.

Ein schwacher Schrei brach aus seinem Munde; zitternd, mit geballten Fäusten schlug er gegen die Fensterscheiben; aber seine Kraft reichte nicht aus, sie zu zertrümmern. Nun begann er Bitten und Versprechungen durcheinanderzuwispern; allmählich, während die Gestalt des unten gehenden Mannes sich immer mehr entfernte, wurde sein Flüstern zu einem erstickten heisern Gekrächze; er wollte seine Schätze mit ihm teilen; wenn er nur hören wollte, er sollte alles haben, er selber wollte nichts, gar nichts für sich behalten; nur den Becher, der sei das Eigentum des kleinen Christoph.

Aber der Mann ging unten unbekümmert seinen Gang,

und bald war er in einer Nebengasse verschwunden. – Von allen Worten, die Herr Bulemann in jener Nacht gesprochen, ist keines von einer Menschenseele gehört worden.

Endlich nach aller vergeblichen Anstrengung kauerte sich die kleine Gestalt auf dem Polsterstuhl zusammen, rückte die Zipfelmütze zurecht und schaute, unverständliche Worte murmelnd, in den leeren Nachthimmel hinauf.

So sitzt er noch jetzt und erwartet die Barmherzigkeit Gottes.

Herbst

1

Schon ins Land der Pyramiden
Flohn die Störche übers Meer;
Schwalbenflug ist längst geschieden,
Auch die Lerche singt nicht mehr.

Seufzend in geheimer Klage
Streift der Wind das letzte Grün;
Und die süßen Sommertage,
Ach, sie sind dahin, dahin!

Nebel hat den Wald verschlungen,
Der dein stillstes Glück gesehn;
Ganz in Duft und Dämmerungen
Will die schöne Welt vergehn.

Nur noch einmal bricht die Sonne
Unaufhaltsam durch den Duft,
Und ein Strahl der alten Wonne
Rieselt über Tal und Kluft.

Und es leuchten Wald und Heide,
Daß man sicher glauben mag,
Hinter allem Winterleide
Lieg' ein ferner Frühlingstag.

2

Die Sense rauscht, die Ähre fällt,
Die Tiere räumen scheu das Feld,
Der Mensch begehrt die ganze Welt.

3

Und sind die Blumen abgeblüht,
So brecht der Äpfel goldne Bälle;
Hin ist die Zeit der Schwärmerei,
So schätzt nun endlich das Reelle!

August

Inserat

Die verehrlichen Jungen, welche heuer
Meine Äpfel und Birnen zu stehlen gedenken,
Ersuche ich höflichst, bei diesem Vergnügen
Wo möglich insoweit sich zu beschränken,
Daß sie daneben auf den Beeten
Mir die Wurzeln und Erbsen nicht zertreten.

Wenn die Äpfel reif sind

Es war mitten in der Nacht. Hinter den Linden, die längs dem Plankenzaun des Gartens standen, kam eben der Mond herauf und leuchtete durch die Spitzen der Obstbäume und drüben auf die Hinterwand des Hauses, bis hinunter auf den schmalen Steinhof, der durch ein Staket von dem Garten getrennt war; die weißen Vorhänge hinter dem niedrigen Fensterchen waren ganz von seinem Licht beschienen. Mitunter war's, als griffe eine kleine Hand hindurch und zöge sie heimlich auseinander; einmal sogar lehnte die Gestalt eines Mädchens an die Fensterbank. Sie hatte ein weißes Tüchlein unters Kinn geknotet und hielt eine kleine Damenuhr gegen das Mondlicht, auf der sie das Rücken des Weisers aufmerksam zu betrachten schien. Draußen vom Kirchturm schlug es eben drei Viertel.

Unten zwischen den Büschen des Gartens, auf den Steigen und Rasenplätzen war es dunkel und still; nur der Marder, der in den Zwetschen saß, schmatzte bei seiner Mahlzeit und kratzte mit den Klauen in die Baumrinde. Plötzlich hob er die Schnauze. Es rutschte etwas draußen an der Planke; ein dicker Kopf guckte herüber. Der Marder sprang mit einem Satz zu Boden und verschwand zwischen den Häusern; von drüben aber kletterte ein untersetzter Junge langsam in den Garten hinab.

Dem Zwetschenbaum gegenüber, unweit der Planke, stand ein nicht gar hoher Augustapfelbaum; die Äpfel waren grade reif, die Zweige brechend voll. Der Junge mußte ihn schon kennen; denn er grinste und nickte ihm zu, während er auf den Fußspitzen an allen Seiten um ihn herumging; dann, nachdem er einige Augenblicke stillgestanden und gelauscht hatte, band er sich einen großen Sack vom Leibe und fing bedächtig an zu klettern. Bald knickte es droben zwischen den Zweigen, und die Äpfel fielen in den Sack, einer um den andern, in kurzen, regelrechten Pausen.

Dazwischendrein geschah es, daß ein Apfel nebenbei zur Erde fiel und ein paar Schritte weiter ins Gebüsch rollte, wo ganz versteckt eine Bank vor einem steinernen Gartentischchen stand. An diesem Tische aber – und das hatte der Junge nicht bedacht – saß ein junger Mann mit aufgestütztem Arm und gänzlich regungslos. Als der Apfel seine Füße berührte, sprang er erschrocken auf; einen Augenblick später trat er vorsichtig auf den Steig hinaus. Da sah er droben, wohin der Mond schien, einen Zweig mit roten Äpfeln unmerklich erst und bald immer heftiger hin und her schaukeln; eine Hand fuhr in den Mondschein hinauf und verschwand gleich darauf wieder samt einem Apfel in den tiefen Schatten der Blätter.

Der Untenstehende schlich sich leise unter den Baum und gewahrte nun endlich auch den Jungen wie eine große schwarze Raupe um den Stamm herumhängen. Ob er ein Jäger war, ist seines kleinen Schnurrbartes und seines ausgeschweiften Jagdrocks unerachtet schwer zu sagen; in diesem Augenblicke aber mußte ihn so etwas wie ein Jagdfieber überkommen; denn atemlos, als habe er die halbe Nacht hier nur gewartet, um die Jungen in den Apfelbäumen zu fangen, griff er durch die Zweige und legte leise, aber fest, seine Hand um den Stiefel, welcher wehrlos an dem Stamme herunterhing. Der Stiefel zuckte, das Apfelpflücken droben hörte auf; aber kein Wort wurde gewechselt. Der Junge zog, der Jäger faßte nach; so ging es eine ganze Weile; endlich legte der Junge sich aufs Bitten.

„Lieber Herr!"

„Spitzbube!"

„Den ganzen Sommer haben sie über den Zaun geguckt!"

„Wart nur, ich werde dir einen Denkzettel machen!" Und dabei griff er in die Höhe und packte den Jungen in den Hosenspiegel. „Was das für derbes Zeug ist!" sagte er.

„Manchester, lieber Herr!"

Der Jäger zog ein Messer aus der Tasche und suchte mit der freien Hand die Klinge aufzumachen. Als der Junge das Einschnappen der Feder hörte, machte er Anstalten, hinabzuklettern. Allein der andere wehrte ihm.

„Bleib nur", sagte er, „du hängst mir eben recht!"

Der Junge schien gänzlich wie verlesen.

„Herrjemine!" sagte er. „Es sind des Meisters seine! – Haben Sie denn gar kein Stöckchen, lieber Herr? Sie könnten es mit mir alleine abmachen! Es ist mehr Pläsier dabei; es ist eine Motion; der Meister sagt, es ist so gut wie Spazierenreiten!"

Allein – der Jäger schnitt. Der Junge, als er das kalte Messer so dicht an seinem Fleisch heruntergleiten fühlte, ließ den vollen Sack zur Erde fallen; der andere aber steckte den ausgeschnittenen Flecken sorgfältig in die Westentasche.

„Nun kannst du allenfalls herunterkommen!" sagte er.

Er erhielt keine Antwort. Ein Augenblick nach dem andern verging; aber der Junge kam nicht. Von seiner Höhe aus hatte er plötzlich, während ihm von unten her das Leid geschah, im Hause drüben das schmale Fensterchen sich öffnen sehen. Ein kleiner Fuß streckte sich heraus – der Junge sah den weißen Strumpf im Mondschein leuchten –, und bald stand ein vollständiges Mädchen draußen auf dem Steinhof. Ein Weilchen hielt sie mit der Hand den offenen Fensterflügel; dann ging sie langsam an das Pförtchen des Staketenzaunes und lehnte sich mit halbem Leibe in den dunkeln Garten hinaus.

Der Junge renkte sich fast den Hals aus, um das alles zu betrachten. Dabei schienen ihm allerlei Gedanken zu kommen; denn er verzog den Mund bis an die Ohren und stellte sich breitspurig auf zwei gegenüberstehende Äste, während er mit der einen Hand das geschädigte Kleidungsstück zusammenhielt.

„Nun, wird's bald?" fragte der andere.

„Es wird schon", sagte der Junge.

„So komm herunter!"

„Es ist nur" erwiderte der Junge und biß in einen Apfel, daß der Jäger es unten knirschen hörte, „es ist nur, daß ich just ein Schuster bin!"

„Was denn, wenn du kein Schuster wärst?"

„Wenn ich ein Schneider wäre, würde ich mir das Loch von selber flicken." Und er fuhr fort, seinen Apfel zu verspeisen.

Der junge Mann suchte in seiner Tasche nach kleiner

Münze, aber er fand nur einen harten Doppeltaler. Schon wollte er die Hand zurückziehen, als er von unten her ganz deutlich ein Klinken an der Gartentür vernahm. Auf dem Kirchturm drüben schlug es eben zwölf. – Er fuhr zusammen.

„Dummkopf!" murmelte er und schlug sich vor die Stirn. Dann griff er wieder in die Tasche und sagte sanft: „Du bist wohl armer Leute Kind?"

„Sie wissen schon", sagte der Junge, „'s wird alles sauer verdient."

„So fang und laß dir flicken!" Damit warf er das Geldstück zu ihm hinauf. Der Junge griff zu, wandte es prüfend im Mondschein hin und wider und schob es schmunzelnd in die Tasche.

Draußen auf dem langen Steige, an dem der Apfelbaum in den Rabatten stand, wurden kleine Schritte vernehmlich und das Rauschen eines Kleides auf dem Sande. Der Jäger biß sich in die Lippen; er wollte den Jungen mit Gewalt herunterreißen; der aber zog sorgsam die Beine in die Höhe, eins ums andere; es war vergebene Mühe.

„Hörst du nicht?" sagte er keuchend. „Du kannst nun gehen!"

„Freilich", sagte der Junge, „wenn ich den Sack nur hätte!"

„Den Sack?"

„Er ist mir da vorher hinabgefallen."

„Was geht das mich an?"

„Nun, lieber Herr, Sie stehen just da unten!"

Der andere bückte sich nach dem Sack, hob ihn ein Stück vom Boden und ließ ihn wieder fallen.

„Werfen Sie dreist zu!" sagte der Junge, „ich werde schon fangen."

Der Jäger tat einen verzweifelten Blick in den Baum hinauf, wo die dunkle, untersetzte Gestalt zwischen den Zweigen stand, sperrbeinig und bewegungslos. Als aber draußen die kleinen Schritte in kurzen Pausen immer näher kamen, trat er hastig auf den Steig hinaus.

Ehe er sich's versah, hing ein Mädchen an seinem Halse.

„Heinrich!"

„Um Gottes willen!" Er hielt ihr den Mund zu und zeigte

in den Baum hinauf. Sie sah ihn mit verdutzten Augen an; aber er achtete nicht darauf, sondern schob sie mit beiden Händen ins Gebüsch.

„Junge, vermaledeiter! – Aber daß du mir nicht wiederkommst!" Und er erwischte den schweren Sack am Boden und hob ihn ächzend in den Baum hinauf.

„Ja, ja!" sagte der Junge, indem er dem andern behutsam seine Bürde aus den Händen nahm, „das sind von den roten, die fallen ins Gewicht!" Hierauf zog er ein Endchen Bindfaden aus der Tasche und schnürte es eine Spanne oberhalb der Äpfel um den Sack, während er mit den Zähnen die Zipfel desselben angezogen hielt; dann lud er ihn auf seine Schulter, sorgsam und regelrecht, so daß die Last gleichmäßig auf Brust und Rücken verteilt wurde. Als dieses Geschäft zu seiner Zufriedenheit beendet war, faßte er einen ihm zu Häupten ragenden Ast und schüttelte ihn mit beiden Fäusten.

„Diebe in den Äpfeln!" schrie er, und nach allen Seiten hin prasselten die reifen Früchte durch die Zweige.

Unter ihm rauschte es in den Büschen, eine Mädchenstimme kreischte, die Gartenpforte klirrte, und als der Junge noch einmal den Hals ausreckte, sah er soeben das kleine Fenster wieder zuklappen und den weißen Strumpf darin verschwinden.

Einen Augenblick später saß er rittlings auf der Gartenplanke und lugte den Weg entlang, wo sein neuer Bekannter mit langen Beinen in den Mondschein hinauslief. Dabei griff er in die Tasche, befingerte seine Silbermünze und lachte so ingrimmig in sich hinein, daß ihm die Äpfel auf dem Buckel tanzten. Endlich, als schon die ganze Hausgenossenschaft mit Stöcken und Laternen im Garten umherrannte, ließ er sich lautlos an der andern Seite hinuntergleiten und schlenderte über den Weg in den Nachbarsgarten, allwo er zu Haus war.

Weihnachtabend

Die fremde Stadt durchschritt ich sorgenvoll,
Der Kinder denkend, die ich ließ zu Haus.
Weihnachten war's; durch alle Gassen scholl
Der Kinderjubel und des Markts Gebraus.

Und wie der Menschenstrom mich fortgespült,
Drang mir ein heiser Stimmlein in das Ohr:
„Kauft, lieber Herr!" Ein magres Händchen hielt
Feilbietend mir ein ärmlich Spielzeug vor.

Ich schrak empor, und beim Laternenschein
Sah ich ein bleiches Kinderangesicht;
Wes Alters und Geschlechts es mochte sein,
Erkannt ich im Vorübertreiben nicht.

Nur von dem Treppenstein, darauf es saß,
Noch immer hört ich, mühsam, wie es schien:
„Kauft, lieber Herr!" den Ruf ohn Unterlaß;
Doch hat wohl keiner ihm Gehör verliehn.

Und ich? – War's Ungeschick, war es die Scham,
Am Weg zu handeln mit dem Bettelkind?
Eh meine Hand zu meiner Börse kam,
Verscholl das Stimmlein hinter mir im Wind.

Doch als ich endlich war mit mir allein,
Erfaßte mich die Angst im Herzen so,
Als säß mein eigen Kind auf jenem Stein
Und schrie nach Brot, indessen ich entfloh.

Weihnachtslied

Vom Himmel in die tiefsten Klüfte
Ein milder Stern herniederlacht;
Vom Tannenwalde steigen Düfte
Und hauchen durch die Winterlüfte,
Und kerzenhelle wird die Nacht.

Mir ist das Herz so froh erschrocken,
Das ist die liebe Weihnachtszeit!
Ich höre fernher Kirchenglocken
Mich lieblich heimatlich verlocken
In märchenstille Herrlichkeit.

Ein frommer Zauber hält mich wieder,
Anbetend, staunend muß ich stehn;
Es sinkt auf meine Augenlider
Ein goldner Kindertraum hernieder,
Ich fühl's, ein Wunder ist geschehn.

Dämmerstunde

Im Nebenzimmer saßen ich und du;
Die Abendsonne fiel durch die Gardinen;
Die fleißigen Hände fügten sich der Ruh,
Von rotem Licht war deine Stirn beschienen.

Wir schwiegen beid'; ich wußte mir kein Wort,
Das in der Stunde Zauber mochte taugen;
Nur nebenan die Alten schwatzten fort –
Du sahst mich an mit deinen Märchenaugen.

Hinter den Tannen

Sonnenschein auf grünem Rasen,
Krokus drinnen blau und blaß;
Und zwei Mädchenhände tauchen
Blumen pflückend in das Gras.

Und ein Junge kniet daneben,
Gar ein übermütig Blut,
Und sie schaun sich an und lachen –
O wie kenn ich sie so gut!

Hinter jenen Tannen war es,
Jene Wiese schließt es ein –
Schöne Zeit der Blumensträuße,
Stiller Sommersonnenschein!

Pole Poppenspäler

Ich hatte in meiner Jugend einige Fertigkeit im Drechseln und beschäftigte mich sogar wohl etwas mehr damit, als meinen gelehrten Studien zuträglich war; wenigstens geschah es, daß mich eines Tags der Subrektor bei Rückgabe eines nicht eben fehlerlosen Exerzitiums seltsamerweise fragte, ob ich vielleicht wieder eine Nähschraube zu meiner Schwester Geburtstag gedrechselt hätte. Solche kleine Nachteile wurden indessen mehr als aufgewogen durch die Bekanntschaft mit einem trefflichen Manne, die mir infolge jener Beschäftigung zuteil wurde. Dieser Mann war der Kunstdrechsler und Mechanikus Paul Paulsen, auch deputierter Bürger unserer Stadt. Auf die Bitte meines Vaters, der für alles, was er mich unternehmen sah, eine gewisse Gründlichkeit forderte, verstand er sich dazu, mir die für meine kleinen Arbeiten erforderlichen Handgriffe beizubringen.

Paulsen besaß mannigfache Kenntnisse und war dabei nicht nur von anerkannter Tüchtigkeit in seinem eignen Handwerk, sondern er hatte auch eine Einsicht in die künftige Entwicklung der Gewerke überhaupt, so daß bei manchem, was jetzt als neue Wahrheit verkündigt wird, mir plötzlich einfällt: das hat dein alter Paulsen ja schon vor vierzig Jahren gesagt. – Es gelang mir bald, seine Zuneigung zu erwerben, und er sah es gern, wenn ich noch außer den festgesetzten Stunden am Feierabend einmal zu ihm kam. Dann saßen wir entweder in der Werkstätte oder sommers – denn unser Verkehr hat jahrelang gedauert – auf der Bank unter der großen Linde seines Gärtchens. In den Gesprächen, die wir dabei führten, oder vielmehr, welche mein älterer Freund dabei mit mir führte, lernte ich Dinge kennen und auf Dinge meine Gedanken richten, von denen, so wichtig sie im Leben sind, ich später selbst in meinen Primaner-Schulbüchern keine Spur gefunden habe.

Paulsen war seiner Abkunft nach ein Friese und der Charakter dieses Volksstammes aufs schönste in seinem Antlitz ausgeprägt; unter dem schlichten blonden Haar die denkende Stirn und die blauen sinnenden Augen; dabei hatte, vom Vater ererbt, seine Stimme noch etwas von dem weichen Gesang seiner Heimatsprache.

Die Frau dieses nordischen Mannes war braun und von zartem Gliederbau, ihre Sprache von unverkennbar süddeutschem Klange. Meine Mutter pflegte von ihr zu sagen, ihre schwarzen Augen könnten einen See ausbrennen, in ihrer Jugend aber sei sie von seltener Anmut gewesen. – Trotz der silbernen Fädchen, die schon ihr Haar durchzogen, war auch jetzt die Lieblichkeit dieser Züge noch nicht verschwunden, und das der Jugend angeborene Gefühl für Schönheit veranlaßte mich bald, ihr, wo ich immer konnte, mit kleinen Diensten und Gefälligkeiten an die Hand zu gehen.

„Da schau mir nur das Buberl", sagte sie dann wohl zu ihrem Mann; „wirst doch nit eifersüchtig werden, Paul?"

Dann lächelte Paul. Und aus ihren Scherzworten und aus seinem Lächeln sprach das Bewußtsein innigsten Zusammengehörens.

Sie hatten außer einem Sohne, der damals in der Fremde war, keine Kinder, und vielleicht war ich den beiden zum Teil deshalb so willkommen, zumal Frau Paulsen mir wiederholt versicherte, ich habe grad ein so lustigs Naserl wie ihr Joseph. Nicht verschweigen will ich, daß letztere auch eine mir sehr zusagende, in unserer Stadt aber sonst gänzlich unbekannte Mehlspeise zu bereiten verstand und auch nicht unterließ, mich dann und wann zu Gast zu bitten. – So waren denn dort der Anziehungskräfte für mich genug. Von meinem Vater aber wurde mein Verkehr in dem tüchtigen Bürgerhause gern gesehen.

„Sorge nur, daß du nicht lästig fällst!" war das einzige, woran er in dieser Beziehung zuweilen mich erinnerte. Ich glaube indessen nicht, daß ich meinen Freunden je zu oft gekommen bin.

Da geschah es eines Tages, daß in meinem elterlichen Hause einem alten Herrn aus unserer Stadt das neueste und wirklich ziemlich gelungene Werk meiner Hände vorgezeigt wurde.

Als dieser seine Bewunderung zu erkennen gab, bemerkte mein Vater dagegen, daß ich ja aber auch schon seit fast einem Jahr bei Meister Paulsen in der Lehre sei.

„So, so", erwiderte der alte Herr; „bei Pole Poppenspäler!"

Ich hatte nie gehört, daß mein Freund einen solchen Beinamen führe, und fragte, vielleicht ein wenig naseweis, was das bedeuten solle.

Aber der alte Herr lächelte nur ganz hinterhaltig und wollte keine weitere Auskunft geben. –

Zum kommenden Sonntag war ich von den Paulsenschen Eheleuten auf den Abend eingeladen, um ihnen ihren Hochzeitstag feiern zu helfen. Es war im Spätsommer, und da ich mich frühzeitig auf den Weg gemacht und die Hausfrau noch in der Küche zu wirtschaften hatte, so ging Paulsen mit mir in den Garten, wo wir uns zusammen unter der großen Linde auf die Bank setzten. Mir war das „Pole Poppenspäler" wieder eingefallen, und es ging mir so im Kopf herum, daß ich kaum auf seine Reden Antwort gab; endlich, da er mich fast ein wenig ernst wegen meiner Zerstreuung zurechtgewiesen hatte, fragte ich ihn geradezu, was jener Beiname zu bedeuten habe.

Er wurde sehr zornig.

„Wer hat dich das dumme Wort gelehrt?" rief er, indem er von seinem Sitze aufsprang. Aber bevor ich noch zu antworten vermochte, saß er schon wieder neben mir. „Laß, laß!" sagte er, sich besinnend; „es bedeutet ja eigentlich das Beste, was das Leben mir gegeben hat. – Ich will es dir erzählen; wir haben wohl noch Zeit dazu." –

»In diesem Haus und Garten bin ich aufgewachsen, meine braven Eltern wohnten hier, und hoffentlich wird einst mein Sohn hier wohnen! – Daß ich ein Knabe war, ist nun schon lange her; aber gewisse Dinge aus jener Zeit stehen noch, wie mit farbigem Stift gezeichnet, vor meinen Augen.

Neben unserer Haustür stand damals eine kleine weiße Bank mit grünen Stäben in den Rück- und Seitenlehnen, von der man nach der einen Seite die lange Straße hinab bis in die Kirche, nach der andern aus der Stadt hinaus bis an die Felder sehen konnte. An Sommerabenden saßen meine Eltern hier, der Ruhe nach der Arbeit pflegend; in den Stunden vorher aber pflegte ich sie in Beschlag zu nehmen und hier in der freien Luft und unter erquickendem Ausblick nach Ost und West meine Schularbeiten anzufertigen.

So saß ich auch eines Nachmittags – ich weiß noch gar wohl, es war im September, eben nach unserem Michaelis-Jahrmarkte – und schrieb für den Rechenmeister meine Algebra-Exempel auf die Tafel, als ich unten von der Straße ein seltsames Gefährte heraufkommen sah. Es war ein zweirädriger Karren, der von einem kleinen rauhen Pferde gezogen wurde. Zwischen zwei ziemlich hohen Kisten, mit denen er beladen war, saß eine große blonde Frau mit steifen hölzernen Gesichtszügen und ein etwa neunjähriges Mädchen, das sein schwarzhaariges Köpfchen lebhaft von einer Seite nach der andern drehte; nebenher ging, den Zügel in der Hand, ein kleiner, lustig blickender Mann, dem unter seiner grünen Schirmmütze die kurzen schwarzen Haare wie Spieße vom Kopfe abstanden.

So, unter dem Gebimmel eines Glöckchens, das unter dem Halse des Pferdes hing, kamen sie heran. Als sie die Straße vor unserem Hause erreicht hatten, machte der Karren halt.

„Du, Bub", rief die Frau zu mir herüber, „wo ist denn die Schneiderherberg?"

Mein Griffel hatte schon lange geruht; nun sprang ich eilfertig auf und trat an den Wagen.

„Ihr seid grad davor", sagte ich und wies auf das alte Haus mit der viereckig geschorenen Linde, das, wie du weißt, noch jetzt hier gegenüber liegt.

Das feine Dirnchen war zwischen den Kisten aufgestanden, streckte das Köpfchen aus der Kapuze ihres verschossenen Mäntelchens und sah mit ihren großen Augen auf mich herab; der Mann aber, mit einem „Sitz ruhig, Diendl!" und „Schönen Dank, Bub!" peitschte auf den kleinen Gaul und fuhr vor die Tür des bezeichneten Hauses, aus dem auch schon der dicke Herbergsvater in seiner grünen Schürze ihm entgegentrat.

Daß die Ankömmlinge nicht zu den zunftberechtigten Gästen des Hauses gehörten, mußte mir freilich klar sein; aber es pflegten dort – was mir jetzt, wenn ich es bedenke, mit der

Reputation des wohlehrsamen Handwerks sich keineswegs reimen will – auch andere, mir viel angenehmere Leute einzukehren. Droben im zweiten Stock, wo noch heute statt der Fenster nur einfache Holzluken auf die Straße gehen, war das hergebrachte Quartier aller fahrenden Musikanten, Seiltänzer oder Tierbändiger, welche in unserer Stadt ihre Kunst zum besten gaben.

Und richtig, als ich am andern Morgen oben in meiner Kammer vor dem Fenster stand und meinen Schulsack schnürte, wurde drüben eine der Luken aufgestoßen; der kleine Mann mit den schwarzen Haarspießen steckte seinen Kopf ins Freie und dehnte sich mit beiden Armen in die frische Luft hinaus; dann wandte er den Kopf hinter sich nach dem dunkeln Raum zurück, und ich hörte ihn „Lisei! Lisei!" rufen. – Da drängte sich unter seinem Arm ein rosiges Gesichtlein vor, um das wie eine Mähne das schwarze Haar herabfiel. Der Vater wies mit dem Finger nach mir herüber, lachte und zupfte sie ein paarmal an ihren seidenen Strähnen. Was er zu ihr sprach, habe ich nicht verstehen können; aber es mag wohl ungefähr gelautet haben: „Schau dir ihn an, Lisei! Kennst ihn noch, den Bubn von gestern? – Der arme Narr, da muß er nun gleich mit dem Ranzen in die Schule traben! – Was du für ein glücklichs Diendl bist, die du allweg nur mit unserem Braunen landab, landauf zu fahren brauchst!" – Wenigstens sah die Kleine ganz mitleidig zu mir herüber, und als ich es wagte, ihr freundlich zuzunicken, nickte sie sehr ernsthaft wieder.

Bald aber zog der Vater seinen Kopf zurück und verschwand im Hintergrund seines Bodenraumes. Statt seiner trat jetzt die große blonde Frau zu dem Kinde; sie bemächtigte sich ihres Kopfes und begann ihr das Haar zu strählen. Das Geschäft schien schweigend vollzogen zu werden, und das Lisei durfte offenbar nicht mucksen, obgleich es mehrmals, wenn ihr der Kamm so in den Nacken hinabfuhr, die eckigsten Figuren mit ihrem roten Mäulchen bildete. Nur einmal hob sie den Arm und ließ ein langes Haar über die Linde draußen in die Morgenluft hinausfliegen. Ich konnte von meinem Fenster aus es glänzen sehen; denn die Sonne war eben durch den Herbstnebel gedrungen und schien drüben auf den oberen Teil des Herberghauses.

Auch in den vorhin undurchdringlich dunkeln Bodenraum konnte ich jetzt hineinsehen. Ganz deutlich erblickte ich in einem dämmerigen Winkel den Mann an einem Tische sitzen; in seiner Hand blinkte etwas wie Gold oder Silber; dann wieder war's wie ein Gesicht mit einer ungeheueren Nase; aber sosehr ich meine Augen anstrengte, ich vermochte nicht klug daraus zu werden. Plötzlich hörte ich, als wenn etwas Hölzernes in einen Kasten geworfen würde, und nun stand der Mann auf und lehnte aus einer zweiten Luke sich wieder auf die Straße hinaus.

Die Frau hatte indessen der kleinen schwarzen Dirne ein verschossenes rotes Kleidchen angezogen und ihr die Haarflechten wie einen Kranz um das runde Köpfchen gelegt.

Ich sah noch immer hinüber. Einmal, dachte ich, könnte sie doch wieder nicken.

— — „Paul, Paul!" hörte ich plötzlich unten aus unserem Hause die Stimme meiner Mutter rufen.

„Ja, ja, Mutter!"

Es war mir ordentlich wie ein Schrecken in die Glieder geschlagen.

„Nun", rief sie wieder, „der Rechenmeister wird dir schön die Zeit verdeutschen! Weißt du denn nicht, daß es lang schon sieben geschlagen hat?"

Wie rasch polterte ich die Treppe hinunter!

Aber ich hatte Glück; der Rechenmeister war grade dabei, seine Bergamotten abzunehmen, und die halbe Schule befand sich in seinem Garten, um mit Händen und Mäulern ihm dabei zu helfen. Erst um neun Uhr saßen wir alle mit heißen Backen und lustigen Gesichtern an Tafel und Rechenbuch auf unseren Bänken.

Als ich um elf, die Taschen noch von Birnen starrend, aus dem Schulhofe trat, kam eben der dicke Stadtsausrufer die Straße herauf. Er schlug mit dem Schlüssel an sein blankes Messingbecken und rief mit seiner Bierstimme:

„Der Mechanikus und Puppenspieler Herr Joseph Tendler aus der Residenzstadt München ist gestern hier angekommen und wird heute abend im Schützenhofsaale seine erste Vorstellung geben. Vorgestellt wird: Pfalzgraf Siegfried und die heilige Genoveva, Puppenspiel mit Gesang in vier Aufzügen."

Dann räusperte er sich und schritt würdevoll in der meinem Heimwege entgegengesetzten Richtung weiter. Ich folgte ihm von Straße zu Straße, um wieder und wieder die entzückende Verkündigung zu hören; denn niemals hatte ich eine Komödie, geschweige denn ein Puppenspiel gesehen. – Als ich endlich umkehrte, sah ich ein rotes Kleidchen mir entgegenkommen; und wirklich, es war die kleine Puppenspielerin; trotz ihres verschossenen Anzugs schien sie mir von einem Märchenglanz umgeben.

Ich faßte mir ein Herz und redete sie an: „Willst du spazierengehen, Lisei?"

Sie sah mich mißtrauisch aus ihren schwarzen Augen an.

„Spazieren?" wiederholte sie gedehnt. „Ach du – du bist g'scheit!"

„Wohin willst du denn?"

– „Zum Ellenkramer will i!"

„Willst du dir ein neues Kleid kaufen?" fragte ich tölpelhaft genug.

Sie lachte laut auf.

„Geh! laß mi aus! – Nein; nur so Fetz'ln!"

„Fetz'ln, Lisei?"

– „Freili! Halt nur so Resteln zu G'wandl für die Pupp'n; 's kost't immer nit viel!"

Ein glücklicher Gedanke fuhr mir durch den Kopf. Ein alter Onkel von mir hatte damals am Markte hier eine Ellenwarenhandlung, und sein alter Ladendiener war mein guter Freund.

„Komm mit mir", sagte ich kühn; „es soll dir gar nichts kosten, Lisei!"

„Meinst?" fragte sie noch; dann liefen wir beide nach dem Markt und in das Haus des Onkels. Der alte Gabriel stand wie immer in seinem pfeffer- und salzfarbenen Rock hinter dem Ladentisch, und als ich ihm unser Anliegen deutlich gemacht hatte, kramte er gutmütig einen Haufen „Rester" auf den Tisch zusammen.

„Schau, das hübsch Brinnrot!" sagte Lisei und nickte begehrlich nach einem Stückchen französischen Kattuns hinüber.

„Kannst es brauchen?" fragte Gabriel. – Ob sie es brauchen konnte! Der Ritter Siegfried sollte ja auf den Abend noch eine neue Weste geschneidert bekommen.

„Aber da gehören auch die Tressen noch dazu", sagte der Alte und brachte allerlei Endchen Gold- und Silberflittern. Bald kamen noch grüne und gelbe Seidenläppchen und Bänder, endlich ein ziemlich großes Stück braunen Plüsches.

„Nimm's nur, Kind!" sagte Gabriel. „Das gibt ein Tierfell für euere Genoveva, wenn das alte vielleicht verschossen wäre!" Dann packte er die ganze Herrlichkeit zusammen und legte sie der Kleinen in den Arm.

„Und es kost't nix?" fragte sie beklommen.

Nein, es kostete nichts. Ihre Augen leuchteten.

„Schön' Dank, guter Mann! Ach, wird der Vater schauen!"

Hand in Hand, Lisei mit ihrem Päckchen unter dem Arm, verließen wir den Laden; als wir aber in die Nähe unserer Wohnung kamen, ließ sie mich los und rannte über die Straße nach der Schneiderherberge, daß ihr die schwarzen Flechten in den Nacken flogen.

– – Nach dem Mittagsessen stand ich vor unserer Haustür und erwog unter Herzklopfen das Wagnis, schon heute zur ersten Vorstellung meinen Vater um das Eintrittsgeld anzugehen; ich war ja mit der Galerie zufrieden, und die sollte für uns Jungens nur einen Doppelschilling kosten. Da, bevor ich's noch bei mir ins reine gebracht hatte, kam das Lisei über die Straße zu mir hergeflogen.

„Der Vater schickt's!" sagte sie, und eh ich mich's versah, war sie wieder fort; aber in meiner Hand hielt ich eine rote Karte, darauf stand mit großen Buchstaben: Erster Platz.

Als ich aufblickte, winkte auch von drüben der kleine schwarze Mann mit beiden Armen aus der Bodenluke zu mir herüber. Ich nickte ihm zu; was mußten das für nette Leute sein, diese Puppenspieler!

„Also heute abend", sagte ich zu mir selber; „heute abend und – Erster Platz!"

– – Du kennst unsern Schützenhof in der Süderstraße; auf der Haustür sah man damals noch einen schön gemalten

Schützen in Lebensgröße, mit Federhut und Büchse; im übrigen war aber der alte Kasten damals noch baufälliger, als er heute ist. Die Gesellschaft war bis auf drei Mitglieder herabgesunken; die vor Jahrhunderten von den alten Landesherzögen geschenkten silbernen Pokale, Pulverhörner und Ehrenketten waren nach und nach verschleudert; den großen Garten, der, wie du weißt, auf den Bürgersteig hinausläuft, hatte man zur Schaf- und Ziegengräsung verpachtet. Das alte zweistöckige Haus wurde von niemandem weder bewohnt noch gebraucht; windrissig und verfallen stand es da zwischen den munteren Nachbarhäusern; nur in dem öden weißgekalkten Saale, der fast das ganze obere Stockwerk einnahm, produzierten mitunter starke Männer oder durchreisende Taschenspieler ihre Künste. Dann wurde unten die große Haustür mit dem gemalten Schützenbruder knarrend aufgeschlossen.

– – Langsam war es Abend geworden; und – das Ende trug die Last, denn mein Vater wollte mich erst fünf Minuten vor dem angesetzten Glockenschlage laufen lassen; er meinte, eine Übung in der Geduld sei sehr vonnöten, damit ich im Theater stillesitze.

Endlich war ich an Ort und Stelle. Die große Tür stand offen, und allerlei Leute wanderten hinein; denn derzeit ging man noch gern zu solchen Vergnügungen; nach Hamburg war eine weite Reise, und nur wenige hatten sich die kleinen Dinge zu Hause durch die dort zu schauenden Herrlichkeiten leid machen können. – Als ich die eichene Wendeltreppe hinaufgestiegen war, fand ich Liseis Mutter am Eingange des Saales an der Kasse sitzen. Ich näherte mich ihr ganz vertraulich und dachte, sie würde mich so recht als einen alten Bekannten begrüßen; aber sie saß stumm und starr und nahm mir meine Karte ab, als wenn ich nicht die geringste Beziehung zu ihrer Familie hätte. – Etwas gedemütigt trat ich in den Saal; der kommenden Dinge harrend, plauderte alles mit halber Stimme durcheinander; dazu fiedelte unser Stadtmusikus mit drei seiner Gesellen. Das erste, worauf meine Augen fielen, war in der Tiefe des Saales ein roter Vorhang oberhalb der Musikantenplätze. Die Malerei in der Mitte desselben stellte zwei lange Trompeten vor, die kreuzweise über einer goldenen Leier lagen; und, was mir damals sehr sonderbar erschien, an dem Mundstück einer jeden hing, wie mit den leeren Augen daraufgeschoben, hier eine finster, dort eine lachend ausgeprägte Maske. – Die drei vordersten Plätze waren schon besetzt; ich drängte mich in die vierte Bank, wo ich einen Schulkameraden bemerkt hatte, der dort neben seinen Eltern saß. Hinter uns bauten sich die Plätze schräg ansteigend in die Höhe, so daß der letzte, die sogenannte Galerie, welche nur zum Stehen war, sich fast mannshoch über dem Fußboden befinden mochte. Auch dort schien es wohlgefüllt zu sein; genau vermochte ich es nicht zu sehen, denn die wenigen Talglichter, welche in Blechlampetten an den beiden Seitenwänden brannten, verbreiteten nur eine schwache Helligkeit; auch dunkelte die schwere Balkendecke des Saales. Mein Nachbar wollte mir eine Schulgeschichte erzählen; ich begriff nicht, wie er an so etwas denken konnte, ich schaute nur auf den Vorhang, der von den Lampen des Podiums und der Musikantenpulte feierlich beleuchtet war. Und jetzt ging ein Wehen über seine Fläche, die geheimnisvolle Welt hinter ihm begann sich schon zu regen; noch einen Augenblick, da erscholl das Läuten eines Glöckchens, und während unter den Zuschauern das summende Geplauder wie mit einem Schlage verstummte, flog der Vorhang in die Höhe. – Ein Blick auf die Bühne versetzte mich um tausend Jahre rückwärts. Ich sah in einen mittelalterlichen Burghof mit Turm und Zugbrücke; zwei kleine ellenlange Leute standen in der Mitte und redeten lebhaft miteinander. Der eine mit dem schwarzen Barte, dem silbernen Federhelm und dem goldgestickten Mantel über dem roten Unterkleide war der Pfalzgraf Siegfried; er wollte gegen die heidnischen Mohren in den Krieg reiten und befahl seinem jungen Hausmeister Golo, der in blauem silbergesticktem Wamse neben ihm stand, zum Schutze der Pfalzgräfin Genoveva in der Burg zurückzubleiben. Der treulose Golo aber tat gewaltig wild, daß er seinen guten Herrn so allein in das grimme Schwerterspiel sollte reiten lassen. Sie drehten bei diesen Wechselreden die Köpfe hin und her und fochten heftig und ruckweise mit den Armen. – Da tönten kleine langgezogene Trompetentöne von draußen hinter der Zugbrücke, und zugleich kam auch die schöne Genoveva in himmelblauem Schleppkleide hinter dem Turm hervorgestürzt und schlug beide Arme über des Gemahls Schultern: „Oh, mein herzallerliebster Siegfried, wenn dich die grausamen Heiden nur nicht massakrieren!“ Aber es half ihr nichts; noch einmal ertönten die Trompeten, und der Graf schritt steif und würdevoll über die Zugbrücke aus dem Hofe; man hörte deutlich draußen den Abzug des gewappneten Trupps. Der böse Golo war jetzt Herr der Burg. –

Und nun spielte das Stück sich weiter, wie es in deinem Lesebuch gedruckt steht. – Ich war auf meiner Bank ganz wie verzaubert; diese seltsamen Bewegungen, diese feinen oder schnarrenden Puppenstimmchen, die denn doch wirklich aus ihrem Munde kamen – es war ein unheimliches Leben in diesen kleinen Figuren, das gleichwohl meine Augen wie magnetisch auf sich zog.

Im zweiten Aufzuge aber sollte es noch besser kommen. – Da war unter den Dienern auf der Burg einer im gelben Nankinganzug, der hieß Kasperl. Wenn dieser Bursche nicht lebendig war, so war noch niemals etwas lebendig gewesen; er machte die ungeheuersten Witze, so daß der ganze Saal vor Lachen bebte; in seiner Nase, die so groß wie eine Wurst war, mußte er jedenfalls ein Gelenk haben; denn wenn er so sein dumm-pfiffiges Lachen herausschüttelte, so schlenkerte der Nasenzipfel hin und her, als wenn auch er sich vor Lustigkeit nicht zu lassen wüßte; dabei riß der Kerl seinen großen Mund auf und knackte, wie eine alte Eule, mit den Kinnbacksknochen.

„Pardauz!“ schrie es; so kam er immer auf die Bühne gesprungen; dann stellte er sich hin und sprach erst bloß mit seinem großen Daumen; den konnte er so ausdrucksvoll hin und wider drehen, daß es ordentlich ging wie „Hier nix und da nix! Kriegst du nix, so hast du nix!“ Und dann sein Schielen; – das war so verführerisch, daß im Augenblick dem ganzen Publikum die Augen verquer im Kopfe standen. Ich war ganz vernarrt in den lieben Kerl!

Endlich war das Spiel zu Ende, und ich saß wieder zu Hause in unserer Wohnstube und verzehrte schweigend das Aufgebratene, das meine gute Mutter mir warm gestellt hatte. Mein Vater saß im Lehnstuhl und rauchte seine Abendpfeife.

„Nun, Junge", rief er, „waren sie lebendig?"

„Ich weiß nicht, Vater", sagte ich und arbeitete weiter in meiner Schüssel; mir war noch ganz verwirrt zu Sinne.

Er sah mir eine Weile mit seinem klugen Lächeln zu.

„Höre, Paul", sagte er dann, „du darfst nicht zu oft in diesen Puppenkasten; die Dinger könnten dir am Ende in die Schule nachlaufen."

Mein Vater hatte nicht unrecht. Die Algebraaufgaben gerieten mir in den beiden nächsten Tagen so mäßig, daß der Rechenmeister mich von meinem ersten Platz herabzusetzen drohte. – Wenn ich in meinem Kopfe rechnen wollte: „a + b gleich x – c", so hörte ich statt dessen vor meinen Ohren die feine Vogelstimme der schönen Genoveva: „Ach, mein herzallerliebster Siegfried, wenn dich die bösen Heiden nur nicht massakrieren!" Einmal – aber es hat niemand gesehen – schrieb ich sogar „x + Genoveva" auf die Tafel. – Des Nachts in meiner Schlafkammer rief es einmal ganz laut „Pardauz", und mit einem Satz kam der liebe Kasperl in seinem Nankinganzug zu mir ins Bett gesprungen, stemmte seine Arme zu beiden Seiten meines Kopfes in das Kissen und rief, grinsend auf mich herabnickend: „Ach, du liebs Brüderl! Ach, du herztausig liebs Brüderl!" Dabei hackte er mir mit seiner langen roten Nase in die meine, daß ich davon erwachte. Da sah ich denn freilich, daß es nur ein Traum gewesen war.

Ich verschloß das alles in meinem Herzen und wagte zu Hause kaum den Mund aufzutun von der Puppenkomödie. Als aber am nächsten Sonntag der Ausrufer wieder durch die Straßen ging, an sein Becken schlug und laut verkündigte: „Heute abend auf dem Schützenhof: Doktor Fausts Höllenfahrt, Puppenspiel in vier Aufzügen!" – da war es doch nicht länger auszuhalten. Wie die Katze um den heißen Brei, so schlich ich um meinen Vater herum, und endlich hatte er meinen stummen Blick verstanden.

„Pole", sagte er, „es könnte dir ein Tropfen Blut vom Herzen gehen; vielleicht ist's die beste Kur, dich einmal gründlich satt zu machen." Damit langte er in die Westentasche und gab mir einen Doppeltschilling.

Ich rannte sofort aus dem Hause; erst auf der Straße wurde es mir klar, daß ja noch acht lange Stunden bis zum Anfang der Komödie abzuleben waren. So lief ich denn hinter den Gärten auf den Bürgersteig. Als ich an den offenen Grasgarten des Schützenhofs gekommen war, zog es mich unwillkürlich hinein; vielleicht, daß gar einige Puppen dort oben aus den Fenstern guckten; denn die Bühne lag ja an der Rückseite des Hauses. Aber ich mußte dann erst durch den oberen Teil des Gartens, der mit Linden- und Kastanienbäumen dicht bestanden war. Mir wurde etwas zag zumute; ich wagte doch nicht, weiter vorzudringen. Plötzlich erhielt ich von einem großen, hier angepflockten Ziegenbock einen Stoß in den Rücken, daß ich um zwanzig Schritte weiter flog. Das half; als ich mich umsah, stand ich schon unter den Bäumen.

Es war ein trüber Herbsttag; einzelne gelbe Blätter sanken schon zur Erde; über mir in der Luft schrien ein paar Strandvögel, die ans Haff hinausflogen; kein Mensch war zu sehen noch zu hören. Langsam schritt ich durch das Unkraut, das auf den Steigen wucherte, bis ich einen schmalen Steinhof erreicht hatte, der den Garten von dem Hause trennte. – Richtig! Dort von oben schauten zwei große Fenster in den Hof herab; aber hinter den kleinen in Blei gefaßten Scheiben war es schwarz und leer, keine Puppe war zu sehen. Ich stand eine Weile, mir wurde ganz unheimlich in der mich rings umgebenden Stille.

Da sah ich, wie unten die schwere Hoftür von innen eine Handbreit geöffnet wurde, und zugleich lugte auch ein schwarzes Köpfchen daraus hervor.

„Lisei!" rief ich.

Sie sah mich groß mit ihren dunkeln Augen an.

„B'hüt Gott!" sagte sie; „hab i doch nit gewußt, was da außa rumkraxln tät! Wo kommst denn du daher?"

„Ich? – Ich geh spazieren, Lisei! – Aber sag mir, spielt ihr denn schon jetzt Komödie?"

Sie schüttelte lachend den Kopf.

„Aber, was machst du denn hier?" fragte ich weiter, indem

ich über den Steinhof zu ihr trat.

„I wart auf den Vater", sagte sie; „er ist ins Quartier, um Band und Nagel zu holen; er macht's halt firti für heunt abend."

„Bist du denn ganz allein hier, Lisei?"

– „O nei; du bist ja aa no da!"

„Ich meine", sagte ich, „ob nicht deine Mutter oben auf dem Saal ist?"

Nein, die Mutter saß in der Herberge und besserte die Puppenkleider aus; das Lisei war hier ganz allein.

„Hör", begann ich wieder, „du könntest mir einen Gefallen tun; es ist unter eueren Puppen einer, der heißt Kasperl; den möcht ich gar zu gern einmal in der Nähe sehen."

„Den Wurstl meinst?" sagte Lisei und schien sich eine Weile zu bedenken. „Nu, es ging scho; aber g'schwind mußt sein, eh denn der Vater wieder da ist!"

Mit diesen Worten waren wir schon ins Haus getreten und liefen eilig die steile Wendeltreppe hinauf. – Es war fast dunkel in dem großen Saale; denn die Fenster, welche sämtlich nach dem Hofe hinaus lagen, waren von der Bühne verdeckt; nur einzelne Lichtstreifen fielen durch die Spalten des Vorhangs.

„Komm!" sagte Lisei und hob seitwärts an der Wand die dort aus einem Teppich bestehende Verkleidung in die Höhe; wir schlüpften hindurch, und da stand ich in dem Wundertempel. – Aber von der Rückseite betrachtet und hier in der Tageshelle sah er ziemlich kläglich aus; ein Gerüst aus Latten und Brettern, worüber einige buntbekleckste Leinwandstücke hingen; das war der Schauplatz, auf welchem das Leben der heiligen Genoveva so täuschend an mir vorübergegangen war.

Doch ich hatte mich zu früh beklagt; dort, an einem Eisendrahte, der von einer Kulisse nach der Wand hinübergespannt war, sah ich zwei der wunderbaren Puppen schweben; aber sie hingen mit dem Rücken gegen mich, so daß ich sie nicht erkennen konnte.

„Wo sind die andern, Lisei?" fragte ich; denn ich hätte gern die ganze Gesellschaft auf einmal mir besehen.

„Hier im Kast'l", sagte Lisei und klopfte mit ihrer kleinen

Faust auf eine im Winkel stehende Kiste; „die zwei da sind scho zug'richt; aber geh nur her dazu und schau's dir a; er is scho dabei, dei Freund, der Kasperl!"

Und wirklich, er war es selber.

„Spielt denn der heute abend auch wieder mit?" fragte ich.

„Freili, der is allimal dabei!"

Mit untergeschlagenen Armen stand ich und betrachtete meinen lieben lustigen Allerweltskerl. Da baumelte er, an sieben Schnüren aufgehenkt; sein Kopf war vornübergesunken, daß seine großen Augen auf den Fußboden stierten und ihm die rote Nase wie ein breiter Schnabel auf der Brust lag. Kasperle, Kasperle, sagte ich bei mir selber, wie hängst du da elendiglich. Da antwortete es ebenso: Wart nur, liebs Brüderl, wart nur bis heut abend! – War das auch nur so in meinen Gedanken, oder hatte Kasperl selbst zu mir gesprochen? –

Ich sah mich um. Das Lisei war fort; sie war wohl vor die Haustür, um die Rückkehr ihres Vaters zu überwachen. – Da hörte ich sie eben noch von dem Ausgang des Saales rufen: „Daß d' mir aber nit an die Puppen rührst!" – – Ja – nun konnte ich es aber doch nicht lassen. Leise stieg ich auf eine neben mir stehende Bank und begann erst an der einen, dann an der andern Schnur zu ziehen; die Kinnladen fingen an zu klappen, die Arme hoben sich, und jetzt fing auch der wunderbare Daumen an, ruckweise hin und her zu schießen. Die Sache machte gar keine Schwierigkeit; ich hatte mir die Puppenspielerei doch kaum so leicht gedacht. – Aber die Arme bewegten sich nur nach vorn und hinten aus; und es war doch gewiß, daß Kasperle sie in dem neulichen Stück auch seitwärts ausgestreckt, ja, daß er sie sogar über dem Kopf zusammengeschlagen hatte! Ich zog an allen Drähten, ich versuchte mit der Hand die Arme abzubiegen; aber es wollte nicht gelingen. Auf einmal tat es einen leisen Krach im Innern der Figur. Halt! dachte ich, Hand vom Brett! Da hättst du können Unheil anrichten!

Leise stieg ich wieder von meiner Bank herab, und zugleich hörte ich auch Lisei von außen in den Saal treten.

„G'schwind, g'schwind!" rief sie und zog mich durch das Dunkel an die Wendeltreppe hinaus; „'s is eigentli nit recht", fuhr sie fort, „daß i di eilass'n hab; aber, gel, du hast doch dei Gaudi g'habt!"

Ich dachte an den leisen Krach von vorhin. Ach, es wird ja nichts gewesen sein! Mit dieser Selbsttröstung lief ich die Treppe hinab und durch die Hintertür ins Freie.

Soviel stand fest, der Kasper war doch nur eine richtige Holzpuppe; aber das Lisei – was das für eine allerliebste Sprache führte! und wie freundlich sie mich gleich zu den Puppen mit hinaufgenommen hatte! – Freilich, und sie hatte es ja auch selbst gesagt, daß sie es so heimlich vor ihrem Vater getan, das war nicht völlig in der Ordnung. Unlieb – zu meiner Schande muß ich's gestehen – war diese Heimlichkeit mir grade nicht; im Gegenteil, die Sache bekam für mich dadurch noch einen würzigen Beigeschmack, und es muß ein recht selbstgefälliges Lächeln auf meinem Gesicht gestanden haben, als ich durch die Linden- und Kastanienbäume des Gartens wieder nach dem Bürgersteig hinabschlenderte.

Allein zwischen solchen schmeichelnden Gedanken hörte ich von Zeit zu Zeit vor meinem inneren Ohre immer jenen leisen Krach im Körper der Puppe; was ich auch vornahm, den ganzen Tag über konnte ich diesen jetzt aus meiner eigenen Seele herauftönenden unbequemen Laut nicht zum Schweigen bringen.

Es hatte sieben Uhr geschlagen; im Schützenhofe war heute, am Sonntagabend, alles besetzt; ich stand diesmal hinten, fünf Schuh hoch über dem Fußboden, auf dem Doppeltschillingsplatze. Die Talglichter brannten in den Blechlampetten, der Stadtmusikus und seine Gesellen fiedelten; der Vorhang rollte in die Höhe.

Ein hochgewölbtes gotisches Zimmer zeigte sich. Vor einem aufgeschlagenen Folianten saß im langen schwarzen Talar der Doktor Faust und klagte bitter, daß ihm all seine Gelehrsamkeit so wenig einbringe; keinen heilen Rock habe er mehr am Leibe, und vor Schulden wisse er sich nicht zu lassen; so wolle er denn jetzo mit der Hölle sich verbinden.

„Wer ruft nach mir?" ertönte zu seiner Linken eine furchtbare Stimme von der Wölbung des Gemaches herab.

„Faust, Faust, folge nicht!" kam eine andere, feine Stimme

von der Rechten. – Aber Faust verschwor sich den höllischen Gewalten.

„Weh, weh deiner armen Seele!“ Wie ein seufzender Windeshauch klang es von der Stimme des Engels; von der Linken schallte eine gellende Lache durchs Gemach. – – Da klopfte es an die Tür.

„Verzeihung, Euere Magnifizenz?“ Fausts Famulus Wagner war eingetreten. Er bat, ihm für die grobe Hausarbeit die Annahme eines Gehülfen zu gestatten, damit er sich besser aufs Studieren legen könne.

„Es hat sich“, sagte er, „ein junger Mann bei mir gemeldet, welcher Kasperl heißt und gar fürtreffliche Qualitäten zu besitzen scheint.“ – Faust nickte gnädig mit dem Kopfe und sagte: „Sehr wohl, lieber Wagner, diese Bitte sei Euch gewährt.“ Dann gingen beide miteinander fort. – –

„Pardauz!“ rief es; und da war er. Mit einem Satz kam er auf die Bühne gesprungen, daß ihm das Felleisen auf dem Buckel hüpfte.

– – Gott sei gelobt! dachte ich; er ist noch ganz gesund; er springt noch ebenso wie vorigen Sonntag in der Burg der schönen Genoveva! Und seltsam, sosehr ich ihn am Vormittage in meinen Gedanken nur für eine schmähliche Holzpuppe erklärt hatte, mit seinem ersten Worte war der ganze Zauber wieder da.

Emsig spazierte er im Zimmer auf und ab.

„Wenn mich jetzt mein Vater Papa sehen tät“, rief er, „der würd sich was Rechts freuen. Immer pflegt er zu sagen: ‚Kasperl, mach, daß du dein Sach in Schwung bringst!‘ – Oh, jetzund hab ich's in Schwung; denn ich kann mein Sach haushoch werfen!“ – Damit machte er Miene, sein Felleisen in die Höhe zu schleudern; und es flog auch wirklich, da es am Draht gezogen wurde, bis an die Deckenwölbung hinauf; aber – Kasperles Arme waren an seinem Leibe klebengeblieben; es ruckte und ruckte, aber sie kamen um keine Handbreit in die Höhe.

Kasperl sprach und tat nichts weiter. – Hinter der Bühne entstand eine Unruhe, man hörte leise, aber heftig sprechen, der Fortgang des Stückes war augenscheinlich unterbrochen.

Mir stand das Herz still; da hatten wir die Bescherung! Ich

wäre gern fortgelaufen, aber ich schämte mich. Und wenn gar dem Lisei meinetwegen etwas geschähe!

Da begann Kasperl auf der Bühne plötzlich ein klägliches Geheule, wobei ihm Kopf und Arme schlaff herunterhingen, und der Famulus Wagner erschien wieder und fragte ihn, warum er denn so lamentiere.

„Ach, mei Zahnerl, mei Zahnerl!“ schrie Kasperl.

„Guter Freund“, sagte Wagner, „so laß Er sich einmal in das Maul sehen!“ – Als er ihn hierauf bei der großen Nase packte und ihm zwischen die Kinnladen hineinschaute, trat auch der Doktor Faust wieder in das Zimmer.

„Verzeihen Euere Magnifizenz“, sagte Wagner, „ich werde diesen jungen Mann in meinem Dienst nicht gebrauchen können; er muß sofort in das Lazarett geschafft werden!“

„Is das a Wirtshaus?“ fragte Kasperle.

„Nein, guter Freund“, erwiderte Wagner, „das ist ein Schlachthaus. Man wird Ihm dort einen Weisheitszahn aus der Haut schneiden, und dann wird Er seiner Schmerzen ledig sein.“

„Ach, du liebs Herrgottl“, jammerte Kasperl, „muß mi arms Viecherl so ein Unglück treffen! Ein Weisheitszahnerl, sagt Ihr, Herr Famulus? Das hat noch keiner in der Famili gehabt! Da geht's wohl auch mit meiner Kasperlschaft zu End?“

„Allerdings, mein Freund“, sagte Wagner; „eines Dieners mit Weisheitszähnen bin ich baß entraten; die Dinger sind nur für uns gelehrte Leute. Aber Er hat ja noch einen Brudersohn, der sich auch bei mir zum Dienst gemeldet hat. Vielleicht“, und er wandte sich gegen den Doktor Faust, „erlauben Euere Magnifizenz!“

Der Doktor Faust machte eine würdige Drehung mit dem Kopfe.

„Tut, was Euch beliebt, mein lieber Wagner“, sagte er; „aber stört mich nicht weiter mit Eueren Lappalien in meinem Studium der Magie!“

– – „Heere, mei Gutester“, sagte ein Schneidergesell, der vor mir auf der Brüstung lehnte, zu seinem Nachbar, „das geheert ja nicht zum Stück, ich kenn's, ich hab es vor ä Weilchen erst in Seifersdorf gesehn." – Der andere aber sagte nur: „Halt's Maul, Leipziger!" und gab ihm einen Rippenstoß.

– – Auf der Bühne war indessen Kasperle, der zweite, aufgetreten. Er hatte eine unverkennbare Ähnlichkeit mit seinem kranken Onkel, auch sprach er ganz genau wie dieser; nur fehlte ihm der bewegliche Daumen, und in seiner großen Nase schien er kein Gelenk zu haben.

Mir war ein Stein vom Herzen gefallen, als das Stück nun ruhig weiterspielte, und bald hatte ich alles um mich her vergessen. Der teuflische Mephistopheles erschien in seinem feuerfarbenen Mantel, das Hörnchen vor der Stirn, und Faust unterzeichnete mit seinem Blute den höllischen Vertrag:

„Vierundzwanzig Jahre sollst du mir dienen; dann will ich dein sein mit Leib und Seele."

Hierauf fuhren beide in des Teufels Zaubermantel durch die Luft davon. Für Kasperle kam eine ungeheuere Kröte mit Fledermausflügeln aus der Luft herab.

„Auf dem höllischen Sperling soll ich nach Parma reiten?" rief er, und als das Ding wackelnd mit dem Kopfe nickte, stieg er auf und flog den beiden nach.

– – Ich hatte mich ganz hinten an die Wand gestellt, wo ich besser über alle die Köpfe vor mir hinwegsehen konnte. Und jetzt rollte der Vorhang zum letzten Aufzug in die Höhe.

Endlich ist die Frist verstrichen. Faust und Kasper sind beide wieder in ihrer Vaterstadt. Kasper ist Nachtwächter geworden; er geht durch die dunkeln Straßen und ruft die Stunden ab:

„Hört, ihr Herrn, und laßt euch sagen,
Meine Frau hat mich geschlagen;
Hüt't euch vor dem Weiberrock!
Zwölf ist der Klock! Zwölf ist der Klock!"

Von fern hört man eine Glocke Mitternacht schlagen. Da wankt Faust auf die Bühne; er versucht zu beten, aber nur Heulen und Zähneklappen tönt aus seinem Halse. Von oben ruft eine Donnerstimme:

„Fauste, Fauste, in aeternum damnatus es!"

Eben fuhren im Feuerregen drei schwarzhaarige Teufel herab, um sich des Armen zu bemächtigen, da fühlte ich eins der Bretter zu meinen Füßen sich verschieben. Als ich mich bückte, um es zurechtzubringen, glaubte ich aus dem dunkeln Raume unter mir ein Geräusch zu hören; ich horchte näher hin; es klang wie das Schluchzen einer Kinderstimme. – Lisei! dachte ich; wenn es Lisei wäre! Wie ein Stein fiel meine ganze Untat mir wieder aufs Gewissen; was kümmerte mich jetzt der Doktor Faust und seine Höllenfahrt!

Unter heftigem Herzklopfen drängte ich mich durch die Zuschauer und ließ mich seitwärts an dem Brettergerüst herabgleiten. Rasch schlüpfte ich in den darunter befindlichen Raum, in welchem ich an der Wand entlang ganz aufrecht gehen konnte; aber es war fast dunkel, so daß ich mich an den überall untergestellten Latten und Balken stieß.

„Lisei!" rief ich. Das Schluchzen, das ich eben noch gehört hatte, wurde plötzlich still; aber dort in dem tiefsten Winkel sah ich etwas sich bewegen. Ich tastete mich weiter bis an das Ende des Raumes, und – da saß sie, zusammengekauert, das Köpfchen in den Schoß gedrückt.

Ich zupfte sie am Kleide.

„Lisei!" sagte ich leise, „bist du es? Was machst du hier?"

Sie antwortete nicht, sondern begann wieder vor sich hin zu schluchzen.

„Lisei", fragte ich wieder; „was fehlt dir? So sprich doch nur ein einziges Wort!"

Sie hob den Kopf ein wenig.

„Was soll i da red'n!" sagte sie; „du weißt's ja von selber, daß du den Wurstl hast verdreht."

„Ja, Lisei", antwortete ich kleinlaut; „ich glaub es selber, daß ich das getan habe."

– „Ja, du! – Und i hab dir's doch g'sagt!"

„Lisei, was soll ich tun?"

– „Nu, halt nix!"

„Aber was soll denn daraus werden?"

– „Nu, halt aa nix!" Sie begann wieder laut zu weinen.

„Aber i – wenn i z' Haus komm – da krieg i die Peitsch'n!"

„Du die Peitsche, Lisei!" – Ich fühlte mich ganz vernichtet. „Aber ist dein Vater denn so strenge?"

„Ach, mei guts Vaterl!" schluchzte Lisei.

Also die Mutter! Oh, wie ich, außer mir selber, diese Frau haßte, die immer mit ihrem Holzgesichte an der Kasse saß!

Von der Bühne hörte ich Kasperl, den zweiten, rufen: „Das Stück ist aus! Komm, Gret'l, laß uns Kehraus tanzen!" Und in demselben Augenblick begann auch über unsern Köpfen das Scharren und Trappeln mit den Füßen, und bald polterte alles von den Bänken herunter und drängte sich dem Ausgange zu; zuletzt kam der Stadtmusikus mit seinen Gesellen, wie ich aus dem Tönen des Brummbasses hörte, mit dem sie beim Fortgehen an den Wänden anstießen. Dann allmählich wurde es still, nur hinten auf der Bühne hörte man noch die Tendlerschen Eheleute miteinander reden und wirtschaften. Nach einer Weile kamen auch sie in den Zuschauerraum; sie schienen erst an den Musikantenpulten, dann an den Wänden die Lichter auszuputzen; denn es wurde allmählich immer finsterer.

„Wenn i nur wüßt, wo die Lisei abblieben ist!" hörte ich Herrn Tendler zu seiner an der gegenüberliegenden Wand beschäftigten Frau hinüberrufen.

„Wo sollt sie sein!" rief diese wieder; „'s ist'n störrig Ding; ins Quartier wird sie gelaufen sein!"

„Frau", antwortete der Mann, „du bist auch zu wüst mit dem Kind gewesen; sie hat doch halt so a weichs Gemüt!"

„Ei was", rief die Frau; „ihr' Straf muß sie hab'n; sie weiß recht gut, daß die schöne Marionett noch von mei'm Vater selig ist! Du wirst sie nit wieder kurieren, und der zweit' Kasper ist doch halt nur ein Notknecht!"

Die lauten Wechselreden hallten in dem leeren Saale wider. Ich hatte mich neben Lisei hingekauert; wir hatten uns bei den Händen gefaßt und saßen mäuschenstille.

„G'schieht mir aber schon recht", begann wieder die Frau, die eben gerade über unsern Köpfen stand, „warum hab ich's gelitten, daß du das gotteslästerlich Stück heute wieder aufgeführt hast! Mein Vater selig hat's nimmer wollen in seinen letzten Jahren!"

„Nu, nu, Resel!" rief Herr Tendler von der andern Wand; „dein Vater war ein b'sondrer Mann. Das Stück gibt doch allfort eine gute Cassa; und ich mein', es ist doch auch a Lehr und Beispiel für die vielen Gottlosen in der Welt!"

„Ist aber bei uns zum letztenmal heut geb'n. Und nu red mir nit mehr davon!" erwiderte die Frau.

Herr Tendler schwieg. – Es schien jetzt nur noch ein Licht zu brennen, und die beiden Eheleute näherten sich dem Ausgange.

„Lisei", flüsterte ich, „wir werden eingeschlossen."

„Laß!" sagte sie, „i kann nit; i geh nit furt!"

„Dann bleib ich auch!"

– „Aber dei Vater und Mutter!"

„Ich bleib doch bei dir!"

Jetzt wurde die Tür des Saales zugeschlagen; – dann ging's die Treppe hinab, und dann hörten wir, wie draußen auf der Straße die große Haustür abgeschlossen wurde.

Da saßen wir denn. Wohl eine Viertelstunde saßen wir so, ohne auch nur ein Wort miteinander zu reden. Zum Glück fiel mir ein, daß sich noch zwei Heißewecken in meiner Tasche befanden, die ich für einen meiner Mutter abgebettelten Schilling auf dem Herwege gekauft und über all dem Schauen ganz vergessen hatte. Ich steckte Lisei den einen in ihre kleinen Hände; sie nahm ihn schweigend, als verstehe es sich von selbst, daß ich das Abendbrot besorge, und wir schmausten eine Weile. Dann war auch das zu Ende. – Ich stand auf und sagte: „Laß uns hinter die Bühne gehen; da wird's heller sein; ich glaub, der Mond scheint draußen!" Und Lisei ließ sich geduldig durch die kreuz und quer stehenden Latten von mir in den Saal hinausleiten.

Als wir hinter der Verkleidung in den Bühnenraum geschlüpft waren, schien dort vom Garten her das helle Mondlicht in die Fenster.

An dem Drahtseil, an dem am Vormittage nur die beiden Puppen gehangen hatten, sah ich jetzt alle, die vorhin im Stück aufgetreten waren. Da hing der Doktor Faust mit seinem scharfen blassen Gesicht, der gehörnte Mephistopheles, die drei kleinen schwarzhaarigen Teufelchen, und dort neben der geflügelten Kröte waren auch die beiden Kasperls.

Ganz stille hingen sie da in der bleichen Mondscheinbeleuchtung; fast wie Verstorbene kamen sie mir vor. Der Hauptkasperl hatte zum Glück wieder seinen breiten Nasenschnabel auf der Brust liegen, sonst hätte ich geglaubt, daß seine Blicke mich verfolgen müßten.

Nachdem Lisei und ich eine Weile, nicht wissend, was wir beginnen sollten, an dem Theatergerüste umhergestanden und -geklettert waren, lehnten wir uns nebeneinander auf die Fensterbank. – Es war Unwetter geworden; am Himmel, gegen den Mond, stieg eine Wolkenbank empor; drunten im Garten konnte man die Blätter zu Haufen von den Bäumen wehen sehen.

„Guck“, sagte Lisei nachdenklich, „wie's da aufi g'schwomma kimmt! Da kann mei alte gute Bas' nit mehr vom Himm'l abi schaun.“

„Was für eine alte Bas', Lisei?“ fragte ich.

– „Nu, wo i g'west bin, bis sie halt g'storb'n ist.“

Dann blickten wir wieder in die Nacht hinaus. – Als der Wind gegen das Haus und auf die kleinen undichten Fensterscheiben stieß, fing hinter mir an dem Drahtseil die stille Gesellschaft mit ihren hölzernen Gliedern an zu klappern. Ich drehte mich unwillkürlich um und sah nun, wie sie, vom Zugwind bewegt, mit den Köpfen wackelten und die steifen Arm' und Beine durcheinanderregten. Als aber plötzlich der kranke Kasperl seinen Kopf zurückschlug und mich mit seinen weißen Augen anstierte, da dachte ich, es sei doch besser, ein wenig an die Seite zu gehen.

Unweit vom Fenster, aber so, daß die Kulissen dort vor dem Anblick dieser schwebenden Tänzer schützen mußten, stand die große Kiste; sie war offen; ein paar wollene Dekken, vermutlich zum Verpacken der Puppen bestimmt, lagen nachlässig darüber hingeworfen.

Als ich mich eben dorthin begeben hatte, hörte ich Lisei vom Fenster her so recht aus Herzensgrunde gähnen.

„Bist du müde, Lisei?“ fragte ich.

„O nein“, erwiderte sie, indem sie ihre Ärmchen fest zusammenschränkte; „aber i frier halt!“

Und wirklich, es war kalt geworden in dem großen leeren Raume, auch mich fror.

„Komm hieher!“ sagte ich, „wir wollen uns in die Decken wickeln.“

Gleich darauf stand Lisei bei mir und ließ sich geduldig von mir in die eine Decke wickeln; sie sah aus wie eine Schmetterlingspuppe, nur daß oben noch das allerliebste Gesichtchen herausguckte.

„Weißt“, sagte sie und sah mich mit zwei großen müden Augen an, „i steig ins Kistl, da hält’s warm!“

Das leuchtete auch mir ein; im Verhältnis zu der wüsten Umgebung winkte hier sogar ein traulicher Raum, fast wie ein dichtes Stübchen. Und bald saßen wir armen törichten Kinder wohlverpackt und dicht aneinandergeschmiegt in der hohen Kiste. Mit Rücken und Füßen hatten wir uns gegen die Seitenwände gestemmt; in der Ferne hörten wir die schwere Saaltür in den Falzen klappen; wir aber saßen ganz sicher und behaglich.

„Friert dich noch, Lisei?“ fragte ich.

„Ka bisserl!“

Sie hatte ihr Köpfchen auf meine Schulter sinken lassen; ihre Augen waren schon geschlossen.

„Was wird mei guts Vaterl –“, lallte sie noch; dann hörte ich an ihren gleichmäßigen Atemzügen, daß sie eingeschlafen war.

Ich konnte von meinem Platze aus durch die oberen Scheiben des einen Fensters sehen. Der Mond war aus seiner Wolkenhülle wieder hervorgeschwommen, in der er eine Zeitlang verborgen gewesen war; die alte Bas’ konnte jetzt wieder vom Himmel herunterschauen, und ich denke wohl, sie hat’s recht gern getan. Ein Streifen Mondlicht fiel auf das Gesichtchen, das nahe an dem meinen ruhte; die schwarzen Augenwimpern lagen wie seidene Fransen auf den Wangen, der kleine rote Mund atmete leise, nur mitunter zuckte noch ein kurzes Schluchzen aus der Brust herauf; aber auch das verschwand; die alte Bas’ schaute gar so mild vom Himmel. – Ich wagte mich nicht zu rühren. Wie schön müßte es sein, dachte ich, wenn das Lisei deine Schwester wäre, wenn sie dann immer bei dir bleiben könnte! Denn ich hatte keine Geschwister, und wenn ich auch nach Brüdern kein Verlangen trug, so hatte ich mir doch oft das Leben mit einer Schwester

J. Tendler

in meinen Gedanken ausgemalt und konnte es nie begreifen, wenn meine Kameraden mit denen, die sie wirklich besaßen, in Zank und Schlägerei gerieten.

Ich muß über solchen Gedanken doch wohl eingeschlafen sein; denn ich weiß noch, wie mir allerlei wildes Zeug geträumt hat. Mir war, als säße ich mitten in dem Zuschauerraum, die Lichter an den Wänden brannten, aber niemand außer mir saß auf den leeren Bänken. Über meinem Kopfe, unter der Balkendecke des Saales, ritt Kasperl auf dem höllischen Sperling in der Luft herum und rief einmal übers andere: „Schlimms Brüderl! Schlimms Brüderl!" oder auch mit kläglicher Stimme: „Mein Arm! Mein Arm!"

Da wurde ich von einem Lachen aufgeweckt, das über meinem Kopfe erschallte; vielleicht auch von dem Lichtschein, der mir plötzlich in die Augen fiel.

„Nun seh mir einer dieses Vogelnest!" hörte ich die Stimme meines Vaters sagen, und dann etwas barscher: „Steig heraus, Junge!"

Das war der Ton, der mich stets mechanisch in die Höhe trieb. Ich riß die Augen auf und sah meinen Vater und das Tendlersche Ehepaar an unserer Kiste stehen; Herr Tendler trug eine brennende Laterne in der Hand. Meine Anstrengung, mich zu erheben, wurde indessen durch Lisei vereitelt, die, noch immer fortschlafend, mit ihrer ganzen kleinen Last mir auf die Brust gesunken war. Als sich aber jetzt zwei knochige Arme ausstreckten, um sie aus der Kiste herauszuheben, und ich das Holzgesicht der Frau Tendler sich auf uns niederbeugen sah, da schlug ich die Arme so ungestüm um meine kleine Freundin, daß ich dabei der guten Frau fast ihren alten italienischen Strohhut vom Kopfe gerissen hätte.

„Nu, nu, Bub!" rief sie und trat einen Schritt zurück; ich aber, aus unserer Kiste heraus, erzählte mit geflügelten Worten, und ohne mich dabei zu schonen, was am Vormittag geschehen war.

„Also, Madame Tendler", sagte mein Vater, als ich mit meinem Bericht zu Ende war, und machte zugleich eine sehr verständliche Handbewegung, „da könnten Sie es mir ja wohl überlassen, dieses Geschäft allein mit meinem Jungen abzumachen."

„Ach ja, ach ja!" rief ich eifrig, als wenn mir soeben der angenehmste Zeitvertreib verheißen wäre.

Lisei war indessen auch erwacht und von ihrem Vater auf den Arm genommen worden. Ich sah, wie sie die Arme um seinen Hals schlang und ihm bald eifrig ins Ohr flüsterte, bald ihm zärtlich in die Augen sah oder wie beteuernd mit dem Köpfchen nickte. Gleich darauf ergriff auch der Puppenspieler die Hand meines Vaters.

„Lieber Herr", sagte er, „die Kinder bitten füreinander. Mutter, du bist ja auch nit gar so schlimm! Lassen wir es diesmal halt dabei!"

Madame Tendler sah indes noch immer unbeweglich aus ihrem großen Strohhute.

„Du magst selb schauen, wie du ohne den Kasperl fertig wirst!" sagte sie mit einem strengen Blick auf ihren Mann.

In dem Antlitz meines Vaters sah ich ein gewisses lustiges Augenzwinkern, das mir Hoffnung machte, es werde das Unwetter diesmal so an mir vorüberziehen; und als er jetzt sogar versprach, am andern Tage seine Kunst zur Herstellung des Invaliden aufzubieten, und dabei Madame Tendlers italienischer Strohhut in die holdseligste Bewegung geriet, da war ich sicher, daß wir beiderseits im trocknen waren.

Bald marschierten wir unten durch die dunkeln Gassen, Herr Tendler mit der Laterne voran, wir Kinder Hand in Hand den Alten nach. – Dann: „Gut Nacht, Paul! Ach, will i schlaf'n!" Und weg war das Lisei; ich hatte gar nicht gemerkt, daß wir schon bei unseren Wohnungen angekommen waren.

Am andern Vormittage, als ich aus der Schule gekommen war, traf ich Herrn Tendler mit seinem Töchterchen schon in unserer Werkstatt.

„Nun, Herr Kollege", sagte mein Vater, der eben das Innere der Puppe untersuchte, „das sollte denn doch schlimm zugehen, wenn wir zwei Mechanici den Burschen hier nicht wieder auf die Beine brächten."

„Gel, Vater", rief das Lisei, „da werd aa die Mutter nit mehr brumm'n."

Herr Tendler strich zärtlich über das schwarze Haar des

Kindes; dann wendete er sich zu meinem Vater, der ihm die Art der beabsichtigten Reparatur auseinandersetzte.

„Ach, lieber Herr", sagte er, „ich bin kein Mechanicus, den Titel hab ich nur so mit den Puppen überkommen; ich bin eigentlich meines Zeichens ein Holzschnitzer aus Berchtesgaden. Aber mein Schwiegervater selig – Sie haben gewiß von ihm gehört –, das war halt einer, und mein Reserl hat noch allweg ihr kleins Gaudi, daß sie die Tochter vom berühmten Puppenspieler Geißelbrecht ist. Der hat auch die Mechanik in dem Kasperl da g'macht; ich hab ihm derzeit nur 's G'sichtl ausgeschnitten."

„Ei nun, Herr Tendler", erwiderte mein Vater, „das ist ja auch schon eine Kunst. Und dann – sagt mir nur, wie war's denn möglich, daß Ihr Euch gleich zu helfen wußtet, als die Schandtat meines Jungen da so mitten in dem Stück zum Vorschein kam?"

Das Gespräch begann mir etwas unbehaglich zu werden; in Herrn Tendlers gutmütigem Angesicht aber leuchtete plötzlich die ganze Schelmerei des Puppenspielers.

„Ja, lieber Herr", sagte er, „da hat man halt für solch Fäll sein G'spaßerl in der Taschen! Auch ist da noch so ein Brudерssöhnerl, ein Wurstl Nummer zwei, der grad 'ne solche Stimm hat wie dieser da!"

Ich hatte indessen die Lisei am Kleide gezupft und war glücklich mit ihr nach unserem Garten entkommen. Hier unter der Linde saßen wir, die auch über uns beide jetzt ihr grünes Dach ausbreitet; nur blühten damals nicht mehr die roten Nelken auf den Beeten dort; aber ich weiß noch wohl, es war ein sonniger Septembernachmittag. Meine Mutter kam aus ihrer Küche und begann ein Gespräch mit dem Puppenspielerkinde; sie hatte denn doch auch so ihre kleine Neugierde.

Wie es denn heiße, fragte sie, und ob es denn schon immer so von Stadt zu Stadt gefahren sei. – – Ja, Lisei heiße es – ich hatte das meiner Mutter auch schon oft genug gesagt –, aber dies sei seine erste Reis'; drum könne es auch das Hochdeutsch noch nit so völlig firti krieg'n. – – Ob es denn auch zur Schule gegangen sei. – – Freili; es sei scho zur Schul gang'n; aber das Nähen und Stricken habe es von seiner alten

Bas' gelernt; die habe auch so a Gärtl g'habt, da drin hätten sie zusammen auf dem Bänkerl gesessen; nun lerne es bei der Mutter, ab die sei gar streng!

Meine Mutter nickte beifällig. – Wie lange ihre Eltern denn wohl hier verweilen würden, fragte sie das Lisei wieder. – – Ja, das wüßt es nit, das käme auf die Mutter an; doch pflegten sie so ein vier Wochen am Ort zu bleiben. – – Ja, ob's denn auch ein warmes Mäntelchen für die Weiterreise habe; denn so im Oktober würde es schon kalt auf dem offenen Wägelchen. – – Nun, meinte Lisei, ein Mäntelchen habe sie schon, aber ein dünnes sei es nur; es hab sie auch schon darin gefroren auf der Herreis'.

Und jetzt befand sich meine gute Mutter auf dem Fleck, wonach ich sie schon lange hatte zusteuern sehen.

„Hör, kleine Lisei", sagte sie, „ich habe einen braven Mantel in meinem Schranke hängen, noch von den Zeiten her, da ich ein schlankes Mädchen war; ich bin aber jetzt herausgewachsen und habe keine Tochter, für die ich ihn noch zurechtschneidern könnte. Komm nur morgen wieder, Lisei, da steckt ein warmes Mäntelchen für dich darin."

Lisei wurde rot vor Freude und hatte im Umsehen meiner Mutter die Hand geküßt, worüber diese ganz verlegen wurde; denn du weißt, hierzulande verstehen wir uns schlecht auf solche Narreteien! – Zum Glück kamen jetzt die beiden Männer aus der Werkstatt.

„Für diesmal gerettet", rief mein Vater; „aber – –!" Der warnend gegen mich geschüttelte Finger war das Ende meiner Buße.

Fröhlich lief ich ins Haus und holte auf Geheiß meiner Mutter deren großes Umschlagetuch; denn um den kaum Genesenen vor dem zwar wohlgemeinten, aber immerhin unbequemen Zujauchzen der Gassenjugend zu bewahren, das ihn auf seinem Herwege begleitet hatte, wurde der Kasper jetzt sorgsam eingehüllt; dann nahm Lisei ihn auf den Arm, Herr Tendler das Lisei an der Hand, und so, unter Dankesversicherungen, zogen sie vergnügt die Straße nach dem Schützenhof hinab.

Und nun begann eine Zeit des schönsten Kinderglückes. –

Nicht nur am andern Vormittage, sondern auch an den folgenden Tagen kam das Lisei; denn sie hatte nicht abgelassen, bis ihr gestattet worden, auch selbst an ihrem neuen Mäntelchen zu nähen. Zwar war's wohl mehr nur eine Scheinarbeit, die meine Mutter in ihre kleinen Hände legte; aber sie meinte doch, das Kind müßte recht ordentlich angehalten sein. Ein paarmal setzte ich mich daneben und las aus einem Bande von Weißens „Kinderfreunde“ vor, den mein Vater einmal auf einer Auktion für mich gekauft hatte, zum Entzücken Liseis, der solche Unterhaltungsbücher noch unbekannt waren.

„Das is g'schickt!“ oder „Ei du, was geit's für Sachan auf der Welt!“ Dergleichen Worte rief sie oft dazwischen und legte die Hände mit ihrer Näharbeit in den Schoß. Mitunter sah sie mich auch von unten mit ganz klugen Augen an und sagte: „Ja, wenn's Geschichtl nur nit derlog'n is!“ – Mir ist's, als hörte ich es noch heute.«

– – Der Erzähler schwieg, und in seinem schönen männlichen Antlitz sah ich einen Ausdruck stillen Glückes, als sei das alles, was er mir erzählte, zwar vergangen, aber keineswegs verloren. Nach einer Weile begann er wieder:

»Meine Schularbeiten machte ich niemals besser als in jener Zeit; denn ich fühlte wohl, daß das Auge meines Vaters mich strenger als je überwachte und daß ich mir den Verkehr mit den Puppenspielerleuten nur um den Preis eines strengen Fleißes erhalten könne.

„Es sind reputierliche Leute, die Tendlers“, hörte ich einmal meinen Vater sagen; „der Schneiderwirt drüben hat ihnen auch heute ein ordentliches Stübchen eingeräumt; sie zahlen jeden Morgen ihre Zeche; nur, meinte der Alte, sei es leider blitzwenig, was sie draufgehen ließen. – Und das“, setzte mein Vater hinzu, „gefällt mir besser als dem Herbergsvater; sie mögen an den Notpfennig denken, was sonst nicht die Art solcher Leute ist.“ – – Wie gern hörte ich meine Freunde loben! Denn das waren sie jetzt alle; sogar Madame Tendler nickte ganz vertraulich aus ihrem Strohhute, wenn ich – keiner Einlaßkarte mehr bedürftig – abends an ihrer Kasse vorbei in den Saal schlüpfte. – Und wie rannte ich jetzt vormittags aus der Schule! Ich wußte wohl, zu Hause traf ich das Lisei entweder bei meiner Mutter in der Küche, wo sie allerlei kleine Dienste für sie zu verrichten wußte, oder es saß auf der Bank im Garten, mit einem Buche oder mit einer Näharbeit in der Hand. Und bald wußte ich sie auch in meinem Dienste zu beschäftigen; denn nachdem ich mich genügend in den innern Zusammenhang der Sache eingeweiht glaubte, beabsichtigte ich nichts Geringeres, als nun auch meinerseits ein Marionettentheater einzurichten. Vorläufig begann ich mit dem Ausschnitzen der Puppen, wobei Herr Tendler, nicht ohne eine gutmütige Schelmerei in seinen kleinen Augen, mir in der Wahl des Holzes und der Schnitzmesser mit Rat und Hülfe zur Hand ging; und bald ragte auch in der Tat eine mächtige Kasperlenase aus dem Holzblöckchen in die Welt. Da aber andererseits der Nankinganzug des „Wurstl" mir zuwenig interessant erschien, so mußte indessen das Lisei aus „Fetz'ln", die wiederum der alte Gabriel hatte hergeben müssen, gold- und silberbesetzte Mäntel und Wämser für Gott weiß welche andere künftige Puppen anfertigen. Mitunter trat auch der alte Heinrich mit seiner kurzen Pfeife aus der Werkstatt zu uns, ein Geselle meines Vaters, der, solang ich denken konnte, zur Familie gehörte; er nahm mir dann wohl das Messer aus der Hand und gab durch ein paar Schnitte dem Dinge hie und da den rechten Schick. Aber schon wollte meiner Phantasie selbst der Tendlersche Haupt- und Prinzipalkasperl nicht mehr genügen; ich wollte noch ganz etwas anderes leisten; für den meinigen ersann ich noch drei weitere, nie dagewesene und höchst wirkungsvolle Gelenke, er sollte seitwärts mit dem Kinne wackeln, die Ohren hin und her bewegen und die Unterlippe auf- und abklappen können; und er wäre auch jedenfalls ein ganz unerhörter Prachtkerl geworden, wenn er nur nicht schließlich über all seinen Gelenken schon in der Geburt zugrunde gegangen wäre. Auch sollte leider weder der Pfalzgraf Siegfried noch irgendein anderer Held des Puppenspiels durch meine Hand zu einer fröhlichen Auferstehung gelangen. – Besser glückte es mir mit dem Bau einer unterirdischen Höhle, in der ich an kalten Tagen mit Lisei auf einem Bänkchen zusammensaß und ihr bei dem spärlichen Lichte, das durch eine oben angebrachte Fensterscheibe fiel, die Geschichten aus dem Weißeschen „Kinderfreunde" vorlas, die sie immer von neuem hören konnte. Meine Kameraden neckten mich wohl und schalten mich einen Mädchenknecht, weil ich, statt wie sonst mit ihnen, jetzt mit der Puppenspielertochter meine Zeit zubrachte. Mich kümmerte das wenig; wußte ich doch, es redete nur der Neid aus ihnen, und wo es mir zu arg wurde, da brauchte ich denn auch einmal ganz wacker meine Fäuste.

– – Aber alles im Leben ist nur für eine Spanne Zeit. Die Tendlers hatten ihre Stücke durchgespielt; die Puppenbühne auf dem Schützenhofe wurde abgebrochen; sie rüsteten sich zum Weiterziehen.

Und so stand ich denn an einem stürmischen Oktobernachmittage draußen vor unserer Stadt auf dem hohen Heiderücken, sah bald traurig auf den breiten Sandweg, der nach Osten in die kahle Gegend hinausläuft, bald sehnsüchtig nach der Stadt zurück, die in Dunst und Nebel in der Niederung lag. Und da kam es herangetrabt, das kleine Wägelchen mit den zwei hohen Kisten darauf und dem munteren braunen Pferdchen in der Gabeldeichsel. Herr Tendler saß jetzt vorn auf einem Brettchen, hinter ihm Lisei in dem neuen warmen Mäntelchen neben ihrer Mutter. – Ich hatte schon vor der Herberge von ihnen Abschied genommen; dann aber war ich vorausgelaufen, um sie alle noch einmal zu sehen und um Lisei, wozu ich von meinem Vater die Erlaubnis erhalten hatte, den Band von Weißens „Kinderfreunde" als Angedenken mitzugeben; auch eine Düte mit Kuchen hatte ich um einige ersparte Sonntagssechslinge für sie eingehandelt.

„Halt! Halt!" rief ich jetzt und stürzte von meinem Heidehügel auf das Fuhrwerk zu. – Herr Tendler zog die Zügel an, der Braune stand, und ich reichte Lisei meine kleinen Geschenke in den Wagen, die sie neben sich auf den Stuhl legte. Als wir uns aber, ohne ein Wort zu sagen, an beiden Händen griffen, da brachen wir armen Kinder in ein lautes Weinen aus. Doch in demselben Augenblicke peitschte auch schon Herr Tendler auf sein Pferdchen.

„Ade, mein Bub! Bleib brav und dank aa no schön dei'm Vaterl und dei'm Mutterl!"

„Ade! Ade!" rief das Lisei; das Pferdchen zog an, das

Glöckchen an seinem Halse bimmelte; ich fühlte die kleinen Hände aus den meinen gleiten, und fort fuhren sie, in die weite Welt hinaus.

Ich war wieder am Rande des Weges emporgestiegen und blickte unverwandt dem Wägelchen nach, wie es durch den stäubenden Sand dahinzog. Immer schwächer hörte ich das Gebimmel des Glöckchens; einmal noch sah ich ein weißes Tüchelchen um die Kisten flattern; dann allmählich verlor es sich mehr und mehr in den grauen Herbstnebeln. – Da fiel es plötzlich wie eine Todesangst mir auf das Herz: du siehst sie nimmer, nimmer wieder!

„Lisei!" schrie ich, „Lisei!"

Als aber dessenungeachtet, vielleicht wegen einer Biegung der Landstraße, der nur noch im Nebel schwimmende Punkt jetzt völlig meinen Augen entschwand, da rannte ich wie unsinnig auf dem Wege hinterdrein. Der Sturm riß mir die Mütze vom Kopf, meine Stiefel füllten sich mit Sand; aber so weit ich laufen mochte, ich sah nichts anderes als die öde baumlose Gegend und den kalten grauen Himmel, der darüberstand. – Als ich endlich bei einbrechender Dunkelheit zu Hause wieder angelangt war, hatte ich ein Gefühl, als sei die ganze Stadt indessen ausgestorben. Es war eben der erste Abschied meines Lebens.

Wenn in den nun folgenden Jahren der Herbst wiederkehrte, wenn die Krammetsvögel durch die Gärten unserer Stadt flogen und drüben vor der Schneiderherberge die ersten gelben Blätter von den Lindenbäumen wehten, dann saß ich wohl manches Mal auf unserer Bank und dachte, ob nicht endlich einmal das Wägelchen mit dem braunen Pferdchen wie damals wieder die Straße heraufgebimmelt kommen würde.

Aber ich wartete umsonst; das Lisei kam nicht wieder.

Es war um zwölf Jahre später. – Ich hatte nach der Rechenmeisterschule, wie es damals manche Handwerkersöhne zu tun pflegten, auch noch die Quarta unserer Gelehrtenschule durchgemacht und war dann bei meinem Vater in die Lehre getreten. Auch diese Zeit, in der ich mich, außer meinem Handwerk, vielfach mit dem Lesen guter Bücher beschäftigte, war vorübergegangen. Jetzt, nach dreijähriger Wanderschaft, befand ich mich in einer mitteldeutschen Stadt. Es war streng katholisch dort, und in dem Punkte verstanden sie keinen Spaß; wenn man vor ihren Prozessionen, die mit Gesang und Heiligenbildern durch die Straßen zogen, nicht selbst den Hut abnahm, so wurde er einem auch wohl heruntergeschlagen; sonst aber waren es gute Leute. – Die Frau Meisterin, bei der ich in Arbeit stand, war eine Witwe, deren Sohn gleich mir in der Fremde arbeitete, um die nach den Zunftgesetzen vorgeschriebenen Wanderjahre bei der späteren Bewerbung um das Meisterrecht nachweisen zu können. Ich hatte es gut in diesem Hause; die Frau tat mir, wovon sie wünschen mochte, daß es in der Ferne andere Leute an ihrem Kinde tun möchten, und bald war unter uns das Vertrauen so gewachsen, daß das Geschäft so gut wie ganz in meinen Händen lag. – Jetzt steht unser Joseph dort bei ihrem Sohn in Arbeit, und die Alte, so hat er oft geschrieben, hätschelt mit ihm, als wäre sie die leibhaftige Großmutter zu dem Jungen.

– – Nun, damals saß ich eines Sonntagnachmittags mit meiner Frau Meisterin in der Wohnstube, deren Fenster der Tür des großen Gefangenhauses gegenüber lagen. Es war im Januar; das Thermometer stand zwanzig Grad unter Null; draußen auf der Gasse war kein Mensch zu sehen; mitunter kam der Wind pfeifend von den nahen Bergen herunter und jagte kleine Eisstücke klingend über das Straßenpflaster.

„Da behagt 'n warmes Stübchen und 'n heißes Schälchen Kaffee", sagte die Meisterin, indem sie mir die Tasse zum dritten Male vollschenkte.

Ich war ans Fenster getreten. Meine Gedanken gingen in die Heimat; nicht zu lieben Menschen, die hatte ich dort nicht mehr, das Abschiednehmen hatte ich jetzt gründlich gelernt. Meiner Mutter war mir noch vergönnt gewesen selbst die Augen zuzudrücken; vor einigen Wochen hatte ich nun auch den Vater verloren, und bei dem damals noch so langwierigen Reisen hatte ich ihn nicht einmal zu seiner Ruhestatt begleiten können. Aber die väterliche Werkstatt wartete auf den Sohn ihres heimgegangenen Meisters. Indes, der alte Heinrich war noch da und konnte mit Genehmigung der

Zunftmeister die Sache schon eine kurze Zeitlang aufrechthalten; und so hatte ich denn auch meiner guten Meisterin versprochen, noch ein paar Wochen bis zum Eintreffen ihres Sohnes bei ihr auszuhalten. Aber Ruhe hatte ich nicht mehr, das frische Grab meines Vaters duldete mich nicht länger in der Fremde.

In diesen Gedanken unterbrach mich eine scharfe scheltende Stimme drüben von der Straße her. Als ich aufblickte, sah ich das schwindsüchtige Gesicht des Gefängnisinspektors sich aus der halbgeöffneten Tür des Gefangenhauses hervorrecken; seine erhobene Faust drohte einem jungen Weibe, das, wie es schien, fast mit Gewalt in diese sonst gefürchteten Räume einzudringen strebte.

„Wird wohl was Liebes drinnen haben", sagte die Meisterin, die von ihrem Lehnstuhle aus ebenfalls dem Vorgange zugesehen hatte; „aber der alte Sünder da drüben hat kein Herz für die Menschheit."

„Der Mann tut wohl nur seine Pflicht, Frau Meisterin", sagte ich, noch immer in meinen eigenen Gedanken.

„Ich möcht nicht solche Pflicht zu tun haben", erwiderte sie und lehnte sich fast zornig in ihren Stuhl zurück.

Drüben war indes die Tür des Gefangenhauses zugeschlagen, und das junge Weib, nur mit einem kurzen wehenden Mäntelchen um die Schultern und einem schwarzen Tüchelchen um den Kopf geknotet, ging langsam die übereiste Straße hinab. – Die Meisterin und ich waren schweigend auf unserem Platz geblieben; ich glaube – denn auch meine Teilnahme war jetzt erweckt –, es war uns beiden, als ob wir helfen müßten und nur nicht wüßten wie.

Als ich eben vom Fenster zurücktreten wollte, kam das Weib wieder die Straße herauf. Vor der Tür des Gefangenhauses blieb sie stehen und setzte zögernd einen Fuß auf den zur Schwelle führenden Treppenstein; dann aber wandte sie den Kopf zurück, und ich sah ein junges Antlitz, dessen dunkle Augen mit dem Ausdruck ratlosester Verlassenheit über die leere Gasse streiften; sie schien doch nicht den Mut zu haben, noch einmal der drohenden Beamtenfaust entgegenzutreten. Langsam und immer wieder nach der geschlossenen Tür zurückblickend, setzte sie ihren Weg fort; man sah es deutlich, sie wußte selbst nicht wohin. Als sie jetzt aber an der Ecke der Gefangenanstalt in das nach der Kirche hinaufführende Gäßchen einbog, riß ich unwillkürlich meine Mütze vom Türhaken, um ihr nachzugehen.

„Ja, ja, Paulsen, das ist das Rechte!" sagte die gute Meisterin; „geht nur, ich werde derweil den Kaffee wieder heiß setzen!"

Es war grimmig kalt, als ich aus dem Hause trat; alles schien wie ausgestorben; von dem Berge, der am Ende der Straße die Stadt überragt, sah fast drohend der schwarze Tannenwald herab; vor den Fensterscheiben der meisten Häuser saßen die weißen Eisgardinen; denn nicht jeder hatte, wie meine Meisterin, die Gerechtigkeit von fünf Klaftern Holz auf seinem Hause. – Ich ging durch das Gäßchen nach dem Kirchenplatz; und dort vor dem großen hölzernen Kruzifixe auf der gefrorenen Erde lag das junge Weib, den Kopf gesenkt, die Hände in den Schoß gefaltet. Ich trat schweigend näher; als sie aber jetzt zu dem blutigen Antlitz des Gekreuzigten aufblickte, sagte ich: „Verzeiht mir, wenn ich Eure Andacht unterbreche; aber Ihr seid wohl fremd in dieser Stadt?"

Sie nickte nur, ohne ihre Stellung zu verändern.

„Ich möchte Euch helfen", begann ich wieder; „sagt mir nur, wohin Ihr wollt!"

„I weiß nit mehr wohin", sagte sie tonlos und ließ das Haupt wieder auf ihre Brust sinken.

„Aber in einer Stunde ist es Nacht; in diesem Totenwetter könnt Ihr nicht länger auf der offenen Straße bleiben!"

„Der liebi Gott wird helfen", hörte ich sie leise sagen.

„Ja, ja", rief ich, „und ich glaube fast, er hat mich selbst zu Euch geschickt!"

Es war, als habe der stärkere Klang meiner Stimme sie erweckt; denn sie erhob sich und trat zögernd auf mich zu; mit vorgestrecktem Halse näherte sie ihr Gesicht mehr und mehr dem meinen, und ihre Blicke drangen auf mich ein, als ob sie mich damit erfassen wollte.

„Paul!" rief sie plötzlich, und wie ein Jubelruf flog das Wort aus ihrer Brust – „Paul! ja di schickt mir der liebi Gott!"

Wo hatte ich meine Augen gehabt! Da hatte ich es ja wieder, mein Kindsgespiel, das kleine Puppenspieler-Lisei! Freilich, eine schöne schlanke Jungfrau war es geworden, und auf dem sonst so lachenden Kindergesicht lag jetzt, nachdem der erste Freudenstrahl darüberhin geflogen, der Ausdruck eines tiefen Kummers.

„Wie kommst du so allein hieher, Lisei?“ fragte ich. „Was ist geschehen? Wo ist denn dein Vater?“

„Im Gefängnis, Paul.“

„Dein Vater, der gute Mann! – Aber komm mit mir; ich stehe hier bei einer braven Frau in Arbeit; sie kennt dich, ich habe ihr oft von dir erzählt.“

Und Hand in Hand, wie einst als Kinder, gingen wir nach dem Hause meiner guten Meisterin, die uns schon vom Fenster aus entgegensah.

„Das Lisei ist's!“ rief ich, als wir in die Stube traten, „denkt Euch, Frau Meisterin, das Lisei!“

Die gute Frau schlug die Hände über ihre Brust zusammen.

„Heilige Mutter Gottes, bitt für uns! das Lisei! – also so hat's ausgeschaut! – Aber“, fuhr sie fort, „wie kommst denn du mit dem alten Sünder da zusammen?“ – und sie wies mit dem ausgestreckten Finger nach dem Gefangenhause drüben – „der Paulsen hat mir doch gesagt, daß du ehrlicher Leute Kind bist!“

Gleich darauf aber zog sie das Mädchen weiter in die Stube hinein und drückte sie in ihren Lehnstuhl nieder, und als jetzt Lisei ihre Frage zu beantworten anfing, hielt sie ihr schon eine dampfende Tasse Kaffee an die Lippen.

„Nun trink einmal“, sagte sie, „und komm erst wieder zu dir; die Händchen sind dir ja ganz verklommen.“

Und das Lisei mußte trinken, wobei ihr zwei helle Tränen in die Tasse rollten, und dann erst durfte sie erzählen.

Sie sprach jetzt nicht, wie einst und wie vorhin in der Einsamkeit ihres Kummers, in dem Dialekt ihrer Heimat, nur ein leichter Anflug war ihr davon geblieben; denn waren ihre Eltern auch nicht mehr bis an unsere Küste hier hinabgekommen, so hatten sie sich doch meistens in dem mittleren Deutschland aufgehalten. Schon vor einigen Jahren war die

Mutter gestorben. „Verlaß den Vater nicht!“ das hatte sie der Tochter im letzten Augenblicke noch ins Ohr geflüstert, „sein Kindsherz ist zu gut für diese Welt.“

Lisei brach bei dieser Erinnerung in heftiges Weinen aus; sie wollte nicht einmal von der aufs neue vollgeschenkten Tasse trinken, mit der die Meisterin ihre Tränen zu stillen gedachte, und erst nach einer ziemlichen Weile konnte sie weiterberichten.

Gleich nach dem Tode der Mutter war es ihre erste Arbeit gewesen, an deren Stelle sich die Frauenrollen in den Puppenspielen von ihrem Vater einlernen zu lassen. Dazwischen waren die Bestattungsfeierlichkeiten besorgt und die ersten Seelenmessen für die Tote gelesen; dann, das frische Grab hinter sich lassend, waren Vater und Tochter wiederum ins Land hineingefahren und hatten, wie vorhin, ihre Stücke abgespielt: Den verlorenen Sohn, Die heilige Genoveva, und wie sie sonst noch heißen mochten.

So waren sie gestern auf der Reise in ein großes Kirchdorf gekommen, wo sie ihre Mittagsrast gehalten hatten. Auf der harten Bank vor dem Tische, an welchem sie ihr bescheidenes Mahl verzehrten, war Vater Tendler ein halbes Stündchen in einen festen Schlaf gesunken, während Lisei draußen die Fütterung ihres Pferdes besorgt hatte. Kurz darauf, in wollene Decken wohlverpackt, waren sie aufs neue in die grimmige Winterkälte hinausgefahren.

„Aber wir kamen nit weit“, erzählte Lisei; „gleich hinterm Dorf ist ein Landreiter auf uns zugeritten und hat gezetert und gemordiot. Aus dem Tischkasten sollt dem Wirt ein Beutel mit Geld gestohlen sein, und mein unschuldigs Vaterl war doch allein in der Stube dort gewesen! Ach, wir haben kei Heimat, kei Freund, kei Ehr; es kennt uns niemand nit!“

„Kind, Kind“, sagte die Meisterin, indem sie zu mir hinüberwinkte, „versündige dich auch nicht!“

Ich aber schwieg, denn Lisei hatte ja nicht unrecht mit ihrer Klage. – Sie hatten in das Dorf zurück gemußt; das Fuhrwerk mit allem, was daraufgeladen, war vom Schulzen dort zurückgehalten worden; der alte Tendler aber hatte die Weisung erhalten, den Weg zur Stadt neben dem Pferde des Landreiters herzutraben. Lisei, von dem letzteren mehrfach zurückgewiesen, war in einiger Entfernung hinterhergegangen, in der Zuversicht, daß sie wenigstens, bis der liebe Gott die Sache aufkläre, das Gefängnis ihres Vaters werde teilen können. Aber – auf ihr ruhte kein Verdacht; mit Recht hatte der Inspektor sie als eine Zudringliche von der Tür gejagt, die auf ein Unterkommen in seinem Hause nicht den geringsten Anspruch habe.

Lisei wollte das zwar noch immer nicht begreifen; sie meinte, das sei ja härter als alle Strafe, die später doch gewiß den wirklichen Spitzbuben noch ereilen würde; aber, fügte sie gleich hinzu, sie wolle ihm auch so harte Strafe nit wünschen, wenn nur die Unschuld von ihrem guten Vaterl an den Tag komme; ach, der werd's gewiß nit überleben!

Ich besann mich plötzlich, daß ich sowohl dem alten Korporal da drüben als auch dem Herrn Kriminalkommissarius eigentlich ein unentbehrlicher Mann sei; denn dem einen hielt ich seine Spinnmaschinen in Ordnung, dem andern schärfte ich seine kostbaren Federmesser; durch den einen konnte ich wenigstens Zutritt zu dem Gefangenen erhalten, bei dem andern konnte ich ein Leumundszeugnis für Herrn Tendler ablegen und ihn vielleicht zur Beschleunigung der Sache veranlassen. Ich bat Lisei, sich zu gedulden, und ging sofort in das Gefangenhaus hinüber.

Der schwindsüchtige Inspektor schalt auf die unverschämten Weiber, die immer zu ihren spitzbübischen Männern oder Vätern in die Zellen wollten. Ich aber verbat mir in betreff meines alten Freundes solche Titel, solange sie ihm nicht durch das Gericht „von Rechts wegen" beigelegt seien, was, wie ich sicher wisse, nie geschehen werde; und endlich, nach einigem Hin- und Widerreden, stiegen wir zusammen die breite Treppe nach dem Oberbau hinauf.

In dem alten Gefangenhause war auch die Luft gefangen, und ein widerwärtiger Dunst schlug uns entgegen, als wir oben durch den langen Korridor schritten, von welchem aus zu beiden Seiten Tür an Tür in die einzelnen Gefangenzellen führte. An einer derselben, fast zu Ende des Ganges, blieben wir stehen; der Inspektor schüttelte sein großes Schlüsselbund, um den rechten herauszufinden; dann knarrte die Tür, und wir traten ein.

In der Mitte der Zelle, mit dem Rücken gegen uns, stand die Gestalt eines kleinen mageren Mannes, der nach dem Stückchen Himmel hinaufzublicken schien, das grau und trübselig durch ein oben in der Mauer angebrachtes Fenster auf ihn herabdämmerte. An seinem Haupte bemerkte ich sogleich die kleinen abstehenden Haarspieße; nur hatten sie, wie jetzt draußen die Natur, sich in die Farbe des Winters gekleidet. Bei unserem Eintritt wandte der kleine Mann sich um.

„Sie kennen mich wohl nicht mehr, Herr Tendler?" fragte ich.

Er sah flüchtig nach mir hin.

„Nein, lieber Herr", erwiderte er, „hab nicht die Ehre."

Ich nannte ihm den Namen meiner Vaterstadt und sagte: „Ich bin der unnütze Junge, der Ihnen damals Ihren kunstreichen Kasperl verdrehte!"

„Oh, schad't nichts, gar nichts!" erwiderte er verlegen und machte mir einen Diener; „ist lange schon vergessen."

Er hatte offenbar nur halb auf mich gehört; denn seine Lippen bewegten sich, als spräche er zu sich selber von ganz anderen Dingen.

Da erzählte ich ihm, wie ich vorhin sein Lisei aufgefunden habe, und jetzt erst sah er mich mit offenen Augen an.

„Gott Dank! Gott Dank!" sagte er und faltete die Hände. „Ja, ja, das kleine Lisei und der kleine Paul, die spielten derzeit miteinander! – Der kleine Paul! Seid Ihr der kleine Paul? Oh, i glaub's Euch schon; das herzige G'sichtl von dem frischen Bub'n, das schaut da no heraus!" Er nickte mir so innig zu, daß die weißen Haarspießchen auf seinem Kopfe bebten. „Ja, ja, da drunten an der See bei euch; wir sind nit wieder hinkommen; das war no gute Zeit dermal; da war aa noch mein Weib, die Tochter vom großen Geißelbrecht, dabei! ‚Joseph!' pflegte sie zu sagen, ‚wenn nur die Menschen aa so Dräht an ihre Köpf hätten, da könntst du aa mit ihne firti werd'n!' – Hätt sie nur heute noch gelebt, sie hätten mich nicht eingesperrt. Du lieber Gott; ich bin kein Dieb, Herr Paulsen."

Der Inspektor, der draußen vor der angelehnten Tür im Gange auf und ab ging, hatte schon ein paarmal mit seinem Schlüsselbund gerasselt. Ich suchte den alten Mann zu beruhigen und bat ihn, sich bei seinem ersten Verhör auf mich zu berufen, der ich hier bekannt und wohlgeachtet sei.

Als ich wieder zu meiner Meisterin in die Stube trat, rief diese mir entgegen: „Das ist ein trotzigs Mädel, Paulsen; da helft mir nur gleich ein wenig; ich hab ihr die Kammer zum Nachtquartier geboten; aber sie will fort, in die Bettelherberg oder Gott weiß wohin!"

Ich fragte Lisei, ob sie ihre Pässe bei sich habe.

„Mein Gott, die hat der Schulz im Dorf uns abgenommen!"

„So wird kein Wirt dir seine Tür aufmachen", sagte ich, „das weißt du selber wohl."

Sie wußte es freilich, und die Meisterin schüttelte ihr vergnügt die Hände.

„Ich denk wohl", sagte sie, „daß du dein eignes Köpfchen hast; der da hat mir's haarklein erzählt, wie ihr zusammen in der Kiste habt gesessen; aber so leicht wärst du doch nicht von mir fortgekommen!"

Das Lisei sah etwas verlegen vor sich nieder; dann aber fragte sie mich hastig aus nach ihrem Vater. Nachdem ich ihr Bescheid gegeben hatte, erbat ich mir ein paar Bettstücke von der Meisterin, nahm von den meinigen noch etwas hinzu und trug es selbst hinüber in die Zelle des Gefangenen, wozu ich vorhin von dem Inspektor die Erlaubnis erhalten hatte. – So konnten wir, als nun die Nacht herankam, hoffen, daß im warmen Bette und auf dem besten Ruhekissen, das es in der Welt gibt, auch unsern alten Freund in seiner öden Kammer ein sanfter Schlaf erquicken werde.

Am andern Vormittage, als ich eben, um zum Herrn Kriminalkommissarius zu gehen, auf die Straße trat, kam von drüben der Inspektor in seinen Morgenpantoffeln auf mich zugeschritten.

„Ihr habt recht gehabt, Paulsen", sagte er mit seiner gläsernen Stimme, „für diesmal ist's kein Spitzbube gewesen; den Richtigen haben sie soeben eingebracht; Euer Alter wird noch heut entlassen werden."

Und richtig, nach einigen Stunden öffnete sich die Tür des Gefangenhauses, und der alte Tendler wurde von der kommandierenden Stimme des Inspektors zu uns hinübergewiesen. Da das Mittagsessen eben aufgetragen war, so ruhte die Meisterin nicht, bis auch er seinen Platz am Tische eingenommen hatte; aber er berührte die guten Speisen kaum, und wie sie sich auch um ihn bemühen mochte, er blieb wortkarg und in sich gekehrt neben seiner Tochter sitzen; nur mitunter bemerkte ich, wie er deren Hand nahm und sie zärtlich streichelte. Da hörte ich draußen vom Tore her ein Glöckchen bimmeln; ich kannte es ganz genau, aber es läutete mir weither aus meiner Kinderzeit.

„Lisei!“ sagte ich leise.

„Ja, Paul, ich hör es wohl.“

Und bald standen wir beide draußen vor der Haustür. Siehe, da kam es die Straße herab, das Wägelchen mit den beiden hohen Kisten, wie ich daheim es mir so oft gewünscht hatte. Ein Bauerbursche ging nebenher mit Zügel und Peitsche in der Hand; aber das Glöckchen bimmelte jetzt am Halse eines kleinen Schimmels.

„Wo ist das Braunchen geblieben?“ fragte ich Lisei.

„Das Braunchen“, erwiderte sie, „das ist uns eines Tags vorm Wagen hingefallen; der Vater hat sogleich den Tierarzt aus dem Dorf geholt; aber es hat nimmer leben können.“ Bei diesen Worten stürzten ihr die Tränen aus den Augen.

„Was fehlt dir, Lisei?“ fragte ich, „es ist ja nun doch alles wieder gut!“

Sie schüttelte den Kopf.

„Mein Vaterl gefallt mir nit! Er ist so still; die Schand, er verwind't es nit.“ –

– – Und Lisei hatte mit ihren treuen Tochteraugen recht gesehen. Als kaum die beiden in einem kleinen Gasthause untergebracht waren und der Alte schon seine Pläne zur Weiterfahrt entwarf – denn hier wollte er jetzt nicht vor die Leute treten –, da zwang ihn ein Fieber, im Bett zu bleiben. Bald mußten wir einen Arzt holen, und es entwickelte sich ein längeres Krankenlager. In Besorgnis, daß sie dadurch in Not geraten könnten, bot ich Lisei meine Geldmittel zur Hülfe an; aber sie sagte: „I nimm's ja gern von dir; doch sorg nur nit, wir sind nit gar so karg.“ Da blieb mir denn nichts anderes zu tun, als in der Nachtwache mit ihr zu wechseln oder, als es dem Kranken besser ging, am Feierabend ein Stündchen an seinem Bett zu plaudern.

So war die Zeit meiner Abreise herangenaht, und mir wurde das Herz immer schwerer. Es tat mir fast weh, das Lisei anzusehen; denn bald fuhr es ja auch mit seinem Vater von hier wieder in die weite Welt hinaus. Wenn sie nur eine Heimat gehabt hätten! Aber wo waren sie zu finden, wenn ich Gruß und Nachricht zu ihnen senden wollte! Ich dachte an die zwölf Jahre seit unserem ersten Abschied; – sollte wieder so lange Zeit vergehen oder am Ende gar das ganze Leben?

„Und grüß mir aa dein Vaterhaus, wenn du heimkommst!" sagte Lisei, da sie am letzten Abend mich an die Haustür begleitet hatte. „I seh's mit mein' Augen, das Bänkerl vor der Tür, die Lind im Gart'l; ach, i vergiß es nimmer; so lieb hab ich's nit wieder g'funden in der Welt!"

Als sie das sagte, war es mir, als leuchte aus dunkler Tiefe meine Heimat zu mir auf; ich sah die zärtlichen Augen meiner Mutter, das feste ehrliche Antlitz meines Vaters.

„Ach, Lisei", sagte ich, „wo ist denn jetzt mein Vaterhaus! Es ist ja alles öd und leer."

Lisei antwortete nicht; sie gab mir nur die Hand und blickte mich mit ihren guten Augen an.

Da war mir, als hörte ich die Stimme meiner Mutter sagen: Halte diese Hand fest und kehr mit ihr zurück, so hast du deine Heimat wieder! – und ich hielt die Hand fest und sagte: „Kehr du mit mir zurück, Lisei, und laß uns zusammen versuchen, ein neues Leben in das leere Haus zu bringen, ein so gutes, wie es die geführt haben, die ja auch dir einst lieb gewesen sind!"

„Paul", rief sie, „was meinst du? I versteh di nit."

Aber ihre Hand zitterte heftig in der meinen, und ich bat nur: „Ach, Lisei, versteh mich doch!"

Sie schwieg einen Augenblick.

„Paul", sagte sie dann, „i kann nit von mei'm Vaterl gehen."

„Der muß ja mit uns, Lisei! Im Hinterhause, die beiden Stübchen, die jetzt leer stehen, da kann er wohnen und wirtschaften; der alte Heinrich hat sein Kämmerchen dicht daneben."

Lisei nickte.

„Aber Paul, wir sind landfahrende Leut. Was werden sie sagen bei dir daheim?“

„Sie werden mächtig reden, Lisei!“

„Und du hast nit Furcht davor?“

Ich lachte nur dazu.

„Nun“, sagte Lisei, und wie ein Glockenlaut schlug es aus ihrer Stimme, „wenn du sie hast – i hab schon die Kuraschi!“

„Aber tust du's denn auch gern?“

„Ja, Paul, wenn i 's nit gern tät“ – und sie schüttelte ihr braunes Köpfchen gegen mich –, „gel, da tät i 's nimmermehr!“« –

„Und, mein Junge“, unterbrach sich hier der Erzähler, „wie einen bei solchen Worten ein Paar schwarze Mädchenaugen ansehen, das sollst du nun noch lernen, wenn du erst ein Stieg Jahre weiter bist!“

Ja, ja, dachte ich, zumal so ein Paar Augen, die einen See ausbrennen können!

„Und nicht wahr“, begann Paulsen wieder, „nun weißt du auch nachgerade, wer das Lisei ist.“

„Das ist die Frau Paulsen!“ erwiderte ich. „Als ob ich das nicht längst gemerkt hätte! Sie sagt ja noch immer ‚nit‘ und hat auch noch die schwarzen Augen unter den feingepinselten Augenbrauen.“

Mein Freund lachte, während ich mir im stillen vornahm, die Frau Paulsen, wenn wir ins Haus zurückkämen, doch einmal recht darauf anzusehen, ob noch das Puppenspieler-Lisei in ihr zu erkennen sei. – „Aber“, fragte ich, „wo ist denn der alte Herr Tendler hingekommen?“

„Mein liebes Kind“, erwiderte mein Freund, „wohin wir schließlich alle kommen. Drüben auf dem grünen Kirchhof ruht er neben unserem alten Heinrich; aber es ist noch einer mehr in sein Grab mit hineingekommen; der andre kleine Freund aus meiner Kinderzeit. Ich will dir's wohl erzählen; nur laß uns ein wenig hintenaus gehen; meine Frau könnte nachgerade einmal nach uns sehen wollen, und sie soll die Geschichte doch nicht wieder hören.“

Paulsen stand auf, und wir gingen auf den Spazierweg hinaus, der auch hier hinter den Gärten der Stadt entlangführt.

Nur wenige Leute kamen uns entgegen; denn es war schon um die Vesperzeit.

»Siehst du« – begann Paulsen seine Erzählung wieder –, »der alte Tendler war derzeit mit unserem Verspruch gar wohl zufrieden; er gedachte meiner Eltern, die er einst gekannt hatte, und er faßte auch zu mir Vertrauen. Überdies war er des Wanderns müde; ja, seit es ihn in die Gefahr gebracht hatte, mit den verworfensten Vagabonden verwechselt zu werden, war in ihm die Sehnsucht nach einer festen Heimat immer mehr heraufgewachsen. Meine gute Meisterin zwar zeigte sich nicht so einverstanden; sie fürchtete, bei allem guten Willen möge doch das Kind des umherziehenden Puppenspielers nicht die rechte Frau für einen seßhaften Handwerksmann abgeben. – Nun, sie ist seit lange schon bekehrt worden!

– – Und so war ich denn nach kaum acht Tagen wieder hier, von den Bergen an die Nordseeküste, in unserer alten Vaterstadt. Ich nahm mit Heinrich die Geschäfte rüstig in die Hand und richtete zugleich die beiden leerstehenden Zimmer im Hinterhause für den Vater Joseph ein. – Vierzehn Tage weiter – es strichen eben die Düfte der ersten Frühlingsblumen über die Gärten –, da kam es die Straße heraufgebimmelt.

„Meister, Meister!" rief der alte Heinrich, „sie kommen, sie kommen!" Und da hielt schon das Wägelchen mit den zwei hohen Kisten vor unserer Tür. Das Lisei war da, der Vater Joseph war da, beide mit muntern Augen und roten Wangen; und auch das ganze Puppenspiel zog mit ihnen ein; denn ausdrückliche Bedingung war es, daß dies den Vater Joseph auf sein Altenteil begleiten solle. Das kleine Fuhrwerk dagegen wurde in den nächsten Tagen schon verkauft.

Dann hielten wir die Hochzeit; ganz in der Stille; denn Blutsfreunde hatten wir weiter nicht am Ort; nur der Hafenmeister, mein alter Schulkamerad, war als Trauzeuge mit zugegen. Lisei war, wie ihre Eltern, katholisch; daß aber das ein Hindernis für unsere Ehe sein könne, ist uns niemals eingefallen. In den ersten Jahren reiste sie wohl zur österlichen Beichte nach unserer Nachbarstadt, wo, wie du weißt, eine katholische Gemeinde ist; nachher hat sie ihre Kümmernisse nur noch ihrem Mann gebeichtet.

Am Hochzeitsmorgen legte Vater Joseph zwei Beutel vor mir auf den Tisch, einen größeren mit alten Harzdritteln, einen kleinen voll Kremnitzer Dukaten.

„Du hast nit danach fragt, Paul!“ sagte er. „Aber so völlig arm is doch mein Lisei dir nit zubracht. Nimm's! i brauch's allfurt nit mehr.“ –

Das war der Sparpfennig, von dem mein Vater einst gesprochen, und er kam jetzt seinem Sohne beim Neubeginn seines Geschäfts zu ganz gelegener Zeit. Freilich hatte Liseis Vater damit sein ganzes Vermögen hingegeben und sich selbst der Fürsorge seiner Kinder anvertraut; aber er war dabei nicht müßig; er suchte seine Schnitzmesser wieder hervor und wußte sich bei den Arbeiten in der Werkstatt nützlich zu machen.

Die Puppen nebst dem Theater-Apparat waren in einem Verschlage auf dem Boden des Nebenhauses untergebracht. Nur an Sonntagnachmittagen holte er bald die eine, bald die andere in sein Stübchen herunter, revidierte die Drähte und Gelenke und putzte oder besserte dies und jenes an denselben. Der alte Heinrich stand dann mit seiner kurzen Pfeife neben ihm und ließ sich die Schicksale der Puppen erzählen, von denen fast jede ihre eigene Geschichte hatte; ja, wie es jetzt herauskam, der so wirkungsvoll geschnitzte Kasper hatte einst für seinen jungen Verfertiger sogar den Brautwerber um Liseis Mutter abgegeben. Mitunter wurden zur besseren Veranschaulichung der einen oder andern Szene auch wohl die Drähte in Bewegung gesetzt; Lisei und ich haben oftmals draußen an den Fenstern gestanden, die schon aus grünem Weinlaub gar traulich auf den Hof hinausschauten; aber die alten Kinder drinnen waren meist so in ihr Spiel vertieft, daß ihnen erst durch unser Beifallklatschen die Gegenwart der Zuschauer bemerklich wurde. – – Als das Jahr weiterrückte, fand Vater Joseph eine andere Beschäftigung; er nahm den Garten unter seine Obhut, er pflanzte und erntete, und am Sonntage wandelte er, sauber angetan, zwischen den Rabatten auf und ab, putzte an den Rosenbüschen oder band Nelken und Levkojen an feine selbstgeschnitzte Stäbchen.

So lebten wir einig und zufrieden; mein Geschäft hob sich mehr und mehr. Über meine Heirat hatte unsere gute Stadt sich ein paar Wochen lebhaft ausgesprochen; da aber fast alle über die Unvernunft meiner Handlungsweise einig waren und dem Gespräche so die gedeihliche Nahrung des Widerspruches vorenthalten blieb, so hatte es sich bald selber ausgehungert.

Als es dann abermals Winter wurde, holte Vater Joseph an den Sonntagen auch wieder die Puppen aus ihrem Verschlage herunter, und ich dachte nicht anders, als daß in solchem stillen Wechsel der Beschäftigung ihm auch künftig die Jahre hingehen würden. Da trat er eines Morgens mit gar ernsthaftem Gesichte zu mir in die Wohnstube, wo ich eben allein an meinem Frühstück saß.

„Schwiegersohn", sagte er, nachdem er sich wie verlegen ein paarmal mit der Hand durch seine weißen Haarspießchen gefahren war, „ich kann's doch nit wohl länger ansehn, daß ich alleweil so das Gnadenbrot an euerm Tisch soll essen."

Ich wußte nicht, wo das hinaus sollte, aber ich fragte ihn, wie er auf solche Gedanken komme; er schaffe ja mit in der Werkstatt, und wenn mein Geschäft jetzt einen größeren Gewinn abwerfe, so sei dies wesentlich der Zins seines eigenen Vermögens, das er an unserem Hochzeitsmorgen in meine Hand gelegt habe.

Er schüttelte den Kopf. Das reiche alles nicht; aber eben jenes kleine Vermögen habe er zum Teil einst in unserer Stadt gewonnen; das Theater sei ja noch vorhanden, und die Stücke habe er auch alle noch im Kopfe.

Da merkte ich's denn wohl, der alte Puppenspieler ließ ihm keine Ruhe; sein Freund, der gute Heinrich, genügte ihm nicht mehr als Publikum, er mußte einmal wieder öffentlich vor versammeltem Volke seine Stücke aufführen.

Ich suchte es ihm auszureden; aber er kam immer wieder darauf zurück. Ich sprach mit Lisei, und am Ende konnten wir nicht umhin, ihm nachzugeben. Am liebsten hätte nun freilich der alte Mann gesehen, wenn Lisei wie vor unserer Verheiratung die Frauenrollen in seinen Stücken gesprochen hätte; aber wir waren übereingekommen, seine dahin zielenden Anspielungen nicht zu verstehen; für die Frau eines Bürgers und Handwerksmeisters wollte sich das denn doch nicht ziemen.

Zum Glück – oder, wie man will, zum Unglück – war derzeit ein ganz reputierliches Frauenzimmer in der Stadt, die einst bei einer Schauspielertruppe als Souffleuse gedient hatte und daher in derlei Dingen nicht unbewandert war. Diese – Kröpel-Lieschen nannten sie die Leute von wegen ihrer Kreuzlahmheit – ging sofort auf unser Anerbieten ein, und bald entwickelte sich am Feierabend und den Sonntagnachmittagen die lebhafteste Tätigkeit in Vater Josephs Stübchen. Während vor dem einen Fenster der alte Heinrich an den Gerüststücken des Theaters zimmerte, stand vor dem andern zwischen frisch angemalten Kulissen, die von der Zimmerdecke herunterhingen, der alte Puppenspieler und exerzierte mit Kröpel-Lieschen eine Szene nach der andern. Sie sei ein dreimal gewürztes Frauenzimmer, versicherte er stets nach solcher Probe; nicht einmal die Lisei hab es so schnell kapiert; nur mit dem Singen ginge es nit gar so schön; sie grunze mit ihrer Stimme immer in der Tiefe, was für die schöne Susanne, die das Lied zu singen habe, nicht eben harmonierlich sei.

Endlich war der Tag der Aufführung festgesetzt. Es sollte alles möglichst reputierlich vor sich gehen; nicht auf dem Schützenhofe, sondern auf dem Rathaussaale, wo auch die Primaner um Michaelis ihre Redeübungen hielten, sollte jetzt der Schauplatz sein; und als am Sonnabendnachmittage unsere guten Bürger ihr frisches Wochenblättchen auseinanderfalteten, sprang ihnen in breiten Lettern die Anzeige in die Augen:

„Morgen Sonntagabend sieben Uhr auf dem Rathaussaale Marionetten-Theater des Mechanicus Joseph Tendler hieselbst. Die schöne Susanna, Schauspiel mit Gesang in vier Aufzügen.“

Es war aber damals in unserer Stadt nicht mehr die harmlose schaulustige Jugend aus meinen Kinderjahren; die Zeiten des Kosakenwinters lagen dazwischen, und namentlich war unter den Handwerkslehrlingen eine arge Zügellosigkeit eingerissen; die früheren Liebhaber unter den Honoratioren aber hatten ihre Gedanken jetzt auf andere Dinge. Dennoch wäre vielleicht alles gut gegangen, wenn nur der schwarze Schmidt und seine Jungen nicht gewesen wären.« – –

Ich fragte Paulsen, wer das sei, denn ich hatte niemals von einem solchen Menschen in unserer Stadt gehört.

»Das glaub ich wohl«, erwiderte er, »der schwarze Schmidt ist schon vor Jahren im Armenhaus verstorben; damals aber war er Meister gleich mir; nicht ungeschickt, aber lüderlich in seiner Arbeit wie im Leben; der sparsame Verdienst des Tages wurde abends in Trunk und Kartenspiel vertan. Schon gegen meinen Vater hatte er einen Haß gehabt, nicht allein, weil dessen Kundschaft die seinige bei weitem überstieg, sondern schon aus der Jugend her, wo er dessen Nebenlehrling gewesen und wegen eines schlechten Streiches gegen ihn vom Meister fortgejagt worden war. Seit dem Sommer hatte er Gelegenheit gefunden, diese Abneigung in erhöhtem Maße auch auf mich auszudehnen; denn bei der damals hier neu errichteten Kattunfabrik war, trotz seiner eifrigen Bemühung um dieselbe, die Arbeit an den Maschinen allein mir übertragen worden, infolgedessen er und seine beiden Söhne, die bei dem Vater in Arbeit standen und diesen an wüstem Treiben wo möglich überboten, schon nicht verfehlt hatten, mir ihren Verdruß durch allerlei Neckereien kundzugeben. Ich hatte indessen jetzt keine Gedanken an diese Menschen.

So war der Abend der Aufführung herangekommen. Ich hatte noch an meinen Büchern zu ordnen und habe, was geschah, erst später durch meine Frau und Heinrich erfahren, welche zugleich mit unserem Vater nach dem Rathaussaale gingen.

Der Erste Platz dort war fast gar nicht, der Zweite nur mäßig besetzt gewesen; auf der Galerie aber hatte es Kopf an Kopf gestanden. – Als man vor diesem Publikum das Spiel begonnen, war anfänglich alles in der Ordnung vorgegangen; die alte Lieschen hatte ihren Part fest und ohne Anstoß hingeredet. – Dann aber kam das unglückselige Lied! Sie bemühte sich vergebens, ihrer Stimme einen zarteren Klang zu geben; wie Vater Joseph vorhin gesagt hatte, sie grunzte wirklich in der Tiefe. Plötzlich rief eine Stimme von der Galerie: „Höger up, Kröpel-Lieschen! Höger up!" Und als sie, diesem Rufe gehorsam, die unerreichbaren Diskanttöne zu erklettern strebte, da scholl ein rasendes Gelächter durch den Saal.

Das Spiel auf der Bühne stockte, und zwischen den Kulissen heraus rief die bebende Stimme des alten Puppenspielers: „Meine Herrschaft'n, i bitt g'wogentlich um Ruhe!" Kasperl, den er eben an seinen Drähten in der Hand hielt und der mit der schönen Susanna eine Szene hatte, schlenkerte krampfhaft mit seiner kunstvollen Nase.

Neues Gelächter war die Antwort.

„Kasperl soll singen!" – „Russisch! ‚Schöne Minka, ich muß scheiden'!" – „Hurra für Kasperl!" – „Nichts doch; Kasperl sein' Tochter soll singen!" – „Jawohl, wischt euch's Maul! Die ist Frau Meisterin geworden, die tut's halt nimmermehr!"

So ging's noch eine Weile durcheinander. Auf einmal flog, in wohlgezieltem Wurfe, ein großer Pflasterstein auf die Bühne. Er hatte die Drähte des Kasperl getroffen; die Figur entglitt der Hand ihres Meisters und fiel zu Boden.

Vater Joseph ließ sich nicht mehr halten. Trotz Liseis Bitten hat er gleich darauf die Puppenbühne betreten. – Donnerndes Händeklatschen, Gelächter, Fußtrampeln empfing ihn, und es mag sich freilich seltsam genug präsentiert haben, wie der alte Mann, mit dem Kopf oben in den Suffiten, unter lebhaftem Händearbeiten seinem gerechten Zorne Luft zu machen suchte. – Plötzlich, unter allem Tumult, fiel der Vorhang, der alte Heinrich hatte ihn herabgelassen.

– – Mich hatte indes zu Hause bei meinen Büchern eine gewisse Unruhe befallen; ich will nicht sagen, daß mir Unheil ahnte, aber es trieb mich dennoch fort, den Meinigen nach. – Als ich die Treppe zum Rathaussaal hinaufsteigen wollte, drängte eben die ganze Menge von oben mir entgegen. Alles schrie und lachte durcheinander.

„Hurra! Kasper is dod! Lott is dod. Die Kamedie ist zu End!" – Als ich aufsah, erblickte ich die schwarzen Gesichter der Schmidt-Jungen über mir. Sie waren augenblicklich still und rannten an mir vorbei zur Tür hinaus; ich aber hatte für mich jetzt die Gewißheit, wo die Quelle dieses Unfugs zu suchen war.

Oben angekommen, fand ich den Saal fast leer. Hinter der Bühne saß mein alter Schwiegervater wie gebrochen auf einem Stuhl und hielt mit beiden Händen sein Gesicht bedeckt. Lisei, die auf den Knien vor ihm lag, richtete sich, da sie mich gewahrte, langsam auf.

„Nun, Paul“, fragte sie, mich traurig ansehend, „hast du noch die Kuraschi?“

Aber sie mußte wohl in meinen Augen gelesen haben, daß ich sie noch hatte; denn bevor ich noch antworten konnte, lag sie schon an meinem Halse.

„Laß uns nur fest zusammenhalten, Paul!“ sagte sie leise.

– – Und siehst du! Damit und mit ehrlicher Arbeit sind wir durchgekommen.

– – Als wir am andern Morgen aufgestanden waren, da fanden wir jenes Schimpfwort „Pole Poppenspäler“ – denn ein Schimpfwort sollte es ja sein – mit Kreide auf unsere Haustür geschrieben. Ich aber habe es ruhig ausgewischt, und als es dann später noch ein paarmal an öffentlichen Orten wieder lebendig wurde, da habe ich einen Trumpf daraufgesetzt; und weil man wußte, daß ich nicht spaße, so ist es danach still geworden. – – Wer dir es jetzt gesagt hat, der wird nichts Böses damit gemeint haben; ich will seinen Namen auch nicht wissen.

Unser Vater Joseph aber war seit jenem Abend nicht mehr der alte. Vergebens zeigte ich ihm die unlautere Quelle jenes Unfugs und daß derselbe ja mehr gegen mich als gegen ihn gerichtet gewesen sei. Ohne unser Wissen hatte er bald darauf alle seine Marionetten auf eine öffentliche Auktion gegeben, wo sie zum Jubel der anwesenden Jungen und Trödelweiber um wenige Schillinge versteigert waren; er wollte sie niemals wiedersehen. – Aber das Mittel dazu war schlecht gewählt; denn als die Frühlingssonne erst wieder in die Gassen schien, kam von den verkauften Puppen eine nach der andern aus den dunkeln Häusern an das Tageslicht. Hier saß ein Mädchen mit der heiligen Genoveva auf der Haustürschwelle, dort ließ ein Junge den Doktor Faust auf seinem schwarzen Kater reiten; in einem Garten in der Nähe des

Schützenhofes hing eines Tages der Pfalzgraf Siegfried neben dem höllischen Sperling als Vogelscheuche in einem Kirschbaum. Unserem Vater tat die Entweihung seiner Lieblinge so weh, daß er zuletzt kaum noch Haus und Garten bei uns verlassen mochte. Ich sah es deutlich, daß dieser übereilte Verkauf an seinem Herzen nagte, und es gelang mir, die eine und die andere Puppe zurückzukaufen; aber als ich sie ihm brachte, hatte er keine Freude daran; das Ganze war ja überdies zerstört. Und, seltsam, trotz aller aufgewendeten Mühe konnte ich nicht erfahren, in welchem Winkel sich die wertvollste Figur von allen, der kunstreiche Kasperl, verborgen halte. Und was war ohne ihn die ganze Puppenwelt!

Aber vor einem andern, ernsteren Spiel sollte bald der Vorhang fallen. Ein altes Brustleiden war bei unserem Vater wieder aufgewacht, sein Leben neigte sich augenscheinlich zu Ende. Geduldig und voll Dankbarkeit für jeden kleinen Liebesdienst lag er auf seinem Bette.

„Ja, ja“, sagte er lächelnd und hob so heiter seine Augen gegen die Bretterdecke des Zimmers, als sähe er durch dieselbe schon in die ewigen Fernen des Jenseits, „es is scho richtig g'wes'n: mit den Menschen hab ich nit immer könne firti werd'n; da drobn mit den Engeln wird's halt besser gehn; und – auf alle Fäll, Lisei, i find ja doch die Mutter dort.“

– – Der gute kindliche Mann starb; Lisei und ich, wir haben ihn bitterlich vermißt; auch der alte Heinrich, der ihm nach wenigen Jahren folgte, ging an seinen noch übrigen Sonntagnachmittagen umher, als wisse er mit sich selber nicht wohin, als wolle er zu einem, den er doch nicht finden könne.

Den Sarg unseres Vaters bedeckten wir mit allen Blumen des von ihm selbst gepflegten Gartens; schwer von Kränzen wurde er auf den Kirchhof hinausgetragen, wo unweit von der Umfassungsmauer das Grab bereitet war. Als man den Sarg hinabgelassen hatte, trat unser alter Propst an den Rand der Gruft und sprach ein Wort des Trostes und der Verheißung; er war meinen seligen Eltern stets ein treuer Freund und Rater gewesen; ich war von ihm konfirmiert, Lisei und ich von ihm getraut worden. Ringsum auf dem Kirchhofe war es schwarz von Menschen; man schien von dem Begräb-

nisse des alten Puppenspielers noch ein ganz besonderes Schauspiel zu erwarten. – Und etwas Besonderes geschah auch wirklich; aber es wurde nur von uns bemerkt, die wir der Gruft zunächst standen. Lisei, die an meinem Arme mit hinausgegangen war, hatte eben krampfhaft meine Hand gefaßt, als jetzt der alte Geistliche dem Brauche gemäß den bereitgestellten Spaten ergriff und die erste Erde auf den Sarg hinabwarf. Dumpf klang es aus der Gruft zurück.

„Von der Erden bist du genommen!" erscholl jetzt das Wort des Priesters; aber kaum war es gesprochen, als ich von der Umfassungsmauer her über die Köpfe der Menschen etwas auf uns zufliegen sah. Ich meinte erst, es sei ein großer Vogel; aber es senkte sich und fiel grade in die Gruft hinab. Bei einem flüchtigen Umblick – denn ich stand etwas erhöht auf der aufgeworfenen Erde – hatte ich einen der Schmidt-Jungen sich hinter die Kirchhofmauer ducken und dann davonlaufen sehen, und ich wußte plötzlich, was geschehen war. Lisei hatte einen Schrei an meiner Seite ausgestoßen, unser alter Propst hielt wie unschlüssig den Spaten zum zweiten Wurfe in den Händen. Ein Blick in das Grab bestätigte meine Ahnung: oben auf dem Sarge, zwischen den Blumen und der Erde, die zum Teil sie schon bedeckte, da hatte er sich hingesetzt, der alte Freund aus meiner Kinderzeit, Kasperl, der kleine lustige Allerweltskerl. – Aber er sah jetzt gar nicht lustig aus; seinen großen Nasenschnabel hatte er traurig auf die Brust gesenkt; der eine Arm mit dem kunstreichen Daumen war gegen den Himmel ausgestreckt; als solle er verkünden, daß, nachdem alle Puppenspiele ausgespielt, da droben nun ein anderes Stück beginnen werde.

Ich sah das alles nur auf einen Augenblick, denn schon warf der Propst die zweite Scholle in die Gruft: „Und zur Erde wieder sollst du werden!" – Und wie es von dem Sarg hinabrollte, so fiel auch Kasperl aus seinen Blumen in die Tiefe und wurde von der Erde überdeckt.

Dann mit dem letzten Schaufelwurf erklang die tröstliche Verheißung: „Und von der Erden sollst du auferstehen!"

Als das Vaterunser gesprochen war und die Menschen sich verlaufen hatten, trat der alte Propst zu uns, die wir noch immer in die Grube starrten.

„Es hat eine Ruchlosigkeit sein sollen“, sagte er, indem er liebreich unsere Hände faßte. „Laßt uns es anders nehmen! In seiner Jugendzeit, wie ihr es mir erzähltet, hat der selige Mann die kleine Kunstfigur geschnitzt, und sie hat einst sein Eheglück begründet; später, sein ganzes Leben lang, hat er durch sie, am Feierabend nach der Arbeit, gar manches Menschenherz erheitert, auch manches Gott und den Menschen wohlgefällige Wort der Wahrheit dem kleinen Narren in den Mund gelegt; – ich habe selbst der Sache einmal zugeschaut, da ihr noch beide Kinder waret. – Laßt nur das kleine Werk seinem Meister folgen; das stimmt gar wohl zu den Worten unserer Heiligen Schrift! Und seid getrost; denn die Guten werden ruhen von ihrer Arbeit.“

– Und so geschah es. Still und friedlich gingen wir nach Hause; den kunstreichen Kasperl aber, wie unsern guten Vater Joseph, haben wir niemals wiedergesehen.

– – Alles das«, setzte nach einer Weile mein Freund hinzu, »hat uns manches Weh bereitet; aber gestorben sind wir beiden jungen Leute nicht daran. Nicht lange nachher wurde unser Joseph uns geboren, und wir hatten nun alles, was zu einem vollen Menschenglück gehört. An jene Vorgänge aber werde ich noch jetzt Jahr um Jahr durch den ältesten Sohn des schwarzen Schmidt erinnert. Er ist einer jener ewig wandernden Handwerksgesellen geworden, die, verlumpt und verkommen, ihr elendes Leben von den Geschenken fristen, die nach Zunftgebrauch auf ihre Ansprache die Handwerksmeister ihnen zu verabreichen haben. Auch meinem Hause geht er nie vorbei.«

Mein Freund schwieg und blickte vor sich in das Abendrot, das dort hinter den Bäumen des Kirchhofs stand; ich aber hatte schon eine Zeitlang über der Gartenpforte, der wir uns jetzt wieder näherten, das freundliche Gesicht der Frau Paulsen nach uns ausblicken sehen.

„Hab ich's nit denkt!“ rief sie, als wir nun zu ihr traten. „Was habt ihr wieder für ein Langes abzuhandeln? Aber nun kommt ins Haus! Die Gottsgab steht auf dem Tisch; der Hafenmeister is auch schon da; und ein Brief vom Joseph und der alt Meisterin! – – Aber was schaust mi denn so an, Bub?“

Der Meister lächelte.

„Ich hab ihm was verraten, Mutter. Er will nun sehen, ob du auch richtig noch das kleine Puppenspieler-Lisei bist!"

„Ja, freili!" erwiderte sie, und ein Blick voll Liebe flog zu ihrem Mann hinüber.

„Schau nur richti zu, Bub! Und wenn du es nit kannst find'n – der da, der weiß es gar genau!"

Und der Meister legte schweigend seinen Arm um sie. Dann gingen wir ins Haus zur Feier ihres Hochzeitstages. –

Es waren prächtige Leute, der Paulsen und sein Puppenspieler-Lisei.

Meeresstrand

Ans Haff nun fliegt die Möwe,
Und Dämmrung bricht herein;
Über die feuchten Watten
Spiegelt der Abendschein.

Graues Geflügel huschet
Neben dem Wasser her;
Wie Träume liegen die Inseln
Im Nebel auf dem Meer.

Ich höre des gärenden Schlammes
Geheimnisvollen Ton,
Einsames Vogelrufen –
So war es immer schon.

Noch einmal schauert leise
Und schweiget dann der Wind;
Vernehmlich werden die Stimmen,
Die über der Tiefe sind.

Die Stadt

Am grauen Strand, am grauen Meer
Und seitab liegt die Stadt;
Der Nebel drückt die Dächer schwer,
Und durch die Stille braust das Meer
Eintönig um die Stadt.

Es rauscht kein Wald, es schlägt im Mai
Kein Vogel ohn Unterlaß;
Die Wandergans mit hartem Schrei
Nur fliegt in Herbstesnacht vorbei,
Am Strande weht das Gras.

Doch hängt mein ganzes Herz an dir,
Du graue Stadt am Meer;
Der Jugend Zauber für und für
Ruht lächelnd doch auf dir, auf dir,
Du graue Stadt am Meer.

Für meine Söhne

Hehle nimmer mit der Wahrheit!
Bringt sie Leid, nicht bringt sie Reue;
Doch, weil Wahrheit eine Perle,
Wirf sie auch nicht vor die Säue.

Blüte edelsten Gemütes
Ist die Rücksicht; doch zuzeiten
Sind erfrischend wie Gewitter
Goldne Rücksichtslosigkeiten.

Wackrer heimatlicher Grobheit
Setze deine Stirn entgegen;
Artigen Leutseligkeiten
Gehe schweigend aus den Wegen.

Wo zum Weib du nicht die Tochter
Wagen würdest zu begehren,
Halte dich zu wert, um gastlich
In dem Hause zu verkehren.

Was du immer kannst, zu werden,
Arbeit scheue nicht und Wachen;
Aber hüte deine Seele
Vor dem Karrieremachen.

Wenn der Pöbel aller Sorte
Tanzet um die goldnen Kälber,
Halte fest: du hast vom Leben
Doch am Ende nur dich selber.

Sprüche

1

Der eine fragt: Was kommt danach?
Der andre fragt nur: Ist es recht?
Und also unterscheidet sich
Der Freie von dem Knecht.

2

Vom Unglück erst
Zieh ab die Schuld;
Was übrig ist,
Trag in Geduld!

Die Söhne des Senators

Der nun längst vergessene alte Senator Christian Albrecht Jovers, dessen Sarg bei Beginn dieser einfachen Geschichte schon vor mehreren Jahren die stille Gesellschaft der Familiengruft vermehrt hatte, war einer der letzten größeren Kaufherren unserer Küstenstadt gewesen. Außer seiner Witwe, der von klein und groß geliebten Frau Senatorn, hatte er zwei Söhne hinterlassen, von denen er den ältesten, gleichen Namens mit ihm, kurz vor seinem Tode als Kompagnon der Firma aufgenommen hatte, während für den um ein Jahr jüngeren Herrn Friedrich Jovers am selben Orte ein durch den Tod des Inhabers frei gewordenes Weingeschäft erworben war.

Dem alten, nun in Gott ruhenden Herrn war derzeit der Ruf gefolgt, daß er in seinem Hause, selbst gegen seine im vorgeschrittenen Mannesalter stehenden Söhne, die Familiengewalt mit Strenge, ja oft mit Heftigkeit geübt habe; nicht minder aber, daß er ein Mann gewesen sei, stets eingedenk der Würde seiner Stellung und des wohlerworbenen Ansehens seiner Voreltern, mit einem offenen Herzen für seine Vaterstadt und alle reputierlichen Leute in derselben, mochten sie in den großen Giebelhäusern am Markte oder in den Katen an den Stadtenden wohnen. Beim Jahreswechsel mußte ohnfehlbar der Buchhalter und Kassierer Friedebohm einen gewichtigen Haufen dänischer und holländischer Dukaten in einzelne Päckchen siegeln, sei es zu Ehrengeschenken für die Prediger, für Kirchen- und Schulbediente oder für am Orte wohnende frühere Dienstboten als ein Beitrag zu den Kosten der verflossenen Feiertage; ebenso sicher aber war auch dann schon vor Einbruch der schlimmsten Wintersnot ein auf dem nahe liegenden Marschhofe des Senators fettgegraster Mastochse für die Armen ausgeschlachtet und verteilt worden. So stand denn nicht zu verwundern, daß die Mitbürger des alten Herrn, wenn sie ihm bei seinen seltenen

Gängen durch die Stadt begegneten, stets mit einer Art sorglicher Feierlichkeit ihren Dreispitz von der Perücke hoben, auch wohl erwartungsvoll hinblickten, ob bei dem Gegengruße ein Lächeln um den streng geschlossenen Mund sich zeige.

Das Haus der Familie lag inmitten der Stadt in einer nach dem Hafen hinabgehenden Straße. Es hatte einen weiten, hohen Flur mit breiter Treppe in das Oberhaus, zur Linken neben der mächtigen Haustür das Wohnzimmer, in dem langgestreckten Hinterhause die beiden Schreibstuben für die Kaufmannsgesellen und den Prinzipal; darüber, im oberen Stockwerk, lag der nur bei feierlichen Anlässen gebrauchte große Festsaal. Auch was derzeit sonst an Raum und Gelaß für eine angesehene Familie nötig war, befand sich in und bei dem Hause; nur eines fehlte: es hatte keinen Garten, sondern nur einen mäßig großen Steinhof, auf welchen oben die drei Fenster des Saales, unten die der Schreibstuben hinaussahen. Der karge Ausblick aus diesem Hofe ging über eine niedrige Grenzmauer auf einen Teil des hier nicht breiteren Nachbarhofes; der Nachbar selber aber war Herr Friedrich Jovers, und über die niedrige Mauer pflegten die beiden Brüder sich den Morgengruß zu bieten.

Gleichwohl fehlte es der Familie nicht an einem stattlichen Lust- und Nutzgarten, nur lag er einige Straßen weit vom Hause; doch immerhin so, daß er, wie man hier sich ausdrückt, „hintenum" zu erreichen war. Und für den vielbeschäftigten alten Kaufherrn mag es wohl gar eine Erquikkung gewesen sein, wenn er spätnachmittags am Westrande der Stadt entlangwandelte, bisweilen anhaltend, um auf die grüne Marschweide hinabzuschauen oder, wenn bei feuchter Witterung der Meeresspiegel wie emporgehoben sichtbar wurde, darüber hinaus nach den Masten eines seiner auf der Reede ankernden Schiffe. Er zögerte dann wohl noch ein Weilchen, bevor er sich wieder in die Stadt zurückwandte; denn freilich galt es, von hier aus nun noch etwa zwanzig Schritte in eine breite Nebengasse hineinzubiegen, wo die niedrigen, aber sauber gehaltenen Häuser von Arbeitern und kleinen Handwerkern der hereinströmenden Seeluft wie dem lieben Sonnenlichte freien Eingang ließen. Hier wurde die nördliche Häuserreihe von einem grünen Weißdornzaune und dieser wiederum durch eine breite Staketpforte unterbrochen. Mit dem schweren Schlüssel, den er aus der Tasche zog, schloß der alte Herr die Pforte auf, und bald konnte man ihn auf dem geradlinigen, mit weißen Muscheln ausgestampften Steige in den Garten hineinschreiten sehen, je nach der Jahreszeit den weißen Kopf seitwärts zu einer frisch erschlossenen Provinzrose hinabbeugend oder das Obst an den jungen, in den Rabatten neu gepflanzten Bäumen prüfend.

Der zwischen Buchseinfassung hinlaufende breite Steig führte nach etwa hundert Schritten zu einem im Zopfstil erbauten Pavillon; und es war für die angrenzende Gasse allemal ein Fest, wenn an Sonntagnachmittagen die Familie sich hier zum Kaffee versammelt hatte und dann beide Flügeltüren weit geöffnet waren. Der alte Andreas, welcher dicht am Garten wohnte, hatte an solchen Tagen schon in der Morgenfrühe oder vorher, am Sonnabend, alle Nebensteige geharkt und Blumen und Gesträuche sauber aufgebunden. Weiber mit ihrem Nachwuchs auf den Armen, halbgewachsene Jungen und Mädchen drängten sich um die Pforte, um durch deren Stäbe einen Blick in die patrizischen Sommerfreuden zu erhaschen, mochten sie nun das blinkende Service des Kaffeetisches bewundern oder Schärferblickende die nicht übel gemalte tanzende Flora an der Rückwand des Pavillons gewahren und nun lebhaft dafür eintreten, daß diese fliegende Dame das Bild der guten Frau Senatorn in ihren jungen Tagen vorstelle. Die ganze Freude der Jugend aber war ein grüner Papagei aus Kuba, der bei solchen Anlässen als vieljähriger Haus- und Festgenosse vor den Türen des Pavillons seinen Platz zu finden pflegte. Auf seiner Stange sitzend, pfiff er bald ein heimatliches Negerliedchen, bald, wenn von der Pforte her zu viele Finger und blanke Augen auf ihn zielten, schrie er flügelschlagend ein fast verständliches Wort zu der Gassenbrut hinüber. Dann frugen die Jungen untereinander: „Wat seggt he? Wat seggt de Papagoy?“ Und immer war einer dazwischen, welcher Antwort geben konnte. „Wat he seggt? – ‚Komm röwer!‘ seggt he!“ – Dann lachten die Jungen und stießen sich mit den Ellenbogen, und wenn Stachelbeeren an den Büschen oder Eierpflaumen an den Bäumen hingen, so hatten sie zum Herüberkommen gewiß nicht übel Lust. Aber das war schwerlich die Meinung des alten Papageien; denn wenn Herr Christian Albrecht, sein besonderer Gönner, mit einem Stückchen Zucker an die Stange trat, so schrie er ebenfalls: „Komm röwer!" Er hatte dasselbe schon geschrien, als ein alter Kapitän ihres Vaters den Knaben Friedrich und Christian Albrecht den fremden Vogel zum Geschenke brachte; und als auch sie ihn damals frugen: „Wat seggt de Papagoy?", da hatte der alte Mann nur lachend erwidert: „Ja, ja, se hebbt upt Schipp em allerlei dumm Tüges lehrt!" Der Himmel mochte wissen, was der Vogel mit seinem plattdeutschen Zuruf sagen wollte!

Mitunter ging auch wohl die kleine, freundliche Frau Senatorn mit ihrer Kaffeetasse in der Hand den Steig hinab, um die Enkelinnen des alten Andreas mit einer Frucht oder einem Sonntagsschilling zu erfreuen; dann putzten die Weiber ihren Säuglingen rasch die Näschen, die Jungen aber blieben grinsend stehen: sie wußten zu genau, daß die gute Dame es mit der Verwandtschaft zum Andreas nicht allzu peinlich nahm. Ebenso geschah es mit Herrn Christian Albrecht, denn er glich seiner Mutter an froher Leichtlebigkeit; er kannte die Buben all bei Namen und erzählte ihnen von dem Papageien die wunderbarsten und ergötzlichsten Geschichten. Anders, wenn der alte Kaufherr mit seiner holländischen Kalkpfeife auf den Steig hinaustrat; dann zogen sich alle ausgestreckten Finger zwischen den Stäben der Pforte zurück, und alt und jung schaute in ehrerbietigem Schweigen auf ihn hin; war es aber Herr Friedrich Jovers, der den Steig herabkam, so waren plötzlich mit dem Rufe: „De junge Herr!" alle Jungen zu beiden Seiten der Pforte hinter dem hohen Zaun verschwunden, denn der unbequeme Verkehr mit Kindern lag nicht in seiner Art; wohl aber hatte er einmal einen der größeren Jungen derb geschüttelt, als dieser eben von der Gasse aus mit seinem Flitzbogen auf einen im Garten singenden Hänfling schießen wollte.

— — Diese Familienfeste waren nun vorüber. — Der nördliche, hinter dem Pavillon liegende Teil des Gartens grenzte an den schon außerhalb der Stadt liegenden Kirchhof, und hier, in der von seinem Vater erbauten Familiengruft, ruhte der alte Kaufherr und Senator von seiner langen Lebensarbeit; mit dem Liede „O du schönes Weltgebäude“ hatten die Gelehrten- und die Bürgerschule ihn zu Grabe gesungen, denen beiden, oft im Kampfe mit seinem Schwager, dem regierenden Bürgermeister, er zeitlebens ein starker Schutz und Halt gewesen war. Hier ruhte seit kurzem auch die freundliche Frau Senatorn, nachdem noch kurz zuvor Herr Christian Albrecht eine ihr gleichgeartete, rosige Schwiegertochter in das alte Haus geführt hatte.

„Du brauchst mich nun nicht weiter“, hatte sie lächelnd zu dem trostbedürftigen Sohne gesagt; „in der da hast du mich ja wieder, und noch jung und hübsch dazu!“ Und dann hatte auch sie die Augen geschlossen, und viele Augen hatten um sie geweint, und ihr sie verehrender Freund, der alte Kantor van Essen, hatte bei ihrem Begräbnis mit einer eigens dazu komponierten Trauermusike aufgewartet.

Der Kirchhof war durch einen niedrigen Zaun von dem Garten getrennt, und Herr Christian Albrecht hatte sonst, ohne viele Gedanken, darüber weg auf den unweit belegenen Überbau der Gruft geblickt; seitdem aber sein Vater darunter ruhte, war ihm unwillkürlich der Wunsch gekommen, daß eine hohe Planke oder Mauer hier die Aussicht schließen möchte. Nicht, daß er die Grabstätte seines Vaters scheute; nur vom Garten aus wollte er sie nicht vor Augen haben; wenn ihn sein Herz dahin trieb, so wollte er auf dem Umwege der Gassen und auf dem allgemeinen Totengang dahin gelangen. Er hatte diese Gedanken wohl auch gegen seinen Bruder ausgesprochen; er hatte sie dann über sein junges Eheglück vergessen; als aber jetzt auch der Leichnam der ihm herzverwandten Mutter unter jenen schweren Steinen lag, waren sie aufs neue hervorgetreten.

Allein zunächst galt es, sich mit dem Bruder über den elterlichen Nachlaß zu vereinigen; es war ja noch unbestimmt, in wessen Hand der Garten kommen würde.

An einem Sonntagvormittage im November gingen die beiden Brüder, Herr Christian Albrecht und Herr Friedrich Jovers, in dem großen, ungeheizten Festsaale des Familienhauses schweigend auf und ab. Die Morgensonne, welche noch vor kurzem durch die kleinen Scheiben der drei hohen Fenster hineingeschienen hatte, war schon fortgegangen, die großen Spiegel an den Zwischenwänden standen fast düster zwischen den grauseidenen Vorhängen. Fast behutsam traten die Männer auf, als wollten sie in dem weiten Gemache den Widerhall nicht wecken; endlich blieben sie vor einer zierlichen Schatulle mit Spiegelaufsatz stehen, dessen reichvergoldete Bekrönung aus einer von Amoretten gehaltenen Rosengirlande bestand.

„Hm“, sagte Christian Albrecht, „Mama selig, als sie in ihren letzten Jahren einmal ihren Muff hier aus der Schublade nahm, da nickte sie dem einen Spiegel zu; ‚du Schelm‘, sagte sie, ‚wo hast du das schmucke Antlitz hingetan, das du mir sonst so eifrig vorgehalten hast! Nun guck einmal, Christian Albrecht, was itzo da herausschaut!‘ Die alte, heitere Frau, dann gab sie mir die Hand und lachte herzlich.“

Die beiden Brüder blickten auf das stumme Glas: Kein junges Antlitz blickte mehr heraus; auch nicht das liebe alte, das sie besser noch als jenes kannten. Schweigend gingen sie weiter; sie legten fast wie mit Ehrfurcht ihre Hand bald auf das eine, bald auf das andere der umherstehenden Geräte, als wäre es noch in ihrer Knabenzeit, wo ihnen der Eintritt hier nur bei Familienfesten und zur Weihnachtszeit vergönnt gewesen war. Wie damals war unter der schweren Stuckrosette der Gipsdecke das stille Blitzen der großen Kristallkrone; wie damals hingen über dem Kanapee, den Fenstern gegenüber, die lebensgroßen Brustbilder der Eltern in ihrem Brautstaate, daneben in höherem Alter die der Großeltern, deren altmodische Gestalten ihnen in der Dämmerung ihrer frühesten Jugendzeit entschwanden.

„Christian Albrecht“, sagte der Jüngere, und der vom Vater ererbte strenge Zug um den Mund verschwand ein wenig; „hier darf nichts gerückt werden.“

„Ich meine auch nicht, Friedrich.“

„Es verbleibt dir sonach mit dem Hause.“

„Und der Papagei? Den haben wir vergessen.“

„Ich denke, der gehört auch mit zum Hause.“

Christian Albrecht nickte.

„Und du nimmst dagegen das beste Tafelsilber und das Sèvresporzellan, das hierneben in der Geschirrkammer steht!"

Friedrich nickte; eine Pause entstand.

„So wären wir denn mit unserer Teilung fertig!" sagte Christian Albrecht wieder.

Friedrich antwortete nicht; er stand vor den Familienbildern, als ob er eingehend sie betrachten müsse; sein Kopf drückte sich immer weiter in den Nacken, bis der schwarzseidene Haarbeutel im rechten Winkel von dem schokoladefarbenen Rocke abstand.

„Es ist nur noch der Garten", sagte er endlich, als ob er etwas ganz Beiläufiges erwähne.

Aber in des Bruders sonst so ruhigem Antlitz zuckte es, wie wenn ein lang Gefürchtetes plötzlich ausgesprochen wäre.

„Den Garten könntest du mir lassen", sagte er beklommen; „die Auslösungssumme magst du selbst bestimmen!"

„Meinst du, Christian Albrecht?"

„Ich meine es, Friedrich. Du sagst es selbst, du seiest ein geborener Hagestolz; – aber ich und meine Christine, unsere Ehe wird gesegnet sein! Hier haben wir nur den engen Steinhof; bedenk es, Bruder, wo sollen wir mit den lieben Geschöpfen hin? Und dann – du selber! Im Pavillon, an den Sonntagnachmittagen! Du wirst doch lieber deine junge Schwägerin als deine bärbeißige Witwe Antje Möllern unserer Mutter Kaffeetisch verwalten sehen!"

„Deinen Kindern", erwiderte der andere, ohne umzublikken, „wird mein Garten nicht verschlossen sein."

„Das weiß ich, lieber Friedrich; aber Kinderhände in meines ordnungliebenden Herrn Bruders Ranunkel- und Levkojenbeeten!"

Friedrich antwortete hierauf nicht.

„Es ist ein Kodizill zu unseres Vaters Testament gewesen", sagte er, als spräche er es zu den Bildern oder zu der Wand ihm gegenüber, „danach sollte mir der Garten werden; die Auslösungssumme ist mir nicht bekannt geworden, die magst du bestimmen oder sonst bestimmen lassen."

Der Ältere nahm fast gewaltsam seines Bruders Hand. „Du weißt es von unserer seligen Mutter, daß unser Vater, da sie das Schriftstück einmal in die Hand bekam, ausdrücklich ihr geheißen hat: ‚Zerreiße es; die Brüder sollen sich darum vertragen.'"

„Es ist aber nicht zerrissen worden."

„Das weiß ich wohl; es trat im selben Augenblick ein Fremder in das Zimmer, und derohalben unterblieb es damals; aber später, am Tage nach selig Vaters Begräbnis, hat unsere Mutter den Willen des Verstorbenen ausgeführt."

„Das war ein volles Jahr nachher."

„Friedrich, Friedrich!" rief der Ältere. „Willst du verklagen, was unsere Mutter tat!"

„Das nicht, Christian Albrecht, aber Mama selig versierte in einem Irrtum; sie war nicht mehr befugt, das Schriftstück zu zerreißen."

Auf dem Antlitz des älteren Bruders stand es für einen Augenblick wie eine ratlose Frage; dann begann er in dem weiten Saale auf und ab zu wandern, bis er mit ausgestreckten Armen in der Mitte stehenblieb.

„Gut", sagte er, „du wünschest den Garten, wir beide wünschen ihn! Aber dabei soll unseres Vaters Wort in Ehren bleiben; teilen wir, wenn du es willst, daß jeder seine Hälfte habe!"

„Und jeder ein verhunztes Stück bekäme!"

„Nun denn, so losen wir! Laß uns hinuntergehen, Christine kann die Lose machen!"

Herr Friedrich hatte sich umgewandt; sein dem Bruder zugekehrtes Antlitz war bis über die dichten Augenbrauen hinauf gerötet.

„Was mein Recht ist", sagte er heftig, „das setze ich nicht aufs Los."

In diesem Augenblicke klang das Negerlied des Papageien aus dem Unterhaus herauf; ein alter Diener hatte die Tür des Saales geöffnet: „Madame läßt bitten; es ist angerichtet."

„Gleich! Sogleich!" rief Christian Albrecht. „Wir werden gleich hinunterkommen!"

Der Diener verschwand; aber die Herren kamen nicht.

Nach einer Viertelstunde trat unten aus dem Wohnzimmer eine jugendliche Frau mit leicht gepudertem Köpfchen auf den Flur hinaus; behende erstieg sie die breite Treppe bis zur Hälfte und rief dann nach dem Saal hinauf: „Seid ihr denn noch nicht fertig? Friedrich! Christian Albrecht! Soll denn die Suppe noch zum dritten Mal zu Feuer?“

Es erfolgte keine Antwort; aber nach einer Weile, während der Stöckelschuh der hübschen Frau ein paarmal ungeduldig auf der Stufe aufgeklappert hatte, wurde oben die Saaltür aufgestoßen, und Friedrich kam allein die Treppe herab.

Die junge Frau Senatorin – denn ihr Eheliebster war kürzlich seinem Vater in dieser Würde nachgefolgt – sah ihn ganz erschrocken an.

„Friedrich!“ rief sie, „wie siehst du aus? Und wo bleibt Christian Albrecht?“

Aber der Schwager stürmte ohne Antwort an ihr vorüber.

„Wünsche wohl zu speisen!“ murmelte er und stand gleich darauf schon unten an der Haustür, die Klinke in der Hand.

Sie lief ihm nach.

„Friedrich! Friedrich, was fällt dir ein? Dein Leibgericht, perdrix aux truffes!“

Aber er war schon auf der Gasse, und durch das Flurfenster sah sie ihn seinem Hause zueilen.

„Nun sieh mir einer diesen Querkopf an!“ Und sie schüttelte ihr Köpfchen und stieg nachdenklich die Treppe wieder hinauf. Als sie die Tür des Saales öffnete, sah sie den jungen Herrn Senator, die Hände in den Rockschößen, vom andern Ende des Gemaches herschreiten, so ernsthaft vor sich auf die Dielen schauend, als wolle er die Nägelköpfe zählen.

„Christian! Christian Albrecht!“ rief sie, als er vor ihr stand.

Als er den Klang ihrer Stimme hörte und, den Kopf erhebend, ihr in die kinderblauen Augen sah, gewannen seine Züge die gewohnte Heiterkeit zurück.

„Gehen wir zu Tisch, Madame!“ sagte er lächelnd. „Bruder Friedrich muß nun heute mit der Frau Witwe Antje Möllern speisen; aber ich habe denn doch auch meinen Kopf, und – unseres Vaters Wort muß gelten!“

Damit bot er seiner erstaunten Frau den Arm und führte sie die Treppe hinab und zu Tische.

Das Wiederkommen hatte indessen gute Weile; vierzehn Tage waren verflossen, und Herr Friedrich hatte seinen Fuß noch nicht wieder über die Schwelle des Familienhauses gesetzt. Gleich am ersten Morgen nach jenem verfehlten Mittage war Christian Albrecht wiederholt auf seinen Steinhof hinausgegangen, um wie sonst über die niedrige Grenzmauer seinem Bruder den Morgengruß zu bieten; aber von Herrn Friedrich war nichts zu sehen gewesen; ja, eines Morgens hatte Herr Christian Albrecht ganz deutlich den Schritt des Bruders aus der in einem Winkel verborgenen Hoftür kommen hören: als ihn aber im selben Augenblicke ob einer in der Alteration zu scharf genommenen Prise ein lautes Niesen anfiel, hörte er gleich darauf die Schritte wieder umkehren und die ihm unsichtbare Hoftür zuschlagen.

Herr Christian Albrecht wurde ganz still in sich bei dieser Lage der Dinge; nur mit halbem Ohre lauschte er, wenn, um ihn aufzumuntern, die hübsche Frau Senatorin sich in der Dämmerstunde ans Klavier setzte und ihm die allerneusten Lieder: „Beschattet von der Pappelweide“ und „Blühe, liebes Veilchen“, eines nach dem andern mit ihrer hellen Stimme vorsang.

Er hatte gegen sie nach der ersten Mitteilung „der kleinen Differenze“ kein Wort über den Bruder mehr geäußert; endlich aber, eines Morgens, da die Eheleute beim Kaffee auf dem Kanapee beisammensaßen, legte die Frau Senatorin sanft ihre kleine Hand auf die des Mannes.

„Siehst du nun“, sagte sie leise, „er kommt nicht wieder; ich hab es gleich gesagt.“

„Hm, ja, Christinchen; ich glaub es selber fast.“

„Nein, nein, Christian Albrecht; es ist ganz gewiß, er kommt nicht wieder; er kann nicht wiederkommen; denn er ist ein Trotzkopf!“

Christian Albrecht lächelte; aber zugleich stützte er den Kopf in seine Hand.

„Ja freilich, das ist er; das war er schon als kleiner Knabe; ich und das Kindermädchen tanzten dann um ihn herum und sangen: ‚Der Bock, der Bock! O jemine, der Bock!‘, bis er zuletzt einen Kegel oder ein Stück von seinem Bauholz aufgriff und damit nach unseren Köpfen warf; am liebsten warf er noch mit seinem Bauholz! Aber Christinchen – wenn 's Herz nur gut ist!"

„Nicht wahr?" rief die hübsche Frau und sah ihrem Mann mit lebhafter Zärtlichkeit ins Antlitz, „ein gutes Herz hat unser Friedrich, und deshalb – ich meine, du könntest zu ihm gehen; du bist kein Trotzkopf, Christian Albrecht, du hast es leichter in der Welt!"

Der Senator streichelte sanft die geröteten Wangen seiner Eheliebsten.

„Was ich für eine kluge Frau bekommen habe!" sagte er neckend.

„Ei was, Christian Albrecht, sag lieber, daß du zu deinem armen Bruder gehen willst!"

„Arm, Christinchen? – Eine sonderbare Armut, wenn einer alles Recht für sich allein verlangt! Aber du sollst schon deinen Willen haben; heut abend oder schon heute nachmittag ..."

„Warum nicht schon heut vormittag?"

„Nun, wenn du willst, auch heute vormittag!"

„Und du bist versöhnlich, du gibst nach?"

„Das heißt, ich gebe ihm den Garten?"

Sie nickte: „Wenn es sein muß! Doch lieber, als daß ihr im Zorne auseinandergeht!"

„Und, Christinchen, unsere Kinder? Sollen sie mit den Hühnern hier auf dem engen Steinhof laufen?"

„Ach, Christian Albrecht!" Und sie fiel ihm um den Hals und sagte leise: „Wir sind so glücklich, Christian Albrecht!"

Während bald darauf der junge Kaufherr über den Flur nach seinen Geschäftsräumen im Hinterhause schritt, hatte im Wohnzimmer seine Frau sich an das Fenster gesetzt; an einem möglichst kleinen Häubchen strickend, schaute sie über die Straße nach dem gegenüberliegenden Nachbarhause, mehr nur, wie es schien, um bei dem inneren Gedankentausche doch irgendwohin die Augen zu richten. Jetzt aber sah sie Frau Antje Möllern in Futterhemd und Schürze über die Straße schreiten und mit der Frau Nachbarn Jipsen, die soeben auch aus ihrem Hause trat, sich auf eine der steinernen Beischlagsbänke setzen. Frau Antje Möllern war die

Erzählende, wobei sie sehr vergnügt und triumphierend aussah und mehrmals mit einer schwerfälligen Bewegung ihres dicken Kopfes nach dem elterlichen Hause ihres Herrn hinüberwinkte. Frau Nachbarn Jipsen schlug zuerst ihre Hände, wie vor Staunen, klatschend ineinander; dann aber nickte sie wiederholt und lebhaft; auch ihr schienen die Dinge, um die es sich handelte, ausnehmend zu gefallen; und bald, während das eifrigste Wechselgespräch im Gange war, zuckten und deuteten die Köpfe und Hände der beiden Weiber in keineswegs respektvoller Gebärde nach dem altehrwürdigen Kaufmannshaus hinüber.

Die junge Frau am Fenster wurde denn doch aufmerksam: Die da drüben waren nicht eben ihre Freunde; der einen – das wußte sie – war es zugetragen worden, daß sie Herrn Friedrich Jovers abgeraten hatte, ihre mauldreiste Personnage in sein Haus zu nehmen; der andern hatte sie einmal ihre große Tortenpfanne nicht leihen können, weil sie eben beim Kupferschmied zum Löten war.

Unwillkürlich hatte sie die Arbeit sinken lassen: Was mochten die Weiber zu verhandeln haben?

Aber die Unterhaltung drüben wurde unterbrochen. Von der Hafenstraße herauf kam der kleine bewegliche Advokat, Herr Siebert Sönksen, den sie den „Goldenen" nannten, weil er bei feierlichen Gelegenheiten es niemals unter einer goldbrokatenen Weste tat, deren unmäßig lange Schöße fast seinen ganzen Leib bedeckten. Eilig schritt er auf die beiden zu, richtete, wie es schien, eine Frage an Frau Antje Möllern und schritt, nachdem diese mit einem Kopfnicken beantwortet worden, lebhaft, wie er herangetreten war, quer über die Gasse nach Herrn Friedrichs Hause zu.

„Hm", kam es aus dem Munde der jungen Frau, „der Goldene? Gehört der auch dazu? Was will denn der bei unserem Bruder Friedrich?"

Die hervorragenden Eigenschaften des Herrn Siebert Sönksen waren bekannt genug: Er jagte wie ein Trüffelhund nach verborgen liegenden Prozessen und galt für einen spitzfindigen Gesellen und höchst beschwerlichen Gegenpart auch in den einfachsten Rechtsstreitigkeiten. Im übrigen wußte er, je nach welcher Seite hin sein Vorteil lag, ebensowohl einen sauberen Vergleich zustande zu bringen, als einen schikanösen Prozeß durch alle Instanzen hindurchzuziehen.

Die Frau Senatorin war aufgestanden; sie mußte doch zu ihrem Christian Albrecht, um seine Meinung über diese Dinge einzuholen! Allein, da trat die Köchin in das Zimmer, ein altes Inventarienstück aus dem schwiegerelterlichen Nachlaß, eine halbe Respektsperson, die nicht so abzuweisen war. Die junge Frau mußte ihr Haushaltungsbuch aus der Schatulle nehmen; sie mußte notieren und rechnen, um dann die näheren Positionen der heutigen Küchenkampagne mit der kundigen Alten festzustellen.

Hinten in der vorderen Schreibstube saßen indessen der alte Friedebohm und ein jüngerer Kaufmannsgeselle sich an dem schweren Doppelpulte gegenüber. Es gab viel zu tun heute, denn die Brigg „Elsabea Fortuna", welche der selige Herr nach seiner alten Ehefrau getauft hatte, lag zum Löschen fertig draußen auf der Reede.

„Musche Peters", sagte der Buchhalter zu seinem Gegenüber, „wir müssen noch einen Lichter haben; ist Er bei Kapitän Rickertsen gewesen?"

Aber bevor der junge Mensch zur Antwort kam, wurde an die Tür geklopft, und ehe noch ein „Herein" erfolgen konnte, stand schon der goldene Advokat am Pulte und legte seine Hand vertraulich auf den Arm des alten Mannes.

„Der Herr Prinzipal in seinem Kabinette, lieber Friedebohm?" Er frug das so zärtlich, daß der Alte ihn höchst erstaunt ansah, denn dieser Mann war nicht der betraute Sachwalter ihres Hauses. Deshalb gedachte er eben von seinem Bock herabzurutschen, um ihn selber bei dem Herrn Senator anzumelden; aber Herr Siebert Sönksen war schon nach flüchtigem Anpochen in das Privatkabinett des Prinzipals hineingeschlüpft.

„Ei, ei, ja doch!" murmelte der Alte. „Die Klatschmäuler werden doch nicht recht behalten?" Er kniff die Lippen zusammen und schaute eine Weile durch das Fenster auf den Steinhof, wo ihm die niedrige Mauer jetzt auch eine innere Scheidung der beiden verwandten Häuser zu bedeuten schien.

Drinnen im Kabinette war nach ein paar Hin- und Widerreden der Herr Senator wirklich von seinem Bock herabgekommen. „Herr!“ rief er und stieß seine Feder auf das Pult, daß sie bis zur Fahne aufriß, „verklagen, sagt Ihr? Meines Vaters Sohn will mich verklagen? Herr Siebert Sönksen, Sie sollten nicht solche Scherze machen!“

Der Goldene zog ein Papier aus seiner Tasche.

„Mein werter Herr Senator, es wird ja nicht sogleich ad processum ordinarium geschritten.“

„Auch nicht, da Herr Siebert Sönksen dem Gegenpart bedienet ist?“

Der Goldene lächelte und legte das Schriftstück, welches er in der Hand hielt, vor Herrn Christian Albrecht auf das Pult.

„Laut dieser Vollmacht“, sagte er vertraulich, „bin ich so gut zum Abschluß von Vergleichen wie zur Anstellung der Klage legitimiert!“

„Und wegen des Vergleiches sind Sie zu mir gekommen?“ frug der Kaufherr nicht ohne ziemliche Verwunderung; denn er wußte nicht, daß Herr Siebert Sönksen schon längst darauf spekuliert hatte, statt seines alten und, wie er sagte, „fürtrefflichen, aber abgängigen“ Kollegen der Anwalt dieses angesehenen Hauses zu werden.

Der Advokat hatte mit einem höflichen Kopfnicken die an ihn gerichtete Frage beantwortet.

„Herr Siebert Sönksen“, sagte der Senator, und er sprach diese Worte in großer innerlicher Erregung, „so kommen Sie also im Auftrage, im ausdrücklichen Auftrage meines Bruders?“

Herr Siebert stutzte einen Augenblick.

„In Vollmacht, mein werter Herr Senator; wie Sie zu bemerken belieben, laut richtig subskribierter Vollmacht! Es ist für den erwünschten Frieden unterweilen tauglich, wenn eine unbeteiligte sachkundige Person ...“

Herr Christian Albrecht unterbrach ihn.

„Also“, sagte er aufatmend, „mein Bruder weiß nichts von Ihrem werten Besuche: Ich danke Ihnen, Herr Sönksen; das freut mich recht von Herzen!“

Der Goldene schaute etwas verblüfft in das gerötete Antlitz des stattlichen Kaufherrn.

„Aber mein wertester Herr Ratsverwandter!“

„Nein, nein, Herr Siebert Sönksen, führen Sie meinethalben so viele Prozesse, als Sie fertigbringen können, aber wo zwei Brüder in der Güte miteinander handeln wollen, da gehöret weder der Beichtvater noch der Advokat dazwischen.“

„Aber, ich dächte doch –“

„Sie denken sonder Zweifel anders, Herr Siebert Sönksen“, sagte der Senator mit einer unwillkürlichen Verbeugung. „Kann ich Ihnen sonstwie meine Dienste offerieren?“

„Allersubmisseste Danksagung! Nun, schönsten guten Morgen, mein werter Herr Senator!“

Gleich darauf schritt der Goldene mit einem eiligen „Serviteur, Musche Friedebohm“ durch die vordere Schreibstube und hielt erst an, als er draußen auf den Treppenstufen vor der Haustür stand. Seinen Rohrstock unter den Arm nehmend, zog er die Horndose aus der Westentasche und nahm bedächtig eine Prise.

„Eigene Käuze das, die Söhne des alten Herrn Senators Christian Albrecht Jovers!“ murmelte er und tauchte zum zweiten Male seine spitzen Finger in die volle Dose. „Nun, nehmen wir fürerst mit dem Prozeß fürlieb!“

– – Bald nach dem Goldenen war auch der junge Kaufherr an dem ihm kopfschüttelnd nachschauenden Musche Friedebohm vorbeigeeilt, um gleich darauf in die Wohnstube zu treten, wo seine Eheliebste auf dem Kanapee an ihrem Kinderhäubchen strickte. Aber er sprach nicht zu ihr; er hatte wieder beide Hände in den Rockschößen und lief im Zimmer auf und ab, bis die Frau Senatorin aufstand und so glücklich war, ihn zu erhaschen.

„Weshalb rennst du so, Christian Albrecht?“ sagte die junge Frau und stellte sich tapfer vor ihn hin.

„Nun, Christine, wer da nicht rennen sollte!“

„Nein, nein, Christian Albrecht, du bleibst mir stehen!“ Und sie legte beide Arme um seinen Hals. „So“, sagte sie; „nun sieh mich an und sprich!“

Aber Herr Christian Albrecht tat auch nicht einen Blick in ihre hübschen Augen.

„Christine“, sagte er und sah dabei schier über sie hinweg,

„ich kann nicht zu Bruder Friedrich gehen."

Sie ließ ihn ganz erschrocken los.

„Aber du hast es mir versprochen!"

„Aber ich kann nicht!"

„Du kannst nicht? Weshalb kannst du nicht?"

„Christinchen", sagte er und faßte seine Frau an beiden Händen, „ich kann nicht, weil er wieder in seine Kinderstreiche verfallen ist; er hat mir ein Stück Bauholz nach dem Kopf geworfen."

„Was soll das heißen, Christian Albrecht?"

„Das soll heißen, daß mein Bruder Friedrich den goldenen Advokaten zum Prozesse gegen mich bevollmächtigt hat. Er ist justement als wie in seinen Kinderjahren; er hat den Bock, und zwar im allerhöchsten Grade! Und so mag's denn auch von meinetwegen jetzt ein Tänzchen geben!"

Die junge Frau suchte wieder zu begütigen, allein Herr Christian Albrecht war unerbittlich.

„Nein, nein, Christinchen; er muß diesmal fühlen, wie der Bock ihn selber stößt, so wird er sich ein andermal in acht zu nehmen wissen. Wir sollen, so Gott will, noch lange mit unserem Bruder Friedrich leben; bedenk einmal, was sollte daraus werden, wenn wir allzeit laufen müßten, um seinen stößigen Bock ihm anzubinden!"

Und dabei hatte es sein Bewenden. Zwar will man wissen, daß die junge Frau noch einmal hinter ihres Mannes Rücken in des Schwagers Haus geschlüpft sei, um mit den eignen kleinen Händen den Knoten zu entwirren; aber Frau Antje Möllern hatte sie mit frecher Stirne fortgelogen, indem sie fälschlich angab, Herr Friedrich Jovers sei soeben in dringenden Geschäften zum Herrn Siebert Sönksen fortgegangen. Und die Augen der alten Personnage sollen dabei so von Bosheit voll geleuchtet haben, daß die junge Frau zu einem zweiten Versuche keinen Mut hatte gewinnen können.

Ein neues Jahr hatte begonnen, und der Prozeß zwischen den beiden Brüdern war in vollem Gange. Der Herr Vetter Kirchenpropst und der Onkel Bürgermeister hatten sich vergebens als Vermittler zum gütlichen Austrag angeboten; vergebens hatte der letztere gegen den jungen Senator hervorgehoben, daß „kraft seines tragenden Amtes, abseitęn des Ansehens der Familie", die Augen der ganzen Stadt auf ihn gerichtet seien; denn darin schienen die Streitenden stillschweigend einverstanden, daß das Wort der Güte nur fern von fremder Einmischung von dem einen zu dem andern gehen könne. Aber freilich, dazu gab keiner von ihnen die Gelegenheit; der notwendige geschäftliche Verkehr wurde schriftlich fortgesetzt, und eine Menge Zettel: „Der Herr Bruder wolle gelieben" oder „Dem Herrn Bruder zur gefälligen Unterweisung", gingen hin und wider.

Die kleine Seestadt in allen ihren Kreisen hatte sich müde an diesem unerhörten Fall gesprochen, und das Gespräch, wenn irgendwie der Stoff zu anderem ausging, wurde noch immer mit Begierde wieder aufgegriffen. Vollständig munter aber, trotz der Winterkälte, erhielt es sich drüben auf der Beischlagsbank der Frau Nachbarn Jipsen; diese und Frau Antje Möllern winkten jetzt nicht nur mit ihren Köpfen, sondern mit beiden Armen und dem ganzen Leibe nach dem Senatorshause hinüber. Aber in dem letzteren war freilich mittlerweile auch noch ein ganz Besonderes passiert: Ein Sohn war dort geboren worden, und Herr Friedrich Jovers hatte ja für solchen Fall Gevatter stehen sollen!

– – Die junge Frau Senatorn lief indessen schon wieder flink von der Wiege ihres Kindes treppunter nach der Küche und noch flinker von der Küche treppauf nach ihrer Wiege, als eines Morgens Herr Christian Albrecht, nachdem er erst soeben vom gemeinschaftlichen Kaffeetische in sein Kontor gegangen war, wieder zu ihr in das Wohnzimmer trat.

„Christine", sagte er zu seiner immerhin noch etwas bläßlichen Eheliebsten, „bist du heute schon draußen auf unserem Steinhofe gewesen? – – Nicht? – Nun, so alteriere dich nur nicht, wenn du dahin kommst!"

„Um Gottes willen, es hat doch kein Unglück gegeben?" rief die junge Frau.

„Nein, nein, Christine."

„Aber ein Malheur doch, Christian Albrecht; du bist ja selber alteriert!"

Ein Lächeln flog über sein freilich ungewöhnlich ernstes Gesicht.

„Ich denke nicht, Christine; aber komm nur mit und siehe selber!"

Er faßte ihre Hand und führte sie über den Hausflur in die große Schreibstube. Der jüngere Kontorist war nicht zugegen; der alte Friedebohm stand neben seinem Schreibbocke am Fenster und nahm eine Prise nach der andern.

Auch Frau Christine sah jetzt in den Hof hinaus, fuhr aber gleich darauf mit der Hand über ihre Augen, als gälte es, dort ein Spinnweb fortzuwischen.

„Um Gottes willen, was ist das, Friedebohm? Was machen die Leute da auf Bruder Friedrichs Hof? Die Mauer ist ja auf einmal fast um zwei Fuß höher!"

„Frau Prinzipalin", sagte der Alte, „das sind Meister Hansens Leute; sehen Sie, dort kommt schon einer mit der Kelle!"

„Aber was soll denn das bedeuten?"

„Nun" – und Monsieur Friedebohm nahm wieder eine Prise –, „Herr Friedrich läßt wohl ein paar Schuhe höher mauern."

„Aber, Christian Albrecht", und Frau Christine wandte sich lebhaft zu ihrem Mann, der schweigend hinter ihr gestanden hatte, „geschieht denn das mit deinem Willen?"

Herr Christian Albrecht schüttelte den Kopf.

„Aber die Grenzmauer, sie gehört doch uns gleichwohl; wie kann sich Friedrich so etwas unterstehen!"

„Mein Schatz, die Mauer steht auf Friedrichs Grund und Boden."

Die Augen der kleinen Frau funkelten.

„Oh, das ist schlecht von ihm, das hätte ich ihm nicht zugetraut; er hat ein hartes Herz!"

„Da irrst du doch gewaltig, Christinchen", erwiderte Herr Christian Albrecht; „das ist's ja gerade, daß er noch immer sein altes weiches Herz hat; er schämt sich nur, und deshalb läßt er diese große steinerne Gardine zwischen sich und seinem Bruder aufziehen."

Die junge Frau blickte mit unverhohlener Bewunderung auf ihren Mann.

„Aber", sagte sie fast schüchtern und legte ihre Hand in seine; „wie wird er sich erst schämen, wenn er den Prozeß gewinnen sollte!“

„Dann“, erwiderte der Senator, „dann kommt mein Bruder zu mir, denn dann ist der böse Bock gezähmt. Hab ich nicht recht, Papa Friedebohm?“ setzte er in munterem Ton hinzu.

„Ei ja, Gott lenkt die Herzen“, erwiderte der alte Mann, indem er seine Dose in die Tasche steckte und dafür die Feder wieder in die Hand nahm; „aber beim wohlseligen Herrn Senator ist uns solcher Umstand im Geschäft nicht vorgekommen.“

Zwei Tage darauf hatte die Mauer schon eine beträchtliche Höhe erreicht, und noch immer wurde daran gearbeitet. Aus der Schreibstube hinten war dergleichen nie gesehen worden, und der junge Kaufmannsgeselle konnte es nicht lassen, je um eine kleine Weile mit offenem Munde nach den Arbeitern hinzustarren.

„Musche Peters“, sagte der alte Friedebohm, „wolle Er lieber in Seine Bilanzrechnung schauen! Es will sich für Ihn nicht schicken, daß Er über das neue Werk da draußen sich irgendwelche überflüssige Gedanken mache!“ Und der junge Mensch wurde über und über rot und tauchte hastig seine Feder in das Dintenfaß.

Aber auch Monsieur Friedebohm selber konnte sich nicht enthalten, unterweilen über seine Arbeit wegzuschauen; die beiden Gesellen da draußen, insonders der Alte mit dem respektwidrigen langen Barte, wurden ihm mit jeder Stunde mehr zuwider.

„Der struppige Assyrer!“ brummte er vor sich hin, „mag wohl am Turm zu Babel schon getagwerkt haben; wird aber diesmal auch nicht in den Himmel bauen!“

Als gleich darauf Herr Christian Albrecht aus seinem Kabinett hereintrat, sah er seinen Buchhalter sich mit dem Schneiden einer Feder mühen, die er immer näher an die Nase rückte.

„Will’s nicht mit den alten Augen, Papa Friedebohm?“ sagte er freundlich.

Aber Monsieur Friedebohm zuckte bedeutsam mit der einen Schulter nach der Mauer draußen.

„Herr Christian Albrecht, wir haben schon immer das Licht nicht justement mit Scheffeln hier gehabt."

Der Senator warf einen Blick nach dem hohen Werke, an welchem die beiden Gesellen unter lustigem Singen noch immer weiterarbeiteten.

„Ja, ja, Friedebohm", rief er heftig, „du hast recht! Alle Tausend, das geht denn doch übers –"

„Übers Bohnenlied!" wollte er sagen, wo schon derzeit gar nichts darüber ging; aber er schwieg plötzlich, da er auf den jungen Musche Peters sah, der wieder mit offenem Mund an seinem Pulte saß, und ging, nachdem er eine geschäftliche Anordnung erteilt hatte, in sein Kabinett zurück.

– – Nach ein paar Stunden steckte Frau Christine ihr hübsches Köpfchen durch die Tür.

„Darf man eintreten?" frug sie.

„Komm nur!" erwiderte Herr Christian Albrecht von seinem Schreibstuhl aus. „Was hast du auf dem Herzen?"

„Oh", und sie stand schon mitten in dem Stübchen und ließ ihre Blicke an der geschwärzten Decke wandern – „ich wollte nur; – – – aber, Christian Albrecht, hier herrscht ja ägyptische Finsternis! Die schönen Spinngewebe, die unsere Wiebke immer sitzen läßt, die können deine Spinnen nun ruhig weiterweben! Und weißt du, das naseweise Ding – aber ich habe ihr auch einen tüchtigen Wischer gegeben –, sie hat eben die Mauer mit ihrem Eulbesenstiel gemessen; ‚genau elf Fuß nach meiner Elle', sagt sie! Aber sieh nur, Christian Albrecht, nun wird's denn auch nicht höher; sie legen schon die runden Steine obenauf."

Herr Christian Albrecht saß noch immer auf seinem hohen Schreibstuhl, die Feder in der Hand.

„Weißt du, Christine", sagte er, indem er ernsthaft vor sich hin sah, „der Bock meines Herrn Bruders wird mir doch zu mächtig; es tut jetzt not, und ich habe mich auf einen guten Gegenstoß besonnen." Und als sie ihn unterbrechen wollte: „Nein, red mir nicht dazwischen, Frau; ich will auch einmal meinen Willen haben."

Sie faßte ihn leise an dem Aufschlag seines Rockes und zog ihn sanft von seinem Thron herab und dicht zu sich heran.

„O weh", sagte sie und sah ihm ernsthaft in die Augen, „da

habe ich am Ende einen Mann geheiratet, den ich erst heute kennenlerne. Gesteh mir's, Christian Albrecht, du hast doch nicht auch etwa so einen –"

„Zum Kuckuck", rief Herr Christian Albrecht lachend, „im hintersten Stallwinkel wird auch wohl bei mir so einer angebunden stehen; und der soll jetzt heraus ans Tageslicht, trotz aller klugen Frauenzimmer und meiner allerklügsten noch dazu!"

„So, Christian Albrecht? Und in welcher Art" – sie zögerte ein wenig – „soll denn der deine seinen Gegenstoß vollführen?"

„Setz dich, Christine", sagte der Senator, indem er die anmutige Frau auf seinen Schreibthron hob, „und reden wir deutsch mitsammen! In jener Sache da draußen auf dem Hof will ich mein Recht, und keinen Titel davon aufgeben! Aber dazu bedarf es keines Prozessierens, denn es steht klar und bündig in den alten, noch vorhandenen Kaufkontrakten."

„Und weiter, Christian Albrecht?"

„Und weiter, Christine, hat zwar der Besitzer von Friedrichs Hause die Mauer zwischen beiden Häusern aufzuführen und zu unterhalten; aber der des unserigen hat den Halbschied der Kosten dazu beizutragen."

„Wirklich? Auf Höhe von elf Fuß?"

„Ei was, und wenn's die Mauer von Jericho wäre! Das ist meine Sache; wenn ich ihm zahlen will, er muß schon stillhalten und Quittanz dafür erteilen!"

„Und du willst wirklich die Halbschied der Kosten, so das blanke bare Geld dafür dem Bruder Friedrich in sein Haus schicken?"

„Das will ich, Christine; ganz gewiß, das will ich."

Sie sah ihn eine Weile ganz nachdenklich an.

„So, also auf die Art, Christian Albrecht!" sagte sie langsam.

Aber bevor sie ihre Gedanken über diesen kritischen Fall zu ordnen vermochte, kam Botschaft aus der Küche: Die Kochfrau war eben angelangt, und der Bratenwender sollte aufgestellt werden, denn auf morgen gab es ein großes Fest im Hause. Frau Christine gedachte plötzlich wieder der Veranlassung, um deren willen sie das Allerheiligste ihres Mannes aufgesucht hatte; sie ließ sich ihr blaues Haushaltungsbeutelchen bis zum Rande füllen und verließ das Stübchen, den Kopf voll junger Wirtschaftssorgen.

In dem Hause nebenan sollte heute Herr Friedrich Jovers mit seiner ehrsamen Haushälterin selbander speisen, denn sein junger Lübecker Küfer war auswärts in Geschäften. Zuvor aber trat er nach seiner Gewohnheit vor die Haustür und schaute von dem obersten Treppensteine ein paar Augenblicke in das Wetter und rechts die Straße hinab nach dem dort unten sichtbaren Teile des Hafens.

Als er dann wieder ins Haus und gleich darauf in das Wohnzimmer getreten war, stand die Matrone schon mit vorgesteckter Serviette in der kalmankenen Sonntagskontusche hinter ihrem Stuhle.

„Ist Hochzeit in der Stadt, Frau Möllern?" frug er. „Die Schiffe flaggen ja!"

Er setzte sich, und die Alte setzte sich ihm gegenüber; die Frage mochte er wohl schon vergessen haben, denn Herr Friedrich Jovers pflegte seit geraumer Zeit auf dergleichen keine Antwort zu erwarten.

Aber Frau Antje Möllern, welche auf gewisse Dinge ihren Herrn nicht anzusprechen wagte, ließ sich die Gelegenheit nicht entschlüpfen. „Hochzeit?" wiederholte sie scharf, und ein gewisses Zucken um ihre derben Lippen zeigte, daß eine verhaltene Entrüstung zum Ausbruch drängte. „Nein, es ist keine Hochzeit, es ist nur eine Kindtaufe!"

„Eine Kindtaufe, und die Schiffe flaggen?" sagte Herr Jovers gleichgültig. „Ich wüßte doch nicht, daß bei den Honoratioren —"

Aber Frau Möllern vermochte nicht, ihn ausreden zu lassen. „Oh, Herr Jovers, freilich ist es bei den Honoratioren, bei den allerersten Honoratioren; aber eine Schande ist es, eine offenbare Schande, sag ich!"

Herr Jovers wurde doch aufmerksam.

„Was will Sie damit sagen?" frug er kurz.

„Damit, Herr Jovers, will ich sagen, daß Ihr einziger Bruder, der Herr Senator Christian Albrecht Jovers, heute sein erstes Söhnchen taufen läßt; und Sie fragen noch, warum die

Schiffe flaggen!“

Herr Friedrich sagte nichts; aber Frau Antje Möllern entging es nicht, wie ihm die Hand zitterte, während er schweigend den Rest seiner Suppe hinunterlöffelte.

Die grimmigen Augen der Alten begannen plötzlich einen wehleidigen Ausdruck anzunehmen.

„Herr Jovers“, begann sie seufzend, „Ihr Herr Großvater selig und meines Vaters Onkel, was waren das für gute Freunde! Sie wissen das ja auch, Herr Jovers!“

„Zum mindesten“, sagte Herr Jovers, „hat Sie mir das oft genug erzählt.“

„Nun, Herr Jovers, selig Senatorn wußte das ja auch!“

„Ja, ja, Möllern, und auch der alte Friedebohm! Denn in den Büchern meines Großvaters läuft bis zu seinem seligen Ende eine jährliche Ausgabepost: Zehn Pfund Tabak und ein Gewandstück für den armen Krischan Möller.“

Frau Antje schluckte etwas; dann aber, nachdem sie den mittlerweile erschienenen Braten vorgelegt hatte, nahm sie doch den Faden wieder auf.

„Ja, Herr Jovers, sie waren Schulkameraden, und das vergaßen sie sich nicht! Für alle Mittwoch war Herr Christian Möller zu dem Herrn Senator Christian Jovers auf den Kaffee eingeladen; im Sommer tranken sie denselben in dem schönen Gartenpavillon, den Ihr Herr Großvater damalen erst gebaut hatte. Nicht wahr, Herr Jovers, man hätte sie wohl sehen mögen, die alten Herren, wie sie in liebevoller Unterhaltung mit ihren holländischen Pfeifen vor den offenen Gartentüren saßen! – Wenn sie es damalen hätten voraussehen können“, fuhr Frau Antje fort, vor ihrem noch immer unberührten Braten sitzend, „daß der nunmehrige Herr Senator Jovers, oder, sagen wir's nur gradheraus, die nunmehrige Frau Senatorn einen solchen Prozeß um diesen schönen Lustgarten anheben würde, was würden die beiden braven Freunde dazu wohl gesagt haben?“

„Weiß nicht, Möllersch“, sagte Herr Friedrich, der bisher in halber Zerstreuung dagesessen hatte; „vielleicht wäre es meinem Großvater zum Verdruß geschlagen, und er hätte den laufenden Posten von zehn Pfund Tabak und einem Gewandstück ein für allemal gestrichen!“

Die Matrone nagte sich ein paarmal auf die Lippe; dann sprach sie mit andächtigem Aufblick: „Wie wohl hat unser Herrgott es gemacht, daß diese lieben Männer itzt in ihrem Grabe ruhen!"

„Sehr wohl, Möllersch", sagte Herr Friedrich, indem er vom Tische aufstand; „und da lasse Sie die beiden alten Leute nur, und sorge Sie für Ihre Leibesnahrung, damit Sie nicht vor der Zeit bei Ihres Vaters Onkel zu ruhen komme! Zunächst aber hole Sie mir den Überrock von draußen aus dem Schrank!"

Als das geschehen war, ging Herr Friedrich aus dem Hause, ohne zu sagen, wohin und wann er wiederkommen werde; Frau Antje aber legte zuvörderst die Serviette zusammen, welche der sonst so akkurate Herr als wie ein Wischtuch auf dem Tische hatte liegenlassen, und machte sich dann voll stillen Ingrimms über ihren Braten her.

– Am selbigen Abend, da es vom Kirchturme acht geschlagen hatte, stand Herr Friedrich Jovers auf seinem Steinhofe mit dem Rücken an der Mauer eines Hintergebäudes und blickte unverwandt nach den hell erleuchteten Saalfenstern seines Elternhauses, deren unterste Scheiben die neue Mauer noch so eben überragten.

Ganz heimlich, vor allem als dürfe Frau Antje Möllern nichts davon gewahren, war er nach seiner Rückkehr hier hinausgeschlichen. Weshalb, wußte er wohl selber kaum; denn mit jedem Gläserklingen, das zu ihm herüberscholl, mit jeder neuen Gesundheit, deren Worte er deutlich zu verstehen glaubte, drückte er die Zähne fester aufeinander. Gleichwohl stand er wie gebannt an seinem Platze, sah in das Blitzen der brennenden Kristallkrone und horchte, wenn nichts anderes laut wurde, auf den Schrei des alten Papageien, der, wie er wohl wußte, bei der Festtafel heute nicht fehlen durfte.

Da erschien an einem der Fenster, gerade an dem , welches seinen Schein auf Herrn Friedrichs Standplatz warf, eine zierliche Frauengestalt. Er konnte das Antlitz nicht erkennen; aber er sah es deutlich, daß der Kopf des Frauenzimmers, wie um ungehinderter hinauszuschauen, sich mit der Stirn an eine Scheibe drückte. Doch auch das schien ihr noch nicht zu genügen; ein Arm streckte sich empor, wie um die obere Haspe zu erreichen, und jetzt, während im Saale neues Gläserklingen sich erhob und der Papagei dazwischenschrie, wurde leise der Fensterflügel aufgestoßen.

Herr Friedrich erkannte seine Schwägerin. Sie lehnte sich hinaus, sie legte die Hand an ihren Mund, als ob sie zu ihm hinüberrufen wolle; und jetzt hörte er es deutlich, wenn es auch nur wie geflüstert klang: Es war sein Name, den sie gerufen hatte. Und da er wie ein steinern Bild an seiner Mauer blieb, kam es noch einmal zu ihm herüber, und dann, als wolle sie ihm winken, erhob sie langsam ihre Hand und deutete dann wieder nach dem hellen Festsaal. – Was hatte sie vor? Wollte sie ihn noch jetzt zur Taufe laden? Er wußte, sie konnte solche Einfälle haben; er wußte auch, wenn er jetzt ihr folgte, er würde seinem Bruder den besten Teil des Festes bringen; aber – der Garten! Nach ein paar fürsorglichen Andeutungen des Herrn Siebert Sönksen stand in allernächster Zeit eine abfällige Sentenz bei dem Magistrate hier in Aussicht! – Nein, nein, die zweite Instanz mußte beschritten, der Prozeß mußte dort gewonnen werden; waren doch auch die weitschichtigen Rezesse des Goldenen von vornherein auf diese höhere Weisheit nur berechnet gewesen!

Herr Friedrich Jovers wollte sein Recht. Frau Christine hatte es selbst gesagt, er konnte nicht anders, er war ein Trotzkopf; er rührte sich nicht, der Bock hielt ihn mit beiden Hörnern gegen die Mauer gepreßt.

Freilich wußte er es nicht, daß Christian Albrecht ihn im Gevatterstande vertreten und seinen Erstgeborenen getrost auf seines Bruders und des Urgroßvaters Namen hatte taufen lassen. Da drüben aber wurde das Fenster zögernd wieder zugeschlossen.

Wenige Tage später stand der vierschrötige Maurermeister Hinrich Hansen, wohlrasiert, seinen Dreispitz in der Hand, im Kabinette des Senators Christian Albrecht Jovers.

„Also“, frug dieser, „zweihundertundvierzig Reichstaler war die Verdingsumme für das Werk da draußen, und Er hat den Betrag bereits empfangen?“

Meister Hansen bejahte das.

„Weiß Er denn wohl“, sagte der Senator wieder, „daß

mein Bruder Ihm da um die Hälfte zuviel gegeben hat?"

Der alte Handwerksmann wollte aufbrausen; das griff an seine Zunft- und Bürgerehre.

„Laß Er nur, Meister", sagte Herr Christian Albrecht und legte beschwichtigend die Hand auf den Arm des neben ihm Stehenden. „Seine Arbeit ist auch diesmal rechtschaffen; aber Er weiß doch, was ein Hauskontrakt bedeutet?" Und damit schob er ihm das vergilbte Schriftstück zu, welches aufgeschlagen auf dem Pulte lag.

Der Meister zog seine Messingbrille hervor und studierte lange und bedächtig unter Beistand seines Zeigefingers den ihm bezeichneten Paragraphen; endlich klappte er die Brille zusammen und steckte sie wieder in das Futteral.

„Nun?" frug Herr Christian Albrecht.

Der Meister antwortete nicht; er fuhr mit seinen Fingern in die Westentasche und suchte nach einem Endchen Kautabak, womit er in schwierigen Umständen seinen Verstand zu ermuntern pflegte.

„Nicht wahr, Meister", sagte der Senator wieder, „da steht es klar und deutlich?"

Der Meister kam nun doch zu Worte.

„Mag sein, Herr", erwiderte er stockend, „aber es ist mir denn doch alles voll und richtig ausbezahlt!"

Der Senator ließ sich das nicht anfechten.

„Freilich, Meister; aber die eine Hälfte war ja nicht Herr Friedrich Jovers, sondern ich Ihm schuldig! Das macht auf den Punkt einhundertundzwanzig Reichstaler. Hier sind sie, wohlgezählt in Kron- und Markstücken; und nun gehe Er zu Herrn Friedrich Jovers und zahle er ihm zurück, was Er von ihm zuviel empfangen hat!"

Meister Hansen zögerte noch; in seinem Kopfe mochte die Vorstellung von einem etwas kuriosen Umwege auftauchen, aber bevor er mit seinen schwerbeweglichen Gedanken darüber ins reine kam, war schon das Geld in seiner Tasche und er selbst zur Tür hinaus.

Herr Christian Albrecht rieb sich vergnügt die Hände.

„Was wird Bruder Friedrich dazu sagen? Stillhalten muß er schon; hier steht's!" Und er tupfte mit den Fingern dreimal zuversichtlich auf den alten Hauskontrakt.

Da wurde an die Tür gepocht. Der Schreiber seines Sachwalters überbrachte ihm einen Brief.

Als der Überbringer sich entfernt und Herr Christian Albrecht den Brief gelesen hatte, war der eben noch so vergnügliche Ausdruck seines Angesichts mit einem Mal wie fortgeblasen.

„Musche Peters“, sagte er kleinlaut, indem er die Tür zur großen Schreibstube öffnete, „bitte Er doch die Frau Senatorin, auf ein paar Augenblicke bei mir vorzusprechen!“

Die Frau Senatorin ließ nicht auf sich warten.

„Da hast du mich, Christian Albrecht!“ rief sie fröhlich, „aber“ — — und sie schaute ihm ganz nahe in die Augen, „fehlt dir etwas? Es ist doch kein Unglück geschehen?“

„Freilich ist ein Unglück geschehen, Christinchen; da — lies nur diesen Brief!“

Ihre Augen flogen über das Papier.

„Aber, Christian Albrecht, du hast ja den Prozeß gewonnen!“

„Freilich, Christinchen, hab ich ihn gewonnen!“

„Und das nennst du ein Unglück? Da hast du ja alles nun in deiner Hand!“

„Hatte ich in meiner Hand, mußt du sagen! Fünf Minuten vor Empfang dieses Schreibens habe ich durch Meister Hansen die Hälfte der unseligen Mauergelder an Bruder Friedrich abgesandt.“

Frau Christine schlug die Hände ineinander.

„Das wird eine schöne Geschichte werden! — Du!?“ — und sie drohte ihm mit dem Finger — „ich hatte es dir vorhergesagt!“

Und es wurde eine schöne Geschichte; denn zu derselben Zeit stand im Nachbarhause der Meister Hansen vor dem Herrn Friedrich Jovers.

Bei seinem Eintritt in den Hausflur war der goldene Advokat gegen ihn angeprallt und dann wie in blindem Geschäftseifer an ihm vorbeigeschossen. Im Zimmer selbst saß der Hausherr mit einem Schriftstück in der herabhängenden Hand, das mit vielen Schnörkeln begann und mit dem großen Magistratssiegel endete. Er schien über den zuvor gelesenen Inhalt nachzusinnen und nicht gehört zu haben, was ihm der Meister eben vorgetragen hatte; als dieser aber aus seiner Hand ein paar schwere Geldrollen auf den Tisch fallen ließ, richtete er sich plötzlich auf.

„Geld? Was soll das?“ rief er. „Was sagt Er, Meister Hansen?“

Der Meister trug noch einmal seine Sache vor, und jetzt hatte Herr Friedrich zugehört und recht verstanden.

„So?“ sagte er anscheinend ruhig, indem er sich von seinem Sitz erhob; aber sein Antlitz rötete sich bis unter das dunkle Stirnhaar. „Also dazu hat Er sich gebrauchen lassen?“ – Dann ergriff er plötzlich die beiden Geldrollen und machte eine Armbewegung, die den stämmigen Meister fast zur Gegenwehr veranlaßt hätte.

Aber Herr Friedrich besann sich wieder.

„Setz Er sich!“ sagte er kurz; dann ging er rasch zur Stubentür und über den Hausflur nach dem Hof hinaus.

Der junge Küfer, der vor der offenen Kellertür des Lagerraums beschäftigt war, sah mit Verwunderung den Herrn Prinzipal bald mit vorgestrecktem Kopfe auf dem Klinkersteige des Hofes dröhnend hin und wider schreiten, bald wieder ein Weilchen stillestehn und mit halb scheuen Blicken an der hohen Scheidemauer hinaufschauen.

Das mochte eine Viertelstunde so gedauert haben; endlich, wie in raschem Entschluß, ging Herr Friedrich in das Haus zurück. Als er ins Zimmer trat, fand er den Handwerksmann auf demselben Stuhle, wo er ihn gelassen hatte.

„Meister“, sagte er, aber es war, als werde bei den wenigen Worten ihm der Atem kurz, „hat Er Leute in Bereitschaft? So etwa fünf oder sechs, und noch heute oder doch morgen schon?“

Der Meister war aufgestanden und besann sich.

„Nun, Herr Jovers, es ginge wohl! Mit der Stadtswaage sind wir jetzt soweit; ein Stücker fünfe könnten schon gemißt werden.“

„Gut denn, Meister“ – und Herr Friedrich ergriff noch einmal, und nicht minder heftig als vorhin, die beiden auf dem Tische liegenden Geldrollen –, „so baue Er mir die Mauer auf meinem Hofe noch um soviel höher, als dieses Silber dazu reichen will!"

Der Handwerksmann schien kaum zu merken, daß während dieser Worte die Rollen schon in seinen Händen lagen.

„Hat Er mich nicht verstanden?" fuhr Herr Friedrich fort, da der andere keine Antwort gab.

„Freilich, Herr; das ist wohl zu verstehen; aber" – und der Meister schien ein paar Augenblicke nachzurechnen – „das gäbe ja noch an die sechs bis sieben Fuß!"

„Meinetwegen", sagte Herr Friedrich finster, „nur sorge Er dafür, daß es um keinen Schilling niedriger und auch um keinen höher werde, als wozu Er da das Geld in Händen hat!"

„Hm", machte der alte Mann und sah den jüngeren mit einem Blicke an, als ob ihm plötzlich ein Verständnis komme, „wenn Sie es denn so wollen, Herr Jovers; es ist Ihre Sache."

Herr Jovers wandte sich ab.

„So wären wir fertig miteinander!" sagte er hastig. „Fanget nur gleich morgen an, damit ich der Unruhe in Bälde wieder ledig werde!"

Als Meister Hansen dann hinausgegangen war, warf er sich auf einen Stuhl am Fenster und starrte auf die leere Straße. Er schien keine Gedanken zu haben; vielleicht auch wollte er keine haben.

Und schon am andern Tage, während der Herr Onkel Bürgermeister und der Herr Vetter Kirchenpropst noch einmal ihr vergebliches Versöhnungswerk betrieben, wurde zwischen den Höfen der beiden Brüder rüstig fortgemauert, und der struppige Assyrer sang dabei alle Lieder, die er auf seinen Kreuz- und Querzügen aus der Fremde heimgebracht hatte. Im Hause des Senators wurden die Schreibstuben mit jeder neuen Steinlage immer mehr verdunkelt, und der alte Friedebohm ertappte sich zu seinem Schrecken mehr als einmal, wie er müßig vor dem Fenster stand und, eine vergessene Prise zwischen den Fingern, diesem, wie er es bei sich selber nannte, babylonischen Beginnen zusah. Auf der andern Seite ging Herr Friedrich Jovers, wenn er auf dem Wege zu seinen Geschäftsräumen den Hof betreten mußte, hastig und ohne jemals aufzublicken, daran vorüber. Dann, nach Verlauf einiger Tage, hörte das Mauern und das Singen auf; die Handwerker waren fort, das neue Werk war fertig.

Statt dessen vernahm Herr Friedrich am nächsten Vormittage ein Geräusch, das ihm wie mit einem Schlage die seltensten, aber höchsten Freuden seiner Knabenjahre vor die Seele führte; er hatte eben die Hoftür geöffnet und seinem draußen beschäftigten Ausläufer etwas zugerufen, als er horchend stehenblieb. Er wußte es genau; er sah es vor sich, wie jetzt drüben auf dem Hofe des Elternhauses die großen Reisemäntel ausgeklopft wurden; ja, er sah sich selbst als Knaben in seinen Sonntagskleidern an seiner Mutter Hand danebenstehen und hörte den frohen Ton ihrer Stimme, womit sie bei solchem Anlaß einstmals ihrer Kinder Herz erfreute.

Er erschrak fast, als der Gerufene ihm jetzt entgegentrat, und ihm entfiel unwillkürlich die Frage, was denn für eine Reise drüben wohl im Werke sei. Aber bevor der Mann den Mund aufzutun vermochte, kam bereits die Antwort aus der nahe liegenden Küche: Frau Antje Möllern hatte selbstverständlich schon lange die genauesten Nachrichten; ein Glück, daß sie es endlich nun erzählen konnte! Die junge Frau Senatorn wollte mit ihrem Erbprinzen auf Besuch zu ihren Eltern, obschon das liebe Kind mit jedem Tag ins Zahnen fallen könne und Pankratius und Servatius noch nicht einmal vorüber seien; und der gute Herr Senator müsse auch mit auf die Reise, denn was kümmere das die Frau Senatorn, daß eine große Ladung Ostseeroggen erst eben auf der Reede angekommen sei!

„Herr Jovers!" schloß Frau Antje ihre Rede, als der Arbeitsmann sich entfernt hatte, und wies mit dem Daumen nach dem Hofe zu, „glauben Sie es, oder glauben Sie es nicht – die hat's nicht ausgehalten, daß sie uns von drüben nun nicht mehr in unsere Töpfe gucken kann!"

Ein fast grimmiges Zucken fuhr um Herrn Friedrichs Lippen; dann aber sah er die alte Dame nur eine Weile mit etwas starren Augen an.

„Also das ist Ihre Meinung, Möllersch?" sagte er trocken, und als sie hierauf beteuernd mit ihrem dicken Kopf genickt hatte, setzte er hinzu: „So wolle Sie die Güte haben, dergl eichen Meinung künftig bei sich selber zu behalten!"

Als er das gesprochen hatte, ging er fort, und Frau Antje blieb, die Hände über ihrem starken Busen gefaltet, noch eine ganze Weile stehen, die Augen unbeweglich nach der Richtung, in der ihr Herr verschwunden war. Dann plötzlich trabte sie an den verlassenen Herd zurück und rührte unter heftigen Selbstgesprächen in dem über dem Dreifuß stehenden Topfe, daß die kochende Brühe zu allen Seiten in die lodernden Flammen spritzte.

Es war unverkennbar, daß die Mauer draußen, obgleich sie keineswegs behagliche Gefühle in ihm erweckte, nach ihrer abermaligen Vollendung eine geheimnisvolle Anziehungskraft auf Herrn Friedrich Jovers übte. Freilich hatte er noch immer vermieden, an dem neuen Werk emporzusehen; jetzt aber, nachdem der Abend herangekommen war, ließ es ihm auch hierzu keine Ruhe mehr. Er hatte sich vorgespiegelt, sein junger Küfer, der zur gewohnten Stunde aus dem Geschäft gegangen war, könne das Auffüllen der neuen Fässer unterlassen haben, welche in dem Keller hinter dem Hofe lagen; allein er hatte schon darum vergessen, als er kaum den Hof betreten hatte.

Oben an dem dunkeln Frühlingshimmel schwamm die schmale Sichel des Mondes und warf ihr bläuliches Licht auf den oberen Rand der Scheidemauer und das Dach des elterlichen Hauses. Herr Friedrich stand jetzt an derselben Stelle, von wo aus er an jenem Abend ein stummer Zeuge der Familienfeierlichkeit gewesen war; er stand dort ebenso stumm und unbeweglich, aber auf seinem Antlitz lag jetzt ein unverkennbarer Ausdruck der Bestürzung. Sosehr er seine Augen anstrengte, es wurde nicht anders: Hinter dem neuen Maueraufsatz waren die Fenster des alten Familiensaales bis zum letzten Rand verschwunden.

Es war schon spät am Abend; nichts regte sich, weder hüben noch drüben; nur das Klirren eines Fensterflügels, der im Hauptbau auf der andern Seite offenstehen mochte, wurde dann und wann im Aufwehen der Nachtluft hörbar. Herr Friedrich wollte eben in sein Haus zurückkehren, da tönte von drüben plötzlich die Stimme des alten Kuba-Papageien:

„Komm röwer!“ und nach einer Weile noch einmal: „Komm röwer!“ Wie ein eindringlicher Ruf, fast schneidend, klang es durch die Stille der Nacht; dann nach kurzer Pause folgte ein gellendes Gelächter. Herr Friedrich kannte es sehr wohl; der verwöhnte Vogel pflegte es auszustoßen, wenn ihm die Nachahmung der eingelernten Worte besonders wohl gelungen war. Aber was sonst als der unbehülfliche Laut eines abgerichteten Tieres gleichgültig an seinem Ohr vorbeigegangen war, das traf den einsamen Mann jetzt wie der neckende Hohn eines schadenfrohen Dämons.

„Komm röwer!“ seine Lippen sprachen unwillkürlich diese Worte nach; über seine selbstgebaute Mauer konnte er nicht hinüberkommen.

Noch lange stand er, das Hirn voll grübelnder Gedanken, ohne daß etwas anderes als das gewöhnliche Geräusch der Nacht zu seinem Ohr gedrungen wäre; fast sehnte er sich, noch einmal den Schrei des Vogels zu vernehmen; als aber alles still blieb, ging er ins Haus und legte sich zum Schlafen nieder.

Allein er hörte eine Stunde nach der andern schlagen, und da er endlich schlief, war es nur eine halbe Ruhe. Ihm war, als sei er auf dem Wege zum Garten; aus der Pforte kamen seine Eltern ihm entgegen, von denen er gemeint hatte, daß sie beide schon im Grabe lägen; als er auf sie zuging, sah er, daß ihre Augen fest geschlossen waren; er wollte sie eben bitten, ihn doch anzusehen, da war die hohe Mauer vor ihm aufgestiegen, und dahinter scholl das Gelächter des alten Kubavogels, das wie in einem Echo an hundert Mauern hin und wider sprang.

— — Das Geräusch eines dicht unter seinen Fenstern vorüberrollenden Wagens weckte ihn. Es war schon Morgenfrühe; die dicke goldene Taschenuhr, welche er von seinem Nachttisch langte, zeigte auf reichlich fünf Uhr. Rasch war er aus dem Bette, zog das Vorhängsel von einem Guckfenster in der vorspringenden Seitenwand zurück und sah auf die Straße hinab. Von Osten her lagen die Häuserschatten noch auf den feuchten Steinen und bis hoch an den gegenüberstehenden Gebäuden hinauf; vor der Treppe des brüderlichen Hauses hielt ein bespannter Reisewagen: Koffer wurden durch den alten Diener hintenauf geladen und Kisten und Schachteln unter den Wagenstühlen festgebunden. Bald darauf sah er seinen Bruder und Frau Christine in Reiserock und Mantel aus dem Hause treten; dann folgte eine gleichfalls reisefertige Magd mit einem anscheinend nur aus Tüchern bestehenden Bündelchen, an welchem die junge Frau Senatorn noch viel zu zupfen und zu stecken hatte und worin Herr Friedrich nicht ohne Grund seinen ihm noch unbekannten jungen Neffen vermutete.

Endlich war alles auf dem Wagen. Herr Friedebohm, von der obersten Treppenstufe, schien eiligst noch mit Kopf und Händen die Versicherung getreuen Einhütens zu erteilen; dann klatschte der Kutscher, und bald war die Straße leer, und Herr Friedrich hörte nur noch das schwache Rollen des Wagens droben in der Stadt, wo es zum Ostertor hinausführte.

Aber auch ihn duldete es nun nicht länger im Hause; rasch war er angekleidet und ging in den frischen Morgen hinaus. Er war hinten um die Stadt herumgegangen, an der stillen Gasse vorüber, in welcher die Pforte zu dem Familiengarten sich befand; jetzt schritt er langsam, seinen Rohrstock unter dem Arme, drüben auf dem breiten Gange des Kirchhofes und schaute über den alten Hagedornzaun nach dem seit einem halben Jahre von ihm gemiedenen Familiengrundstücke hinüber. Bäume und Sträucher standen schon in lichtem Grün, und dort von den jungen Apfelbäumen, die sein Vater, der alte Herr Senator, noch gepflanzt hatte, lachten ihn die ersten roten Blütensträuße an. Bald auch gewahrte er mit Verwunderung, daß der Garten, wie in jedem Frühjahr, in ordnungsmäßigen Stand gesetzt war, und – täuschte ihn denn sein Ohr? – er hörte ein Geräusch, als ob geharkt und darauf Beete mit dem Spaten angeklopft würden; aber der Pavillon und das hohe Gebüsch zu dessen Seiten verwehrten ihm die Aussicht.

Er blieb stehen und lauschte, während das Geräusch des Arbeitens sich ebenmäßig fortsetzte. Da wallte es in ihm auf; wer konnte sich unterstehen, den in Streit befangenen Garten anzufassen?

„Heda!“ rief er. „Was wird da getrieben?“

Das Arbeiten hörte auf, und nach einigen Augenblicken trat der alte Andreas mit einem Spaten auf der Schulter hinter dem Pavillon hervor.

„Er, Andreas?“ herrschte ihn Herr Friedrich an. „Was hat Er hier zu schaffen? Hat Ihn mein Bruder etwa hier zur Arbeit herbeordert?“

Der Alte schob seine Pudelmütze von einem Ohr zum andern. Die Frage mochte ihm unerwartet kommen; hatte er doch noch von dem seligen Herrn her einen Schlüssel zu der Gartenpforte und seit über einem Vierteljahrhundert einzig nach dem Kalender, den er in seinem Kopfe trug, die Beete umgegraben, Erbsen und Bohnen nach seiner eigenen Wissenschaft gelegt und Bäume und Gesträuche angebunden und beschnitten.

„Herbeordert?“ sagte er endlich. „Nein, Herr; so herbeordert hat mich niemand; aber wenn's nicht alles in die Wildnis gehen sollte, so war es just die höchste Zeit.“

„Was kümmert Ihn das“, rief Herr Friedrich, „ob es hier verwildert?“

Der Alte hatte seinen Spaten in die Erde gestoßen.

„Was mich das kümmert?“ wiederholte er und sah völlig verdutzt zu dem Sohne seines alten Herrn hinüber.

„Freilich Ihn!“ fuhr dieser fort; „denn wer wohl, meint Er, daß Ihm Seine Arbeit hier bezahlen werde?“

„Nun, Herr; es wird schon alles angeschrieben.“

„So schreib Er's gleich nur in den Schornstein“, rief Herr Friedrich, „und vertu Er Seine Zeit nicht, die Er besser brauchen kann!“

Andreas wischte mit der Hand den Schweiß von seiner Stirne.

„Wenn das Ihr Ernst ist, Herr Jovers“, sagte er, „so kann ich freilich nur nach Feierabend hier noch arbeiten; das aber“ – und er erhob den Spaten und zeigte damit nach dem Kirchhofe hinüber – „tu ich meiner alten Herrschaft da zuliebe.“

Herr Friedrich sagte nichts; Andreas aber ging mit seinem Spaten fort, und bald wurde wieder das einförmige Geräusch des Grabens in der Morgenstille hörbar.

Der andere stand noch eine Weile an derselben Stelle, als

müsse er die Spatenstiche zählen, die er drüben den alten Arbeiter machen hörte; dann wandte er sich plötzlich und ging weiter in den Kirchhof hinein, bis zu dem Grabe seiner Eltern. Hier saß er lange auf den Steinen, welche die Familiengruft bedeckten, und blickte auf den grünen Koog hinunter und darüber hinaus auf den silbernen Strich des Meeres, wo in der Ferne die Masten des guten, ihm so wohlbekannten Schiffes „Elsabea Fortuna" sichtbar wurden.

Als es in der Stadt vom Turme sieben schlug, stand er wieder an dem alten Gartenzaune. Der vorübergehende Totengräber, dessen Gruß er nicht zu bemerken schien, gewahrte mit Verwunderung, wie Herr Friedrich Jovers mit seinem Stocke recht unbarmherzig gegen einzelne der alten Büsche stieß, während doch, wie von einem frohen Entschluß, ein stilles Lächeln auf seinem Antlitz lag.

Plötzlich aber richtete Herr Friedrich sich auf und schritt aus dem Kirchhofe in die Stadt hinein; er schritt nicht seiner Wohnung zu, sondern die lange Osterstraße hinauf, wo das Haus des Meisters Hinrich Hansen lag.

Und acht Tage später, an einem sonnigen Spätnachmittage, hielt der Chaisewagen des Senators wieder vor dessen Haustür; die Reisenden samt Kind und Kindsmagd waren heimgekehrt. Als der schlafende Erbe glücklich vom Wagen und oben in der Kinderstube untergebracht war, lief die junge Frau, wie zu neuer freudiger Besitznahme, durch alle Räume ihres Hauses, und als sie hier überall gewesen war und, dank der alten schwiegerelterlichen Köchin, alles in musterhafter Ordnung vorgefunden hatte, schritt sie langsam den Gang hinab, der an der Küche vorbei zur Hoftür führte. Ihr Gesicht war plötzlich ernst geworden, und es dauerte eine Weile, bevor sie die Klinke aufdrückte und hinaustrat.

Allein so zögernd sie hinausgegangen war, so rasch kam sie jetzt zurück; sie flog fast an der Küche vorüber nach dem Hausflur; ihre Augen strahlten.

„Christian, Christian Albrecht!" rief sie. „Wo steckst du? Komm doch, komm geschwinde!"

Da trat er schon mit heiterem Antlitz aus der Schreibstube

auf sie zu.

„Komm!" rief sie nochmals und ergriff ihn bei der Hand. „Ein Wunder, Christian Albrecht, ein wirkliches Wunder! Wie aus dem Döntje von dem Fischer un sine Fru! Ein schwarzer jütscher Topf, ein Haus, ein Palast; immer höher und höher, und dann eines angenehmen Morgens – ‚Mantje Mantje Timpe Te!' –, da sitzen sie wieder in ihrem schwarzen Pott!" Und sie sah mit glückseligen Augen zu ihrem Mann empor.

Auch aus seinen guten Augen leuchtete ein Strahl des Glückes.

„Ich habe es schon gesehen", sagte er; „aber es ist kein Wunder, es ist viel besser als ein Wunder."

Und als sie dann Arm in Arm auf den Hof hinaustraten, der wieder hell und frei wie früher vor ihnen lag, da sahen sie die hohe Mauer bis auf ihr altes Maß hinabgeschwunden, und hinter der niedrigen Grenzscheide stand Herr Friedrich Jovers und streckte schweigend dem Bruder seine Hand entgegen.

„Friedrich!"

„Christian Albrecht!"

Die Hände lagen ineinander; aber jetzt erhob Herr Friedrich den Kopf, als ob er nach den Fenstern des elterlichen Hauses hinüberlausche.

„Worauf hörst du, Bruder?" frug ihn der Senator.

Einen Augenblick noch blieb der andere in seiner horchenden Stellung, dann ging ein Lächeln über sein ernstes Gesicht.

„Ich meinte, Bruder, daß unser alter Papagei mich riefe, aber er hat es neulich abends schon getan."

Und als er das gesagt hatte, legte er die eine Hand auf den oberen Rand der Mauer, und mit einem Satze schwang er sich hinüber.

„Mein Gott, Friedrich", rief Frau Christine, indem sie einen raschen Schritt zurücktrat, „ich habe dich noch niemals springen sehen!" Und dabei standen ihre Augen voll von Tränen.

Er faßte seine Schwägerin an beiden Händen. „Christine", sagte er, „dieser Sprung war nur ein Symbolum; ich werde künftig wieder hübsch auf ebener Erde bleiben."

Der Senator blickte heiter in den nun wieder frei gewordenen Luftraum.

„Lieber Bruder", begann er mit bedächtigem Lächeln, „die ganze Mauer war ja eigentlich nur ein Symbolum, außer daß sie denn doch leibhaftig dagestanden, und währenddem der alte Friedebohm sich seine Federn nicht mehr schneiden konnte –"

Herr Friedrich unterbrach ihn: „Wenn's gefällig wäre, so nehmet noch einmal euere eben abgelegten Hüte und begleitet mich auf einer kurzen Promenade!"

„Was du willst, Friedrich!" rief Frau Christine. „Alles, was du willst!" Und da Herr Christian Albrecht gleichfalls einverstanden war, so gingen sie miteinander durch das elterliche Haus, und Herr Friedrich führte sie den bekannten Weg hinten um die Stadt, an der grünen Marsch entlang und wieder in die Stadt hinein.

Sie hatten längst bemerkt, daß er sie zu dem in Streit befangenen Garten führte; aber sie fragten nicht, sie gingen schweigend und in freudiger Erwartung neben dem Bruder her.

Am Eingange empfing sie der alte Andreas, die Steigharke in der Hand, ein schelmisches Schmunzeln im Gesicht. Alles zeigte sich in schönster Ordnung; an den jungen Apfelbäumen waren alle Blütensträuße aufgebrochen.

Herr Friedrich beschleunigte seine Schritte, während er den Muschelsteig zum Pavillon hinauf-, dann aber an demselben vorbei- und nach der Kirchhofseite zuschritt. Als sie hier aus dem Gebüsch hinaustraten, stieß Frau Christine einen leichten Schrei aus, wie er sich in freudiger Überraschung so anmutig von dem Frauenherzen löst; denn an der Stelle des krüppelhaften Zaunes, welcher sonst die Scheide gegen den Kirchhof hin bezeichnet hatte, erhob sich vor ihnen eine stattliche Mauer, wie Herr Christian Albrecht sie sich immer hier gewünscht hatte.

„Nun, gewißlich", rief die hübsche Frau, „da steht es vor uns, auch die Liebe kann –"

Aber Herr Friedrich nahm ihr das Wort vom Munde. „Die Frau Schwester meinen", sagte er höflich, „Meister Hansens

Leute können, wenn auch keine Berge, so doch eine Mauer recht gescheit versetzen; mich selber anbelangend, so habe ich hierbei auf des Herrn Bruders gütigen Konsens gerechnet. Und, Christian Albrecht", fuhr er in herzlichem Tone fort, indem er sich zu seinem Bruder wandte, „hiemit, so du gleichen Sinnes bist, ist unser Prozeß am Ende; du hast das Urteil unseres Magistrates für dich; meinen Einspruch habe ich zurückgezogen. Tue du nun ein übriges und bestimme als der Älteste, wie es mit dem Garten soll verhalten werden! Wie du die Teilung vornimmst, ich bin es jedenfalls zufrieden."

Herr Christian Albrecht hatte dieser Rede zugehört wie einer, welcher zugleich einem eigenen Gedanken nachgeht.

„Ist das dein Ernst, Friedrich?" sagte er, seinem Bruder voll ins Antlitz sehend; „dein wohlbedachter Ernst?"

„Mein voller, wohlbedachter Ernst", erwiderte Herr Friedrich ohne Zögern.

„Nun denn", rief Christian Albrecht freudig, „so teilen wir gar nicht, Bruder Friedrich! ‚Jovers' Garten' hat es hier von Großvaters Zeiten her geheißen, so darf es jetzt nicht Christian Albrechts und Friedrichs Garten heißen!"

Einen Augenblick lang zogen Herrn Friedrichs dunkle Brauen sich zusammen, als ob er über einen Gewaltstreich seines Bruders zürnen müsse; dann aber wurde es plötzlich hell auf seinem Antlitz, wie Christian Albrecht in so raschem Wechsel es nur bei ihrem Vater einst gesehen hatte. Lebhaft ergriff er seines Bruders Hand: „Topp, Christian Albrecht! Aber wie war's nur möglich, daß dies damals keinem von uns beiden eingefallen ist?"

Herr Christian Albrecht lächelte.

„Ich glaube, Friedrich, wir haben damals beide etwas laut geredet; da konnten wir die eigene Herzensmeinung nicht vernehmen."

Frau Christine, die in stiller Freude dem Gespräch der Brüder zugehört hatte, hob jetzt ihre Uhr empor, die sie, noch von der Reise her, an einem schweren Gürtelhaken bei sich führte.

„Vesperzeit, wenn's beliebet!" rief sie. „Und Friedrich, du speisest doch heut abend bei uns? Die alte Margret wird schon löblich vorgesehen haben! Freilich – deine perdrix aux truffes, die hast du ein für allemal verlaufen."

Es war zu Ende Juli. Frau Antje Möllern saß bei Frau Nachbarn Jipsen auf der Beischlagsbank und erzählte dieser noch einmal, wie schon mehreremal zuvor, daß es nun nichts nütze, da drüben noch länger hauszuhalten; denn die da – und sie nickte nicht eben sanft nach dem alten Kaufherrnhaus hinüber – haben nun auch Herrn Friedrich Jovers ganz in ihren Schlingen; sie, Antje Möllern, habe dies dem letzteren auch rundheraus gesagt und dann zugleich auf Michael gekündigt; und Frau Nachbarn Jipsen erwiderte darauf, heute gleichfalls nicht zum ersten Mal, daß sie das alles längst vorausgesehen habe.

Unten im Ratsweinkeller saß an diesem warmen Nachmittage der goldene Advokat und demonstrierte dem Herrn Stadtsekretär, der aus den oberen Rathausräumen zu einem kühlen Trunk herabgestiegen war, wie er die scharfsinnigen Deduktionen seiner Klage- und Replikrezesse, welche – ganz sub rosa – denn doch über den Horizont des ehrenwerten Magistrats hinausgingen, nun leider ganz umsonst geschrieben habe; und der stets höfliche Herr Stadtsekretär tupfte dem Goldenen recht freundlich auf die Schulter und sagte lächelnd: „Umsonst, Herr Siebert Sönksen? Doch wohl nicht ganz umsonst! Da müßten wir die Herren Jovers sonst nicht kennen!" – Und der Goldene lächelte gleichfalls und griff behaglich nach seinem Spitzglas Roten.

Draußen in den Gärten aber war es in der Stachelbeerenzeit, und in „Jovers' Garten" war heute überdies ein großer Familienkaffee. Der Herr Onkel Bürgermeister und der Herr Vetter Kirchenpropst mit ihren Frauen waren da, und der alte Friedebohm und der alte Andreas waren da, jeder an dem Platze, der ihnen zukam, und der alte Papagei saß auf seiner hohen Stange vor dem Pavillon, und auch Musche Peters in seinem neuesten Anzug mit einer kleinen Zopfperücke fehlte nicht. Selbst den kleinen Erbprinzen hätte man in seinem Kinderwagen an einem stillen Schattenplätzchen finden können, freilich bis jetzt nur schlummernd unter der Hut der treuen Kindermagd. Im Innern des Pavillons aber, vor den weit geöffneten Flügeltüren, waltete Frau Christine des blinkenden Kaffeetisches, während drunten vor der Staketpforte sich zusammendrängte, was die kleine Gasse an neugierigen Weibern und lustiger Jugend aufzubieten hatte. Die Weiber erzählten sich von der guten seligen Frau Senatorn und nickten dabei nach der innern Wand des Pavillons hinüber, wo die unermüdliche Dame Flora nach wie vor mit ihrer Rosengirlande tanzte; die Buben dagegen, die sich allmählich den ersten Platz vor der Pforte erobert hatten, wiesen mit ausgestreckten Armen nach den großen roten Stachelbeeren, die auf den Rabatten in schwerer Fülle an den Büschen hingen. Mitunter hörte man sie den Namen des jungen Herrn Senators nennen; sie schienen auf ihn zu warten, dessen milde Hand ja auch nach dem Hintritt der guten alten Frau Senatorn noch vorhanden war.

„Da kommt he! Kiek mal, da kommt he!" riefen ein paar von ihnen, deren gierige Augen eben einen Schimmer seines pfirsichfarbenen Rockes erspäht hatten; aber sie wurden plötzlich stille, als sie ihn an der Seite des gefürchteten Herrn Friedrich Jovers aus einem belaubten Seitengange treten sahen.

Die beiden Brüder gingen schweigend nebeneinander; aber auf ihrem Antlitz lag noch der friedliche Ausdruck des traulichen Gespräches, welches sie vorhin die einsameren Seitengänge hatte aufsuchen lassen. Auch jetzt noch wandten sie sich nicht wieder zur Gesellschaft, sondern schritten in stummem Einverständnis den breiten Muschelsteig hinab.

Ihnen im Rücken hatte inzwischen Musche Peters sich der Papageienstange genähert und suchte in Ermangelung gleichberechtigter Unterhaltung mit dem gefiederten Gaste in bescheidenem Flüstertone anzuknüpfen; sogar ein Stückchen Zucker wagte er dem Papchen hinzuhalten. Aber der grüne Unhold schien für diese Aufmerksamkeit keinen Sinn zu haben; statt nach dem Zucker hackte er nach Musche Peters' Finger und schrie dann gellend, als wolle er's nun ein für allemal gesagt haben: „Komm röwer!"

Als der Schrei des Vogels das Ohr der beiden Brüder erreichte, flog über Herrn Friedrichs Angesicht ein Schatten, wie aus jener Nacht, von der er seinem Bruder heut zum ersten Mal gesprochen hatte. Der Senator aber faßte seine Hand und sagte leise: „Mein Friedrich, das hat jetzt keine Bedeutung mehr; du bist nun ein für allemal herüber."

Als Herr Friedrich hierauf den Kopf erhob, um seinen Bruder anzublicken, blieben seine Augen auf dem Bubenhaufen vor der Pforte haften, und die finstere Miene wurde von einem fast schelmischen Lächeln fortgedrängt.

„Keine Bedeutung mehr?" sagte er, die Worte des Bruders wiederholend. „Meinst du, ich verstünde ganz allein die Papageiensprache?" Und ohne eine Antwort abzuwarten, rief er mit lauter, kräftiger Stimme: „Holla, Jungens, wat seggt de Papagoy?"

Da kam zuerst eine noch etwas zaghafte Stimme, dann aber eine nach der andern, und immer lauter und lauter: „‚Komm röwer! Komm röwer!' seggt de Papagoy."

Und lustig winkend, erhob Herr Friedrich den Arm: „Nun denn, alle Mann hoch: ‚Komm röwer!'" Und ebenso lustig wies seine Hand nach den brechend vollbeladenen Stachelbeerbüschen.

Zuerst sahen die Jungen nur einander an und flüsterten angelegentlich mitsammen; sie konnten sich's nicht denken, daß der böse Herr Friedrich Jovers mit einem Male so erstaunlich gut geworden sei. Als aber jetzt die beiden Herren Jovers in ein unverkennbar herzliches Lachen ausbrachen, da war kein Halten mehr, einer wollte noch eher als der andere, und bald sprang und fiel und purzelte der ganze Schwarm über die Pforte in den Garten hinab, und unter jeder Stachelbeerstaude saß mit lachendem Angesicht ein unermüdlich schmausender Junge.

„Christian Albrecht", sagte Herr Friedrich, den Arm um seines Bruders Schultern legend, „wenn erst deine Jungen hier so in den Büschen liegen!"

Da erscholl hinter ihnen vom oberen Teil des Gartensteiges ein helles fröhliches „Bravissimo!", und als sie sich hierauf umwandten, da stand in der offenen Tür des Pavillons inmitten aller Gäste die junge anmutige Frau Senatorin, mit emporgehobenen Armen hielt sie den Brüdern ihr eben erwachtes Kind entgegen, das mit großen Augen in die bunte Welt hinaussah.

„Er ist ein Meister, er bleibt“

Wenn man die bekanntesten Lyriker und Erzähler deutscher Sprache im 19. Jahrhundert nennt, wird Theodor Storms Name stets mit unter den ersten aufgezählt. Weit über den deutschen Sprachraum, ja über Europa hinaus bis in ferne Erdteile sind seine Novellen, Märchen und Gedichte beliebt und in vielen Übersetzungen verbreitet.

Das Bemerkenswerte an Storms Leben ist, daß er – mit Ausnahme seiner allerletzten Lebensjahre – zwei Berufe ausgeübt hat: den des Juristen und den des Schriftstellers. Erst nach seiner vorzeitigen Pensionierung, mit dreiundsechzig Jahren, arbeitet er „freischaffend“, wie wir heute sagen würden. Diesen ständigen Wechsel zwischen der „Welt der Phantasie“ und der „praktischen des reinen Verstandes“ – so nennt er das – hat er als sehr anregend und erfrischend empfunden. Johannes R. Becher bezieht sich einmal direkt auf die beiden Berufe Storms, indem er äußert, man solle „nicht verächtlich über die Neben- oder Sonntagsschriftsteller denken, ganz im Gegenteil. Sie schöpfen aus dem vollen, das heißt aus dem praktischen Alltag, aus der mit Tätigkeit erfüllten Woche.“

Anfangs ist Storm hauptsächlich als Lyriker hervorgetreten, und auch später hat er sich vorrangig als solcher betrachtet. „Alles, was von Charakter, Leidenschaft und Humor in mir ist, findet sich nur in den Gedichten, dort aber ganz und voll“, schreibt er als reichlich Fünfzigjähriger. In seiner Lyrik verarbeitet und gestaltet er vorwiegend eigene Erlebnisse, und es ist zu spüren, wie jeder Vers sein Gefühl, seine ganze Persönlichkeit ausdrückt – er dichtet „wie mit Herzblut“.

Storm liebt die Natur mit ihren Blumen, Tieren und dem Wechsel der Jahreszeiten und spricht dies in vielen seiner Gedichte aus („Herbst“, „Im Garten“, „Mai“, „März“, um nur einige aus unserer Sammlung zu nennen). Sehr häufig werden diese Natureindrücke auch verknüpft mit seinem Verständnis und Mitgefühl für die Kinder. Storm versetzt sich in deren Erlebnis- und Phantasiewelt, sorgt und freut sich mit ihnen, wie zum Beispiel in den Gedichten „Verirrt“, „Sturmnacht“, „August“ oder in seinen bekannten Weihnachtsgedichten.

Besonders zart und einfühlsam gestaltet er die Liebe zwischen jungen Menschen, und seine Erinnerung an die eigene Jugendzeit ist – oft nur ganz leise und zwischen den Zeilen – zu spüren („Die Nachtigall“, „Hinter den Tannen“ oder „Sommermittag“).

Wie sehr er die herbe Nordseelandschaft und seine kleine Heimatstadt Husum liebt und wie stark er mit ihnen zeit seines Lebens, auch in der Ferne, verbunden ist, lassen die Gedichte „Meeresstrand“ und „Die Stadt“ erkennen. Mit knappen, schlichten Worten bringt er besonders hier die Tiefe seines Gefühls zum Ausdruck.

Mehrere bekannte Gedichte, darunter „Im Walde“, „Verirrt“, „Die Nachtigall“ in unserer Sammlung, sind zugleich Bestandteile bedeutender Novellen Theodor Storms. Er selbst hat einmal geäußert, daß seine Novellistik aus seiner Lyrik hervorgegangen sei.

Umfangreiche Prosawerke, wie zum Beispiel Romane, hat Storm nie geschaffen. Seine Liebe gehört der Novelle, und diese beherrscht er meisterhaft. Dabei geht es ihm nicht so sehr darum, abenteuerliche und verwickelte Handlungsabläufe zu erfinden; er holt sich seine literarischen Stoffe vor allem aus schlichten Begebenheiten, aus menschlichen Schicksalen, von denen er gehört oder gelesen hat. So entnahm er die Fabel zu der Novelle „Die Söhne des Senators“ der Chronik seiner mütterlichen Familie Woldsen; und die Wiederbegegnung Pauls mit Lisei in „Pole Poppenspäler“ geht auf ein Erlebnis seines Sohnes Hans in Heiligenstadt zurück.

Große Teile der Stormschen Prosawerke sind in Form von Dialogen verfaßt. Im Zwiegespräch konzentrieren sich die Spannungen zwischen den handelnden Personen, kommen Denken und Fühlen, Charaktergröße oder Charakterschwäche besonders gut zum Ausdruck. Storm bezeichnete die Novelle als „die Schwester des Dramas“, denn sie behandele, wie das Drama, die tiefsten Probleme des Menschenlebens und stelle deshalb die höchsten Anforderungen an die Kunst des Dichters. Besonders eindrucksvoll ist beispielsweise in „Pole Poppenspäler“ der Dialog der ängstlichen Kinder, als sie sich aus Furcht vor Strafe versteckt halten, und das erneute Zusammentreffen Pauls mit Lisei im zweiten Teil der Novelle. In den „Söhnen des Senators“ sind es vor allem die Auseinandersetzungen zwischen den starrköpfigen Brüdern um den ererbten Garten und die Versöhnungsversuche der jungen Frau. In „Bulemanns Haus“ fällt das dramatische Zwiegespräch auf, das die Mutter des kranken Jungen mit dem hartherzigen, reichen Daniel führt, den die Frau verflucht, weil er ihr jede Hilfe verweigert.

In vielen Werken des Dichters spielen Kinder und die Beziehung der Eltern zu ihnen eine wichtige Rolle. Storm liebte Kinder und hatte zu seinen eigenen immer ein sehr inniges, herzliches Verhältnis. Sie nahmen stets einen bevorzugten, entscheidenden Platz in seinem Leben ein. Mit viel Verständnis, Liebe und Einfühlungsvermögen wurden sie von den Eltern erzogen, körperliche Strafen oder Beschimpfungen gab es nicht. Und immer hat zu einem glücklichen Familienleben der Storms ein Garten, möglichst mit einigen Haustieren, vor allem mit Katzen, gehört. In kleineren Gedichten und Prosatexten erinnert der Dichter immer wieder daran („Von Katzen“, „Von Kindern und Katzen ...“, „August“, „Wenn die Äpfel reif sind“). Die Liebe zu seinen engsten Angehörigen kommt in Storms Werk besonders deutlich zum Ausdruck, indem er in vielen Novellen auf eindringliche Weise gestaltet, welche Gefahren einer Familie von innen und außen drohen können. Wirtschaftliche Not, Habsucht und Egoismus, Tod der Mutter, Unduldsamkeit des Vaters sind Themen, die ihn dabei beschäftigten.

Außer der Liebe zu seiner Familie ist die zu seiner schleswig-holsteinischen Heimat ein wesentlicher Bestandteil in Storms Leben und schriftstellerischem Schaffen. Der Kleinstadt Husum und der Nordseelandschaft gehört sein ganzes Herz. Manche seiner Bekannten haben Storms Hang zur Kleinstädterei, seine „Husumerei“, mit Kopfschütteln belächelt, zum Beispiel Theodor Fontane, aber Storm fühlte sich nur in der räumlichen Begrenztheit wohl. „Ich bedarf äußerlich der Enge, um innerlich ins Weite zu gehen", erklärt er und zieht sich ins Familienleben und den abgegrenzten Heimatbereich zurück. Damit reagiert er zugleich auch auf die verworrenen politischen Zustände im damaligen Schleswig-Holstein und die Kräfte des aufkommenden Kapitalismus, die alle menschlichen Bindungen stören und zerstören. Wie Egoismus und Besitzgier selbst Familien auseinanderreißen, gestaltet er auf sehr unterschiedliche Art in den „Söhnen des Senators" und in „Bulemanns Haus": Während sich die Söhne des Senators am Schluß der Novelle nach allem Streit friedlich einigen, den ererbten Garten gemeinsam nutzen und somit Vernunft und Einsicht siegen lassen, verkommt der geldgierige, starrsinnige alte Daniel in „Bulemanns Haus" einsam, nur in Gesellschaft seiner schaurigen, riesenhaften Katzen, nachdem er in gewisser Weise am Tode seines Neffen schuldig geworden ist und den Fluch seiner verarmten Halbschwester auf sich geladen hat.

Sicher ist die weltabgeschlossene Lage Husums einer der Gründe dafür, daß Storm sich zuweilen einen „unpolitischen Menschen" genannt hat. Erst später, im preußischen „Exil", haben ihm persönliche trübe Erfahrungen zu bestimmten politischen, meist gegen den preußischen Staat gerichteten Einsichten verholfen. Verschiedene Gedichte und spätere Novellen bezeugen das demokratische Bewußtsein, das er in dieser Zeit entwickelt hat.

Obwohl Storm aus einer wohlhabenden bürgerlichen Familie stammt, hatte er doch von früher Kindheit an enge und innige Beziehungen zu den sogenannten kleinen Leuten: Bediensteten, Kleinbauern, Handwerkern und Schiffern. Deren Leben ist in die meisten Werke mit einbezogen, ja oft sind ihre Nöte und Sorgen das Hauptthema einer Novelle. Die sogar auch von diesen Kleinbürgern verachteten Puppenspieler, die „fahrenden Leute", in „Pole Poppenspäler" sind ein besonders überzeugendes Beispiel dafür. Auch in der „Regentrude" gestaltet Storm ein soziales Problem; hier jedoch löst er die Spannungen zwischen arm und reich auf dem Dorfe mit Hilfe wunderbarer, zauberischer Kräfte: Ähnlich wie im Volksmärchen siegt zuletzt das Gute über alle Widrigkeiten, und die Liebenden kommen schließlich doch noch zusammen.

Mancher wird fragen, woher man so vieles über Storms Weltanschauung und künstlerische Ansichten weiß, auch über seine Familie und das Verhältnis zu anderen Menschen, über sein berufliches Auf und Ab und seine Arbeitsmethoden.

Storm war ein fleißiger, ja geradezu leidenschaftlicher Briefschreiber. Zwar hat er einige ziemlich weite Reisen unternommen, beispielsweise den bekannten russischen Schriftsteller Iwan Turgenjew in Baden-Baden besucht, aber das wichtigste Mittel, Verbindung mit Menschen zu halten, war für ihn immer der Briefwechsel. Er korrespondierte mit Verlegern und Kritikern, mit Freunden der Familie und mit Schriftstellerkollegen. Auch Gottfried Keller, der berühmte Schweizer Erzähler, ist sein Briefpartner gewesen. Sehr aufschlußreich sind Storms Briefe an jüngere Schriftsteller. Er gibt ihnen guten Rat für die künstlerische Arbeit, kritisiert sie aber auch sehr heftig, wenn es erforderlich ist.

Betrachtet man das Gesamtwerk, das Storm hinterließ, so nimmt sich dessen Umfang ziemlich gering aus. Auch dafür findet man in den zahlreichen Briefen des Dichters eine mögliche Erklärung: Theodor Storm nimmt seine künstlerische Arbeit sehr ernst und stellt an sich die höchsten Anforderungen. Immer wieder feilt er mit Gründlichkeit und Sorgfalt an einem Werk und berät sich mit befreundeten Schriftstellern und Kritikern, ehe er zufrieden ist und das Manuskript drukken läßt. So benötigt er für manche Novelle „die Mußestunden fast eines halben Jahres“, wie er berichtet. Er ist sich aber auch des künstlerischen Wertes seiner fertigen Arbeiten bewußt; deshalb tritt er Verlegern und Zeitschriftenredakteuren gegenüber sehr selbstbewußt auf und setzt entsprechende Honorarforderungen durch.

Nicht selten holt sich der Dichter brieflich oder im persönlichen Gespräch Auskunft von Fachleuten der verschiedensten Berufe zu sachlichen Einzelheiten in seinen Werken.

Schon von der unheilbaren Krankheit geschwächt, findet Storm am Ende seines Lebens noch Kraft und Energie, ein Thema zu gestalten, das ihn schon seit langem zum Schreiben gereizt hat, seine „Deich- und Sturmflutnovelle ‚Der

Schimmelreiter‘“. Um Genaues über den Deichbau zu erfahren, reist der Kranke trotz aller Beschwerden zu einem befreundeten Bauinspektor nach Heide in Holstein und berät sich mit ihm. Seine Freunde informiert er brieflich über den Fortgang der Arbeit an der Novelle, und es ist deutlich zu spüren, wie diese ihn ganz und gar beschäftigt und welche Freude ihm Zustimmung und Anerkennung bereiten. Seine Lebenskraft reicht gerade noch für die Vollendung des „Schimmelreiters“ aus. So wird seine wohl berühmteste, besonders kunstvoll gefügte Novelle zugleich seine letzte.

Christa Goldammer

Aus Leben und Werk des Dichters

1817 14. September: Hans Theodor Woldsen Storm wird in Husum, Herzogtum Schleswig, geboren. Das Herzogtum gehörte politisch zum Königreich Dänemark. Theodors Vater, Johann Kasimir Storm, Sohn eines Müllers, hatte sich zwei Jahre zuvor als Advokat in Husum niedergelassen. Storms Mutter, Lucie geb. Woldsen, stammte aus einer alteingesessenen Husumer Patrizierfamilie.

1821 Theodor kommt in eine private „Klippschule" in Husum, deren Leiterin, eine „alte Hamburger Dame", wenig Geschick im Umgang mit Kindern hatte.

1826 Storm tritt in die Husumer „Gelehrtenschule" ein. – Gelernt habe er „niemals etwas Ordentliches", schrieb der Dichter später über die Husumer Schulzeit. Dankbar dagegen gedachte er der zwanzig Jahre älteren mütterlichen Freundin Lena Wies, der Tochter eines Bäckers, die ihn mit Märchen, Sagen und Geschichten aus seiner engeren Heimat vertraut gemacht hatte.

1835 Storm übersiedelt nach Lübeck und besucht dort das „Katharineum", ein berühmtes Gymnasium; er begeistert sich für Goethes „Faust" sowie für die Lyrik Heinrich Heines (1797–1856) und Joseph von Eichendorffs (1788–1857).

1836 Zu Weihnachten schickt Storm seinen Eltern ein Heft mit eigenen Gedichten. Er lernt die knapp elfjährige Bertha von Buchan kennen, für die er in den folgenden Jahren Lieder und Märchen (z. B. „Hans Bär") schreibt.

1837 Storm beginnt an der juristischen Fakultät der Universität Kiel zu studieren.

1838 Fortsetzung des Studiums in Berlin, wo zur gleichen Zeit Karl Marx (1818–1883) studiert. Storm hört dort Vorlesungen bedeutender Professoren der Rechtswissenschaft. Im Herbst unternimmt er mit einigen Freunden eine vierwöchige Bildungsreise nach Dresden; wiederholt besucht er die Gemäldegalerie.

1839 Storm kehrt nach Kiel zurück, um, den gesetzlichen Bestimmungen entsprechend, sein Studium an der schleswig-holsteinischen Landesuniversität abzuschließen.

1842 Nach bestandenem Examen lebt Storm wieder in seinem Husumer Elternhaus.

1843 Storm eröffnet eine eigene Advokatenpraxis in Husum. – Zusammen mit dem später als Geschichtsschreiber bekannt gewordenen Theodor Mommsen (1817–1903) und dessen Bruder Tycho, die er beide an der Kieler Universität kennengelernt hatte, veröffentlicht er das „Liederbuch dreier Freunde". Er sammelt schleswig-holsteinische Sagen und Märchen, die er dann einem Volkskundler zur Veröffentlichung überläßt.

1846 Storm heiratet seine Kusine Constanze Esmarch, eine Tochter des Bürgermeisters von Segeberg in Schleswig.

1848 18. März: Ausbruch der bürgerlichen Revolution in Berlin. – 24. März: In Rendsburg wird eine Provisorische (vorläufige) Regierung für Schleswig-Holstein gebildet. – 11. April: Dänisches Militär besetzt die Stadt Schleswig; preußische Truppen kommen den Schleswig-Holsteinern zu Hilfe. – Storm schreibt mehrere Artikel für die „Schleswig-Holsteinische Zeitung", die im Auftrag der Provisorischen Regierung von Theodor Mommsen herausgegeben wird.

1849 Die Novelle „Immensee" und das Märchen „Der kleine Häwelmann" (das Storm für seinen ältesten Sohn Hans geschrieben hatte) werden in einem schleswig-holsteinischen Volkskalender gedruckt.

1850 Preußen schließt Frieden mit Dänemark; die Schleswig-Holsteiner kämpfen allein gegen die feindliche Übermacht weiter.

1851 Nach der Niederlage der schleswig-holsteinischen Armee wird das Herzogtum Schleswig von den Dänen militärisch besetzt.

1852 Die erste Ausgabe der Gedichte Theodor Storms erscheint. – Storm gerät in Konflikt mit den dänischen Behörden; diese heben seine Zulassung als Advokat auf. Er reist nach Berlin, um sich für den preußischen Justizdienst zu bewerben. Storm wird in einen Kreis Berliner Schriftsteller und Künstler aufgenommen, zu dem Theodor Fontane (1819–1898) sowie der Maler und Zeichner Adolf Menzel (1815–1905) gehören. Mit Fontane, der Storm besonders als Lyriker verehrt, bleibt er in lebenslanger Verbindung.

1853 Nach mehrfachen Gesuchen und Nachfragen erhält Storm schließlich am Jahresende eine untergeordnete und kümmerlich bezahlte Anstellung als Assessor am Kreisgericht in Potsdam. Dort leidet er unter der preußischen Bürokratie und der „brutalen Machtherrschaft" der Junker. Auf Grund persönlicher Erfahrungen werden seine politischen und gesellschaftlichen Ansichten klarer und entschiedener; in mehreren Gedichten und Novellen, z. B. „Auf dem Staatshof" (1856–1859), „Im Schloß" (1861), „Auf der Universität" (1862), „Aquis submersus" (1875/76), „Carsten Curator" (1877) und „Renate" (1877/78), kommen sie zum Ausdruck als Kritik an der Anmaßung und Herzlosigkeit des Adels, als Verachtung der im Dienst der Herrschenden stehenden Geistlichkeit und als Abscheu vor kapitalistischer Profitsucht. Auf der anderen Seite tritt Storms Sympathie für die „kleinen Leute" immer deutlicher hervor.

1854 Storm begegnet dem Dichter Joseph von Eichendorff in Berlin.

1855 Storm begleitet seine Eltern auf einer Reise nach Süddeutschland und besucht bei dieser Gelegenheit den von ihm verehrten Dichter Eduard Mörike (1804–1875) in Stuttgart. Mörike liest ihm seine eben vollendete Novelle „Mozart auf der Reise nach Prag“ vor.

1856 Storm wird als Kreisrichter nach Heiligenstadt im Eichsfeld versetzt. Dort fühlt er sich weitaus wohler als in der Großstadt Berlin oder gar in dem „Militärkasino“ Potsdam. Das kleine Heiligenstadt erweckte in ihm, fern von Husum, heimatliche Gefühle.

1863 15. November: König Friedrich VII. von Dänemark stirbt, ohne männliche Nachkommen zu hinterlassen; Prinz Friedrich von Augustenburg erklärt seinen Regierungsantritt als Herzog von Schleswig-Holstein. Storm hofft, trotz vieler Vorbehalte gegenüber dem neuen „Herzoglein“, auf ein unabhängiges Schleswig-Holstein innerhalb des Deutschen Bundes. – Es entsteht „Die Regentrude“ und kurz darauf (zu Beginn des neuen Jahres) „Bulemanns Haus“.

1864 Preußen und Österreich beschließen den Krieg gegen Dänemark. – Im Februar erhält Storm die Nachricht, daß die Husumer Bürger ihn zum Landvogt, d.h. zum obersten Justiz- und Verwaltungsbeamten seines heimatlichen Landkreises, gewählt haben. Am 15. März kehrt er nach Husum zurück.

1865 Constanze Storm stirbt, nach der Geburt ihres sechsten Kindes, am Kindbettfieber. Der russische Schriftsteller Iwan Turgenjew (1818–1883), der durch einen gemeinsamen Freund von Storms schmerzlichem Verlust erfahren hat, lädt diesen in sein Haus nach Baden-Baden ein. Storm, der elf Jahre zuvor die deutsche Übersetzung von Turgenjews „Tagebuch eines Jägers“ (später bekannt unter dem Titel „Aufzeichnungen eines Jägers“) gefördert und zur Veröffentlichung empfohlen hatte, lernt jetzt den Verfasser als einen „Prachtmenschen“ kennen. – Schleswig wird unter preußische, Holstein unter österreichische Verwaltung gestellt.

1866 7. Juni: Der preußische Ministerpräsident Otto von Bismarck (1815–1898) läßt Holstein militärisch besetzen; damit beginnt der Preußisch-Österreichische Krieg, der am 3. Juli durch den Sieg der Preußen bei Königgrätz (Hradec Králové) in Böhmen (Čechy) entschieden wird.

Storm heiratet seine Jugendfreundin Dorothea Jensen, um seinen Kindern wieder eine Mutter zu geben. Den Konflikt zwischen der Stiefmutter und den Kindern aus erster Ehe wie dessen Lösung gestaltet der Dichter in der Novelle „Viola tricolor“ (1873).

1867 Schleswig-Holstein wird preußische Provinz; Storm ist empört über die „Bismarcksche Räuberpolitik“. Um nicht in Gewissenskonflikte zu geraten, verzichtet er nach der Justiz- und Verwaltungsreform auf das Amt eines höheren preußischen Beamten und gibt sich mit der relativ unabhängigen, aber geringer bezahlten Stelle eines Amtsrichters zufrieden.

1870 Beginn des Deutsch-Französischen Krieges; Storm lehnt es ab, Kriegslieder zu dichten.

1874 „Pole Poppenspäler“ erscheint in einer Leipziger Jugendzeitschrift. – Storms Vater stirbt in Husum.

1877 Beginn des Briefwechsels mit dem Schweizer Schriftsteller Gottfried Keller (1819–1890); die beiden Autoren schicken einander ihre neuesten Bücher zu und tauschen ihre Meinungen darüber wie auch über andere Werke der zeitgenössischen Literatur aus; Storm gibt Keller wertvolle Ratschläge für die Umarbeitung des Romans „Der grüne Heinrich“.

1879 Nach dem Tod der Mutter im Sommer des Jahres faßt Storm den Entschluß, Husum zu verlassen.

1880 Storm läßt sich vorzeitig pensionieren und übersiedelt in das holsteinische Dorf Hademarschen bei Hanerau. Dort beendet er „Die Söhne des Senators“ und schreibt eine Anzahl weiterer Novellen, darunter „Hans und Heinz Kirch“ (1881/82), „Zur Chronik von Grieshuus“ (1883/84), „Ein Fest auf Haderslevhuus“ (1885), „Ein Doppelgänger“ (1886) und „Der Schimmelreiter“ (1886–1888).

1884 Storm besucht zum letztenmal Berlin, wo Freunde und Verehrer ihm ein Festessen geben; unter den Gästen befinden sich Fontane, Menzel und Mommsen.

1888 4. Juli: Theodor Storm stirbt in Hademarschen an Magenkrebs. Drei Tage darauf wird er in Husum ohne kirchliche Zeremonien beigesetzt.

Orthographie und Interpunktion wurden den heute gültigen Regeln angeglichen. Der Lautstand blieb erhalten.

Worterklärungen und Anmerkungen

ad processum ordinarium (lat.) zum ordentlichen Gerichtsverfahren

Alkoven Bettnische

allersubmissest allerehrerbietigst

Altenteil Alterswohnung für ehemalige Hofbesitzer, meist in einem Nebengebäude des Grundstückes

Alteration; alteriert Gemütsbewegung; Aufregung; aufgeregt

Amoretten Darstellung geflügelter Knaben; nach dem römischen Liebesgott Amor

Ausgabepost Post: alte Form von Posten, Betrag

Ausläufer Bote, Laufbursche

Beischlagsbank Bank auf dem Vorbau des Hauseingangs

Bergamotten Birnensorte

„Beschattet von der Pappelweide“ Gedicht von Johann Heinrich Voß (1751–1826)

„Blühe, liebes Veilchen“ Gedicht von Christian Adolf Overbeck (1755–1821)

Bohnenlied Das geht übers Bohnenlied: alte sprichwörtliche Redensart; soviel wie: das ist unglaublich. Bohnenlieder schildern Unsinnigkeiten und Albernheiten.

Brigg zweimastiges Segelschiff

Bruushähne Kampfhähne

Deduktionen seiner Klage- und Replikrezesse, siehe Seite 203 Beweise für die Stichhaltigkeit seiner Klagen und Erwiderungen auf die Ausführungen der Gegenpartei

deputierter Bürger Stadtverordneter

Differenze Differenz: Meinungsverschiedenheit

Döntje lustige Geschichte

Doppeltschilling alte niederdeutsche Silbermünze im Wert von knapp zehn Pfennigen

Dorfmark Mark: Grenze, eingegrenztes Gebiet

Dreispitz Hut, dessen breite Krempe an drei Stellen hochgeschlagen ist

Elle altes, vom Unterarm abgeleitetes Längenmaß; entspricht etwa 60–80 cm
Ellenkramer Händler von Waren, die nach der Länge verkauft werden
emeritiert in den Ruhestand versetzt
Estrich fugenloser Lehmfußboden
Eulbesen Kehrbesen mit langem Stiel
Exerzitium Übung, schriftliche Hausaufgabe
Fahne der weiche Teil zu beiden Seiten des Gänsefederkiels
Famulus Student, der einem Professor für dessen Vorlesungen und Übungen Dienste leistet
„Fauste, Fauste, in aeternum damnatus es!“ (lat.) „Faust, Faust, du bist verdammt in alle Ewigkeit!“
Felleisen Reisesack
Fleten Kanäle
Flora römische Blumengöttin
Foliant altes, großes Buch
Fuder Wagenladung, Fuhre
Fuß altes, von der Fußlänge abgeleitetes Längenmaß; entspricht etwa 30 cm
Futterhemd Unterwams, Jacke aus dünnem Stoff
Gelehrtenschule Gymnasium; höhere Schule, die fast ausschließlich von Kindern begüterter Eltern besucht wurde
Gerechtigkeit hier soviel wie: rechtmäßiger Anspruch
Haff flacher, küstennaher Meeresteil
Hagestolz älterer Junggeselle
Harzdrittel Münze mit einem Drittel Silbergehalt
Haspe Fensterhaken
Heiden im christlichen Sprachgebrauch Bezeichnung für die meisten Nichtchristen
Honoratioren einflußreiche, angesehene Bürger eines Ortes
Hosenspiegel Hosenboden
Hypothek Leihsumme, für die ein Grundstück als Pfand gesetzt wird
illuminieren festlich beleuchten
Instanzen zuständige Stellen eines Gerichts oder einer Behörde

„Ja, ja, se hebbt upt Schipp em allerlei dumm Tüges lehrt!“, siehe Seite 166 „Ja, ja, sie haben ihn auf dem Schiff allerlei dummes Zeug gelehrt!“

Johanni auch: Johannistag, der 24. Juni

justement gerade, eben

jütsch jütländisch; nach der dänischen Halbinsel Jütland

kalmankene Sonntagskontusche sonntägliches Oberkleid aus gemustertem Wollstoff

Kanapee altmodisches Sofa

Kate kleines Bauernhaus; hier: einfaches Wohnhaus

Kattun bedrucktes Baumwollgewebe

Klafter alte Maßeinheit

klauen mit der Pfote (Klaue) spielen

Klinker harte, gebrannte Ziegel

knorpsig verwachsen

Kodizill Zusatz zum Testament

Kompagnon Teilhaber; Mitinhaber

Konsens Zustimmung

Kontor Büro

Kontrakt Vertrag

Koog eingedeichtes Land, das dem Meer abgewonnen wurde

Korporal soviel wie: Unteroffizier

Kosakenwinter der Winter 1813/14, in dem russische Truppen entscheidend zur Befreiung Europas von der Napoleonischen Besetzung mitwirkten

Krammetsvögel Wacholderdrosseln

Kremnitzer Dukaten österreichische Goldmünze aus den Bergwerken bei Kremnitz (Kremnica)

Küchenkampagne scherzhaft: Küchenschlacht

Küfer Kelleraufseher

Landreiter berittener Gendarm

legitimiert berechtigt, beglaubigt

Lichter Leichter; kleines Fahrzeug zum Entladen größerer Schiffe

Magnifizenz Hoheit, Herrlichkeit; Titel und Anrede der Rektoren (Leiter) von Universitäten

massakrieren niedermetzeln, quälen

Matrone ältere Frau

Mauer von Jericho Jericho: alte Königsstadt im heutigen Jordanien; nach dem Alten Testament sollen die Israeliten die außerordentlich starke Befestigungsanlage (Mauer) der Stadt auf wunderbare Weise zerstört und Jericho sodann erobert haben

Meerschaumkopf Pfeifenkopf aus Meerschaum, einem schaumigen Mineralgestein, das auf Wasser schwimmt

Menagerie Tierschau

Met Getränk aus gegorenem Honig

mit Scheffeln, siehe Seite 182 hier soviel wie: in großer Menge

Motion hier: Handbewegung (beim Fechten)

Musche volkstümlich für Monsieur (Herr)

Nanking gelbes Baumwollgewebe, das seinen Namen nach der chinesischen Stadt Nanking erhielt

norddeutsche Seestadt, siehe Seite 68 Die Düsternstraße deutet auf Hamburg.

„*O du schönes Weltgebäude*" früher weit verbreitetes Kirchenlied

offerieren anbieten, anpreisen

Osterstraße, Ostertor Oststraße, Osttor

Pankratius und Servatius zwei der sogenannten Eisheiligen (12. und 13. Mai)

patrizisch von Patrizier: angesehener, wohlhabender Bürger, meist Mitglied des Rates

Pavillon kleines Gartenhaus

perdrix aux truffes (franz.) Rebhuhn mit Trüffeln (siehe *Trüffelhunde*)

Personnage Person

Pesel großer Raum im Erdgeschoß des niederdeutschen Hauses

Planke Zaunbrett

Pläsier Vergnügen, Spaß

Posen Federkiele

Prellsteine große steinerne Blöcke zum Schutz von Häuserwänden, Brüstungen und dergleichen

Pretiosen kostbare Schmuckgegenstände

Primaner Schüler der obersten Klassen eines Gymnasiums (siehe *Gelehrtenschule*)

Prinzipal Geschäftsinhaber, Chef des Unternehmens
Prozession feierlicher Umzug
Puk Niß Puk: gutmütiger Hausgeist in schleswig-holsteinischen Sagen
Quarta vierte Klasse eines Gymnasiums (siehe *Gelehrtenschule*)
Quittanz französisch „quittance“: Quittung
Ratsverwandter Ratsherr
Reede Schiffsankerplatz vor dem Hafen
Register Vorrichtung zur Veränderung der Klangfarbe der Orgel
Repetieruhr Taschenuhr mit Schlagwerk, das, durch Knopfdruck ausgelöst, die letzte volle Stunde und die seither abgelaufenen Viertelstunden repetiert (wiederholt)
Reputation; reputierlich guter Ruf, Ansehen; achtbar, ordentlich
revidieren nachsehen, überprüfen
Rezesse Ausführungen, Auseinandersetzungen
Rockelor mantelartiger Überwurf, wie er im 18. Jahrhundert getragen wurde; genannt nach einem Herzog von Roquelaure
Sandfaß Streusandbüchse. Mit Streusand wurde früher die feuchte Tintenschrift abgelöscht.
Sarraß (poln.) Säbel mit großer, schwerer Klinge
schikanös böswillig
„Schöne Minka, ich muß scheiden“ Anfang eines Gedichts von Christoph August Tiedge (1752–1841), nach einem russischen Volkslied
Sentenz Urteil
Serviteur (franz.) Diener
Sèvresporzellan Porzellan aus der berühmten Manufaktur in Sèvres bei Paris
Souffleuse Vorsagerin, Einhelferin der Schauspieler und Sänger bei Proben und Vorstellungen
spinnen hier: schnurren
Staket; Staketpforte Lattenzaun; Gartentor aus Latten
Stieg altes Zählmaß: eine Anzahl von zwanzig
Subrektor stellvertretender Schuldirektor, leitender Lehrer
sub rosa (lat.) unter dem Siegel der Verschwiegenheit

subskribiert unterschrieben

Suffiten Soffitten: Versatzstücke, Teile der Deckendekoration auf der Theaterbühne

Superkargo Bevollmächtigter, der eine Schiffsladung im Auftrag ihrer Absender nach den Absatzhäfen begleitet und sie dort verkauft

Titelchen; Titel hier soviel wie: ein bißchen

Tremulant Orgelregister, das einen bebenden Ton hervorruft

Trüffelhunde Hunde, die zum Aufstöbern der unterirdisch wachsenden Trüffeln, einer Pilzart, abgerichtet sind

Turm zu Babel Nach dem Alten Testament wollten die Menschen in der Stadt Babylon (Babel) einen Turm bauen, der bis in den Himmel reicht. Gott verhinderte das, indem er ihnen verschiedene Sprachen gab, woraufhin sie sich nicht mehr verständigen konnten und von ihrem Vorhaben abließen.

Vergleich gütliche Einigung in einem Streitfall, indem beide Parteien nachgeben

verlaufen, die hast du ein für allemal, siehe Seite 203 soviel wie: Um die hast du dich durch dein Weglaufen ein für allemal gebracht.

verlesen sprachlos

versierte in einem Irrtum, siehe Seite 170 hier: befand sich in einem Irrtum

Verspruch Verlobung

verstürzt bestürzt

Waffenschmidt alte Form von Waffenschmied

Wassertracht Tracht: Traglast

Weißens „Kinderfreund“ Christian Felix Weiße gab von 1776 bis 1782 die Zeitschrift „Der Kinderfreund“ heraus.

Zopfstil Bezeichnung für die Kunst in der zweiten Hälfte des 18. Jahrhunderts, die, im Gegensatz zu den üppigüberladenen Formen des Rokoko, einfach, oft auch steif und nüchtern war

Zopf- und Haarbeutelzeit das 18. Jahrhundert, in dem die Männer das Haar meist lang wachsen ließen und es entweder als Zopf trugen oder mit Hilfe eines Haarbeutels aus schwarzem Stoff zusammenhielten

Inhalt

Von Katzen 5
Von Kindern und Katzen 7
Februar 15
März 16
Mai 17
Der kleine Häwelmann 18
Im Walde 22
Verirrt 23
Hans Bär 24
Sommermittag 33
Im Garten 34
Die Nachtigall 35
Die Regentrude 36
Sturmnacht 66
Bulemanns Haus 68
Herbst 91
August 93
Wenn die Äpfel reif sind 94
Weihnachtabend 99
Weihnachtslied 100
Dämmerstunde 101
Hinter den Tannen 102
Pole Poppenspäler 103
Meeresstrand 159
Die Stadt 160
Für meine Söhne 161
Sprüche 162
Die Söhne des Senators 163

„Er ist ein Meister, er bleibt" 206
Nachwort der Herausgeberin

Aus Leben und Werk des Dichters 212
Worterklärungen und Anmerkungen 218